SV

Robert Walser
Europas
schneeige Pelzboa

Texte zur Schweiz

Herausgegeben von
Bernhard Echte

Suhrkamp Verlag

Bei einigen der hier versammelten Texte handelt es sich um Auszüge aus größeren Zusammenhängen. Das Inhaltsverzeichnis am Schluß des Bandes gibt darüber nähere Auskunft. Den ursprünglich unbetitelten Texten aus den Mikrogrammen hat der Herausgeber eine sinngemäße Überschrift verliehen, diese steht jeweils kursiv.

© Suhrkamp Verlag Frankfurt am Main 2003
Alle Rechte vorbehalten, insbesondere das der Übersetzung, des öffentlichen Vortrags sowie der Übertragung durch Rundfunk und Fernsehen, auch einzelner Teile. Kein Teil des Werkes darf in irgendeiner Form (durch Fotografie, Mikrofilm oder andere Verfahren) ohne schriftliche Genehmigung des Verlages reproduziert oder unter Verwendung elektronischer Systeme verarbeitet, vervielfältigt oder verbreitet werden.
Druck: Friedrich Pustet, Regensburg
Printed in Germany
Erste Auflage 2003
ISBN 3-518-41454-2

1 2 3 4 5 6 – 08 07 06 05 04 03

Europas schneeige Pelzboa

*Das Schweizerland,
wie kühn und klein steht es da...*

»Unsere Väter, die tapferen Eidgenossen...«

Das Vaterland

Unsere Staatsform ist die Republik. Wir dürfen machen, was wir wollen. Wir benehmen uns so ungezwungen, als es uns beliebt. Wir haben niemand von unsern Handlungen Rechenschaft abzulegen, als uns selbst, und das ist unser Stolz. Unsere Ehre allein ist die Grenze, die wir uns um unser Tun stecken. Andere Staaten blicken mit Verwunderung auf uns, daß wir uns durch uns selbst zu beherrschen vermögen. Wir sind niemandem untertan als unserer Einsicht und unserer ehrlichen Gesinnung, von der wir uns gern befehlen und leiten lassen. Wir haben keinen Platz für einen König oder Kaiser. Die Straßen unserer Städte sind nicht gebaut, um fürstliche Aufzüge passieren zu lassen, unsere Häuser sind keine Ställe, aber auch keine Paläste. Unsere Kirchen sind prunklos und unsere Rathäuser stolz und einfach. Unser Sinn ist wie unsere Wohnung, einfach und wohlhabend, unsere Herzen sind wie unsere Gegenden: rauh, aber nicht unfruchtbar. Wir benehmen uns wie Republikaner, wie Bürger, wie Krieger, wie Menschen. Die Untertanen anderer Länder sehen oft Haustieren ähnlich. Nicht, als ob Freiheit und Stolz unter andern Völkern nicht auch heimisch wären, aber uns sind sie angeboren. Unsere Väter, die tapferen Eidgenossen, haben uns ihren Sinn hinterlassen, und wir wären zu beklagen, wenn wir anders als treu mit einem so herrlichen Geschenk umgingen. Es ist mir heilig ernst zumut, wenn ich das schreibe. Ich bin ein glühender Republikaner. So jung ich bin, trage ich doch bereits den Wunsch, meinem Vaterland eifrig zu dienen. Ich schreibe diesen Aufsatz mit bebenden Fingern. Ich wollte nur, es gefiele ihm bald, meine Dienste und Kräfte in

Anspruch zu nehmen. Doch ich vergesse, daß ich noch ein Schüler der zweiten A-Klasse bin. Wie sehne ich mich, aus dieser dumpfen Jugendlichkeit hinauszutreten ins öffentliche große Leben, mit seinen großen Anforderungen, mit seinen Stürmen, Ideen und Taten. Ich liege wie an der Kette. Ich fühle mich wie ein erwachsener verständiger Mensch, und nur der Spiegel, der mir mein Bild zeigt, überzeugt mich von meiner unbedeutenden Jugend. O ich werde, wenn ich einmal soweit bin, meinem Vaterland mit dem heiligsten Eifer dienen, meinen Stolz darin sehen, ihm dienen zu dürfen, und nicht müde werden vor Aufgaben, die es ihm beliebt, mir zu stellen. Es brauche meine Kräfte, ja mein ganzes Leben. Wofür haben meine Eltern es mir gegeben? Man lebt nicht, wenn man nicht für etwas lebt, und für welches andere Wohl ließe sich ruhmreicher und edler fechten und leben als für das Wohl der Heimat? Ich bin glücklich, daß ich ein so schönes Leben noch vor mir habe. Das Vaterland ist groß, aber dazu beitragen zu dürfen, daß es noch größer werde, wird mein Stolz, mein Leben, meine Sehnsucht, meine Ehrsucht sein. O ich bin maßlos ehrgeizig, und ich bin es um so mehr, als ich weiß, daß in diesen Dingen ehrgeizig sein, keine Schande und kein unedler Trieb ist. Man kann immer noch ein Held sein. Das Heldentum hat nur ein anderes Aussehen bekommen. Wo es die Größe, den Ruhm, den Vorteil des Vaterlandes betrifft, ist es keine überflüssige Sache, ein Held, ein Opferer zu sein. O, ich noch ein Schüler der zweiten A-Klasse.

(1902)

Felix
Die Mutter
Der Pfarrer

Felix hilft seiner Mutter in der Küche.

FELIX (*schweizergeschichtlich gestimmt*): Da hatten sie also schon nach allen Richtungen große Erfolge erzielt gehabt, was zur Folge haben mochte, daß sie ihrer Kraft dann und wann ein fast zu großes Vertrauen schenkten. Es war im fünfzehnten Jahrhundert, und ich bedauere, die Draperien und die Farben dieser so rührigen Epoche nicht persönlich mitgelebt zu haben.

DIE MUTTER: Du dünkst dich ein Held.

FELIX: Man kann sich sehr gut etwas Schönes und Großes vorstellen und braucht dabei nicht behindert zu sein, Geschirr abzuwaschen. Wir leben eben in feineren, sanfteren Zeiten. Unsere Obliegenheiten sind von anderer Art geworden. Als sie nun so auf der Höhe ihres Ruhmes standen, den sie mit scheinbar durchaus redlichen Mitteln, d.h. mit Anspannung aller ihrer Lebensmunterkeiten, herbeiführten, stellten sich bald da, bald dort Gegner von so großer Überzahl ein, daß sie sich darüber, wenn sie Zeit dazu gefunden hätten, gewundert haben würden. Es geschah einmal, daß sie umzingelt, total geschwächt, sonderbarerweise doch nicht besiegt wurden, d.h. sie wurden besiegt und blieben dennoch Sieger, was vielleicht die schönste Art ist, in der Brust des Feindes einen mächtigen Eindruck zu hinterlassen. Bald nachdem sie hatten büßen müssen, außerordentlich unerschrocken gewesen zu sein, erklommen sie mit Hilfe der denkbar umsichtigsten Anführung eine Art Gipfel der Macht, von welchem das

Geschick sie herabzusteigen hieß, indem ihnen zu Bewußtsein geführt wurde, wie sehr es ihnen an wichtigen Ausrüstungsgegenständen und Hilfsmitteln fehlte, womit die Verkleinerer ihres Ansehens reichlich ausgestattet waren. So zogen sie denn mit ihren Verwundungen verbrämt und mit den Diplomen einer tragischen Bemühung versehen von den Anhöhen, ja man kann sagen, Bergen ihrer Auszeichnungen langsamen bedächtigen Schrittes in die Ebene ihrer ihnen richtigscheinenden Einordnung herab und gaben sich mit Erhaltung ihrer Art und mit ehrlich erkämpfter, anderseits ihnen auferlegter Bescheidenheit zufrieden.

DIE MUTTER: Nun sind mir mit dem Lauschen auf deine Worte die Nudeln verbrannt.

FELIX: Da wird es zu Mittag Gesichter geben.

DIE MUTTER: Es wäre vielleicht besser, du liebtest die Geschichte weniger.

FELIX: Aber sie ist so herrlich. Wenn ich mich in die Geschichte versetze mit all ihren vorbildhaften Gestalten, fühle ich mich so daseinslustig.

DIE MUTTER: Man kann auch zu gesund sein, sich unter Umständen auch zu kräftig fühlen.

FELIX: Man übt sich unwillkürlich und ergeht sich instinktiv darin, worin man Talent hat.

DIE MUTTER: Du weißt's leider immer besser als deine Mutter. Vielleicht leidest du noch einmal darunter.

FELIX: Wünschest du mir das?

DIE MUTTER: Du bist ein Luxusbürschchen. Solchen macht man zu schaffen.

FELIX: Meinetwegen, nur um so unterhaltender.

DIE MUTTER: Du denkst an die Bücher, aber nie an mich. Es werden sich einmal viele Leute über deinen Beziehungsreichtum zu dir beklagen. Man wird dich schelten, sie werden mit Fingern auf dich zeigen und sagen: Seht den Gemütlosen!

FELIX: Wenn einem nichts gleichgültig ist, scheint es, als wär' einem alles gleichgültig.
DIE MUTTER: Schade um die guten Nudeln. Ich fürchte mich nun.
FELIX: Wie leidet die Empfindliche unter dem kleinen Fehler. Es kommt bei allem nur darauf an, ob wir's empfinden. (*laut*) Ich bin doch schuld daran. Du kannst es ihnen ja sagen.
DIE MUTTER: Diese Bemerkung freut mich. Nun bin ich ruhiger.

In der Religionsstunde.

DER PFARRER: Eh' ich mich diesmal von euch verabschiede, will ich euch noch eröffnen, daß unserem Vaterland aus einem ungeahnten Anlaß Gefahr droht. Ein Angehöriger unseres Nachbarreiches hat sich auf unserem Boden ungehörig aufgeführt und wurde zur Rede gestellt, um daraufhin des Landes verwiesen zu werden. Der leitende Mann des an unser Land angrenzenden Reiches, ein Staatsmann hohen Rufes, hat an unsere oberste Behörde in dem Impulse der Beleidigtheit eine rechtfertigungheischende Adresse gerichtet, die nicht unbeantwortet bleiben kann, denn jedes Landes Vertretung muß an ihrem Gewicht festhalten, was so viel heißt, als die Wahrung der Interessen, was euch einleuchten wird. Es sind Stimmen laut geworden, die bereits auch zu uns gedrungen sind und die von einer Aussicht sprechen, die die unerfreulichste ist, die friedliche Menschen sich denken können. Möge Gott unser kleines Land vor Kriegsausbruch gnädig bewahren. Die Stunde sei hiemit abgeschlossen.

Die Schüler erschauern vor jenem sie sehr ernstanschauenden Ungesichthaften. Es ist das verhüllte Antlitz der Furie. Sie flüstern. Die Schulstube wird diesmal nicht mit der täglich gewohnten Beweglichkeit verlassen. Ihnen kommt der Gedanke: Wenn all die Geschichtsereignisse, von denen sie in der Geschichtsstunde so oft den Lehrer reden gehört haben, zur Wirklichkeit würden. Es ist allen eigentümlich zumut. Keiner sagt ein Wort. Sie sind benommen, verdutzt.

(1925)

Allerlei

Das Schweizerland, wie kühn und klein steht es da, umarmt von den Staaten! Was ist es als Land allein für eine zugleich hehre und anmutige Erscheinung! Europas schneeige Pelzboa könnte man es nennen. Wundervoll wie seine Geschichte ist seine Natur. Merkwürdig wie sein Volk ist sein Bestand. Es ist, als ducke es sich. Doch scheint es auch nicht ein Panther, denn es hat keine Grenzenbeute zu machen. Seine Enthaltsamkeit ist seine Festigkeit, seine Bescheidenheit ist seine Schönheit, seine Beschränkung sein unvergleichliches Ideal. Wie ein politischer Felsen steht es da, umbrüllt von den politischen Wogen. So lange es bleibt, was es ist, schadet ihm, scheint es, nichts. Inwiefern es sich klein fühlt, darf es sich stark und eigen und unabhängig fühlen, abhängig nur von der Besonnenheit und Unerschrockenheit. Seine Würde ist seine Grenze; und solange es diese in ihrer Art unübersehbare Grenze zu bewahren weiß, ist es in seiner Art ein bedeutendes und großes Land, groß als Gedanke. Wie reizend und wie gefährlich ist seine Lage. Seine Menschen, wie heimatlich wissen sie, das Altertum bekräftigend, zu leben. Sein Handel geht hoch, seine Wissenschaften blühen. Doch wozu ihm schmeicheln? Daß es sein Eigen ist, schmeichelt ihm am tiefsten. Man will sie grob nennen im Ausland, die Schweizer. Das ist so, als nennte man den Franzosen unzuverlässig, den Deutschen anmaßend, den Türken unsauber, den Russen rückständig. Wie verpesten Redensarten die Erde! Wie vergiften gewisse Gerüchte das Leben!

(1911)

Die Schweiz

Im Mittelland befinden
sich auf den Hügeln luft'ge Linden;
artige Städte schmiegen
sich an den Rand von schönen Seen.
Im Jura länglich liegen
schlanke und breite Höhn. Den Feen,
schneeweißen, zu vergleichen
sind wieder anderseits
gewalt'ge Berge, die man Alpen nennt,
weit und breit man sie kennt,
im Eisigtrotz'gen liegt ihr Reiz,
von ihrem Platze sie nicht weichen.

(um 1930)

Etwas Sagenhaftes

Vor zirka zweihunderttausend Jahren

Vor zirka zweihunderttausend Jahren scheinen in der Schweiz Bären gelebt zu haben, die, wie uns die Wissenschaft erzählt, doppelt so stark und groß die Eigensinnigkeit hatten zu sein als die heutigentags vorkommenden. Einen Sprung ins Mittelalter ausführend, das man als eine europäische Epoche wird bezeichnen dürfen, besaß damals die Schweiz Zustände in dieser oder jener Hinsicht, wie dies Zeitalter sie anderwärts ebenfalls sah und hervorbrachte, wobei man an klösterliche einer- und ritterburgliche Kultur und Herrschaft anderseits denkt. Nach und nach wurden allerlei Städte gegründet. Hiebei gibt es irgendwo im Schweizerland eine Stadt, die ägyptischen Ursprunges sein soll. Dies Sagenhafte ist ein merkwürdiges Etwas, und etwas Merkwürdiges wird der allmähliche Ausbau der schweizerischen Eidgenossenschaft immer bleiben. Zweifellos waren die Vorfahren der heutigen Schweizer tapfere, kluge und rührige Leute, denn sie brachten zustande, sich eine stattliche Eigentümlichkeit zu schaffen. Eine Leistung war das, die von der Nachkommenschaft erwähnter Männer nicht ohne ein schickliches Dankbarkeitsmaß gewürdigt wird. Dem Wasser nunmehr meine Aufmerksamkeit darbringend, zeichnen sich die schweizerischen Seen und Flüsse durch tiefe, klare Färbung aus, und was vielleicht nachgerade, worüber ich womöglich längst hätte sprechen sollen, Kunst und Dichtung betrifft, so sieht sich die Schweiz mit einem Malernamen wie Hans Holbein und einem Dichtergenie wie Conrad Ferdinand Meyer geschmückt. Von selbst versteht sich, daß auch auf andere Diesbezüglichkeiten hinzuweisen sein könnte. In einem nur kurzen Essay, worin eventuell auch noch der Humor weniger an den Haaren herbei als in Frage gezogen sein will, muß man Erwähnenswertes zu erwähnen verzichten. So viel wird flink angemerkt werden können, daß die Schweizer, wie dies ja vielleicht weit und breit bekannt sein kann, in Bezug auf ihre Freiheit nicht ohne Ehrgeiz und zugleich nicht ohne eine Fähigkeit sind, diesem gerecht zu werden. Dürfte man glauben, sie hätten hierin Ähnlichkeit mit Eifersüchtigen? Vor noch nicht gar langer Zeit gab es in fremden Ländern, ich meine geeignetenorts, jene damals gewissermaßen berühmt gewesenen Schweizer- oder Fremdenregimenter, eine Einrichtung, die vorhanden zu sein aufhörte. Ältere Gedichte, die heute nicht mehr gesungen werden, die jedoch der Literatur zuzuzählen sind, stehen zur genannten historischen Institution in Beziehung, indem sie vom Heimweh früherer Schweizer Soldaten anmutig und volkstümlich klagen. Wer die Schweiz liebt, hat augenblicklich eine Vorstellung von Gebirgigkeit und von langgezogenen, über hochgelegene Schneeflächen sich hinziehenden Alphorntönen. Was die Seelen der Schweizer anbelangt, möchten vornehme Federn der etwas billigen und bequemen Meinung sein, daß sie von morgens bis abends spät nichts als prächtig gelaunt seien und aus nichts bestünden als aus Gutherzigkeit und Späßen. In Wirklichkeit verhält sich dies aber, ich möchte sagen zum Glück, anders. Der Schweizer trägt sozusagen eine nationale Maske, die ihm mancherlei Notwendigkeiten aufgenötigt haben mögen. Wo er fröhlich zu sein scheint, ist er ernster, wo man ihn naiv sich benehmen sieht, bewußtseinshafter, als man gern annimmt. Eine nicht unwichtige Tatsache ist jedenfalls, daß man dies Land und dies Volk von andern Ländern und Völkern unterscheidet.

(um 1928)

Tell in Prosa

Hohlweg bei Küßnacht

TELL (*tritt zwischen den Büschen hervor*): Durch diese hohle Gasse, glaube ich, muß er kommen. Wenn ich es recht überlege, führt kein andrer Weg nach Küßnacht. Hier muß es sein. Es ist vielleicht ein Wahnsinn, zu sagen: Hier muß es sein, aber die Tat, die ich vorhabe, bedarf des Wahnsinns. Diese Armbrust ist bis jetzt nur auf Tiere gerichtet gewesen, ich habe friedlich gelebt, ich habe gearbeitet, und wenn ich müde von der Anstrengung des Tages gewesen bin, habe ich mich schlafen gelegt. Wer hat ihm befohlen, mich zu stören, auf wessen Veranlassung hin hat er mich drücken müssen? Seine böse Stellung im Land hat es ihm eingegeben. (*Er setzt sich auf einen Stein.*) Tell läßt sich beleidigen, aber nicht am Hals würgen. Er ist Herr, er darf meiner spotten, aber er hat mich an Leib, Liebe und Gut angegriffen, er hat es zu weit getrieben. Heraus aus dem Köcher! (*Er nimmt einen Pfeil heraus.*) Der Entschluß ist gefaßt, das Schrecklichste ist getan, er ist schon erschossen durch den Gedanken. Wie aber? Warum lege ich mich in den Hinterhalt? Wäre es nicht besser, vor ihn hinzutreten und ihn vor den Augen seiner Knechte vom Pferd herunterzuschlagen? Nein, ich will ihn als das ahnungslose Wild betrachten, mich als den Jäger, das ist sicherer. (*Er spannt den Bogen.*) Mit der friedlichen Welt ist es nun vorbei, ich habe auf das Haupt meines Kindes zielen müssen, so ziele ich jetzt auf die Brust des Wüterichs. Es ist mir, als hätte ich es bereits getan und könnte nach Hause ziehen; was im Geist schon geschehen ist, tun die Hände hinterher nur noch mechanisch, ich kann den Entschluß verzögern, aber nicht brechen, das müßte Gott tun. Was höre ich. (*Er horcht.*) Kommt er schon? Hat er es eilig? Ist er so ahnungslos? Das ist das Eigentümliche an diesen Herren, daß sie ruhigen Herzens Jammervolles begehen können. (*Er zittert.*) Wenn ich jetzt den Schuß verfehle, so muß ich hinabspringen und das verfehlte Ziel zerreißen. Tell, nimm dich zusammen, die kleinste Ungeschicklichkeit macht dich zum wilden Tier. (*Hornruf hinter der Szene.*) Wie frech er durch die Länder, die er erniedrigt, blasen läßt. Er meint, herrisch zu sein, aber er ist nur ohne Ahnung. Er ist so sorglos wie ein tanzendes Kind. Hundertfacher Räuber und Mörder. Er betet, wenn er tänzelt. Ein Ungeheuer muß in der Ahnungslosigkeit sterben. (*Er macht sich zum Schuß bereit.*) Jetzt bin ich ruhig. Ich würde beten, wenn ich weniger ruhig wäre. Ruhige wie ich erledigen Pflichten. (*Der Landvogt mit Gefolge auf Pferden. Prachtvoller Auftritt. Tell schießt.*) Du kennst den Schützen. Frei ist das Land von dir. (*Ab.*)

(1907)

Tell

Im Lande Uri, das an der Straße liegt, die nach Italien führt, wo die Orangen wachsen, lebte einst ein Mensch, der sich dadurch wichtig machte, daß er einen federgeschmückten Hut nicht grüßen wollte, weshalb er von einer Anzahl trivialer Leute umzingelt und abgefaßt und fortgeführt wurde.

Die Sache kam vor Bezirksgericht oder vor den Landvogt, der Gessler hieß und spitzbärtig und mager war. Das lasse er sich keinesfalls bieten, sagte er, indem er sich auf die Lippen biß. Er war wohl etwas nervös. Regieren ist ein aufreibender Beruf.

Lange grübelte er, bis er plötzlich ganz satanisch lächelte: »So! Dir will ich das Aufbegehren ein für allemal versalzen.« Mit diesen Worten erteilte er die nötige Instruktion; hierauf kam es zum Apfelschuß, der unzählige Male über die Bretter ging. Das Stück ist meisterhaft wie alles, was Schiller geschrieben hat.

Tell war blaß. Nun ja, das begreift sich. Wer würde nicht zittern, der aufs Haupt seines Knaben zielen müßte? Gessler saß im hochherrschaftlichen Auto und rauchte eine Brissago. Die Landvögtin wohnte dem Schauspiel zu Pferd bei, sie trug ein äußerst elegantes Reitkleid und interessierte sich für Tells Schicksal ungemein.

Dieser schoß und traf und verletzte damit des Landvogts Eigenliebe aufs tiefste. Das gesamte anwesende Publikum klatschte Beifall, was dem Gouverneur natürlich peinlich sein mußte.

»Komm einmal her«, sagte er, und als Tell zu ihm hintrat, richtete er diverse Fragen an ihn, worauf ihm Tell nicht schnell genug diverse Grobheiten ins Antlitz

»Bei einer Felsplatte sprang Tell aus dem Schiff...«

werfen konnte, was recht unklug war und besser vermieden worden wäre. Doch wir haben gut reden und würden uns vielleicht ebenso unbesonnen benehmen.

Gesslers Wut war groß. »Bindet ihn mir«, befahl er, und nun war Tell von neuem in der Klemme. Er wurde ins Unterseeboot oder Segelschiff geschleppt und an den Mastbaum gebunden. Die Gesellschaft segelte nach Luzern, wo der Freiheitsheld derart untergebracht werden sollte, daß er weder Sonne noch Mond je wieder zu sehen bekäme.

Doch es kam anders. Tell hatte herzlich wenig Lust, lebendig begraben zu werden. Lieber ging er in den Schützengraben oder trat zu Lenin und Trotzki in Beziehung.

Luzern war sicher schon dazumal ein lieblicher und wohnlicher Ort. Heute ist's eine berühmte Fremdenstadt, die alle erdenklichen Annehmlichkeiten bietet. Ich selbst war einmal vor Jahren dort. Leider regnete es, doch bekam ich immerhin den Pilatusberg zu sehen, der fabelhaft aus Nebelwolken tauchte.

Um zur Historie zurückzukehren, die womöglich etwas spaßhaft anmutet, was kaum viel schaden kann, so wäre anzuzeigen, daß sich auf dem Vierwaldstättersee ein Sturm erhob, der dem Gefesselten die Möglichkeit gab, zu entschlüpfen, indem Gessler selber es war, der für ratsam hielt, sich seines Gegners zu Ruderzwecken zu bedienen.

Bei einer Felsplatte sprang Tell aus dem Schiff, was uns glauben läßt, er sei nicht nur ein Meisterschütze, sondern auch noch ein guter Turner gewesen. Entschlußfähigkeit besaß er offenbar in hohem Grade.

Nun war er frei, und nun käme noch die hohle Gasse zu Küßnacht, wo die Geschichte jäh erledigt wurde und einem Generalbevollmächtigten großes Malheur begegnete. Zweifellos ging es etwas schroff zu, und die Art, wie Tell für Garantie sorgte, wird kaum nach jedermanns Geschmack sein.

Da er bei aller Tatkraft friedliebend war und seine Aufgabe erfüllt hatte, so ging er still nach Hause an seine gewohnte Arbeit.

(um 1919/1920)

»Die Art, wie Tell für Garantie sorgte...«

Wilhelm Tell

Ich leite diesen Essay mit dem einsichtsreichen Geständnis ein, mir scheine, es gebe in der Literatur Kitsch, der entzückend, und anderseits komme manches Nichtkitschige vor, das befremdend sein könne.

Was den Wilhelm Tell betrifft, so hat mich von jeher, d. h. vor etlicher Zeit, die Frage beschäftigt, ob etwa der Herr Landvogt eine hübsche Frau gehabt habe. Schon als ich noch an der ehemaligen Kloster-, jetzigen Marktgasse wohnte und auffallend dichterisch, d. h. eigenwillig angezogen im umliegenden Land herumlief, gab ich dem wackern Landvogt, geistreich gesprochen, eine elegante Gattin, indem ich mir zu phantasieren erlaubte. »Des Landvogts Frau interessierte sich für den Tell lebhaft«, meine ich einst geschrieben zu haben. Heute jedoch schreibe ich folgendes: »Was bedeutete des Letzteren überraschende Schießkunst? Ist sie reell oder nicht?«

Wer übrigens aufmerksam Heinrich von Kleists »Käthchen von Heilbronn« liest, dem fällt auf, daß das zarte Mädchen weiter vielleicht nichts anderes ist als das Weichheitselement im stählernen Wesen des Herrn Grafen vom Strahl, und wer sich Mühe gibt, Shakespeares »Othello« mit einiger Angelegentlichkeit zu betrachten, der wird zugeben müssen oder wahrnehmen können, daß Jago nicht viel anderes als die Figuration der Othelloschen Unruhe sein kann.

Derlei Ahnungen zu haben, finde ich reizend. Ich bin z. B. überzeugt, daß, um auf Wilhelm Tell zurückzukommen, der Schweizer, der die Freiheit liebt, dem eine verhältnismäßig interessante Behausung bewohnenden Landvogt viel zu verdanken hat, indem letzterer erstern zu Taten usw. anspornte.

Sollte man nicht beinahe mit der Idee einiggehen dürfen, Landvogt und Tell seien eine einzige widerspruchsvolle Persönlichkeit?

»Schieße mir einmal einen Apfel vom Kopf deines Knaben!« wurde befohlen oder energisch ersucht, und sofort wird dem eigenartigen Wunsch entsprochen worden sein.

Der Landvogt veranlaßte Tell, sich im Treffen zu üben, wonach er ihm auch noch Grund gab, sich als Turner zu bewähren, wobei ich vom Sprung auf die Felsplatte spreche.

Bezüglich der Tellsage interessiert mich die Frage nicht so sehr, ob Tell ein guter, der Landvogt aber ein böser Mensch war, als der eben erwähnte Umstand des Beweglichkeitsveranlassunggebens.

Mir scheint bedeutend zu sein, daß beide ein Unzertrennliches, Einheitliches bilden: um einen Tell hervorzubringen, bedurfte die Geschichte eines Landvogts. Einer ist ohne den andern undenkbar. Ungefähr das ist's, auf das hin ich in diesen Zeilen wilhelmtellhaft hinziele.

(um 1927)

Die Schlacht bei Sempach

Eines Tages, mitten im heißen Sommer, zog sich auf der staubbedeckten Landstraße ein Heereszug in die Luzerner Gegend langsam dahin. Die helle, eigentlich mehr als helle Sonne blendete auf die tanzenden Rüstungen herab, auf Rüstungen, die Menschenkörper bedeckten, auf tanzende Rosse, auf Helme und Stücke Gesichter, auf Pferdeköpfe und Schweife, auf Zieraten und Büsche und Steigbügel, die groß waren wie Schneeschuhe. Rechts und links von dem glänzenden Heereszug breiteten sich Wiesen mit Tausenden von Obstbäumen aus, bis an Hügel heran, die aus der blauduftenden, halb verschwommenen Ferne wie leise und behutsam gemalte Dekorationen winkten und wirkten. Es war eine vormittäglich drückende Hitze, eine Wiesenhitze, eine Gras-, Heu- und Staubhitze, denn Staub wurde aufgeworfen, wie dicke Wolken, die manchmal Stücke und Teile vom Heer einhüllen wollten. Schleppend, stampfend und nachlässig ging die schwere Kavalkade vorwärts; sie glich oft einer schillernden, langen Schlange, oft einer Eidechse ungeheuren Umfanges, oft einem großen Stück Tuch, reich von Figuren und farbigen Formen durchwoben und feierlich nachgezogen, wie Damen, meinetwegen ältliche und herrische, gewöhnt sind, Schleppen nachzuziehen. In der ganzen Art und Weise dieses Heergewoges, im Stampfen und Klirren, in diesem schnöden schönen Gerassel lag ein einziges »Meinetwegen« enthalten, etwas Freches, sehr Zuversichtliches, etwas Umwerfendes, träg beiseite Schiebendes. Alle diese Ritter unterhielten sich, so gut es durch die stählernen Mäuler gehen wollte, in fröhlichem Wortgefecht miteinander; Lachen ertönte und dieser Laut paßte vorzüglich zu dem hellen Ton, den die Waffen und Ketten und goldenen Gehänge verursachten. Die Morgensonne schien manches Blech und feinere Metall noch zu liebkosen, die Pfeifentöne flogen zu der Sonne herauf; ab und zu reichte einer der vielen zu Fuß daherstelzenden Diener seinem reitenden Herrn einen delikaten Bissen, an eine silberne Gabel gesteckt, zum schwankenden Sattel hinauf. Wein wurde flüchtig getrunken, Geflügel verzehrt und Nicht-Eßbares ausgespuckt, mit einer leichten, sorglosen Gemütlichkeit, denn es ging ja in keinen ernsthaften, ritterlichen Krieg, es ging zu Abstrafung, Notzucht, zu blutigen, höhnischen, schauspielerischen Dingen, so dachte jeder; und jeder erblickte schon die Masse von abgeschlagenen Köpfen, die die Wiese blutig färben sollten. Unter den Kriegsherren befand sich mancher wundervolle junge adelige Mensch in herrlicher Bekleidung, zu Pferd sitzend wie ein vom blauen, ungewissen Himmel niedergeflogener männlicher Engel. Mancher hatte den Helm, um es sich bequem gemacht zu haben, abgezogen und einem Troßbuben zum Tragen herabgereicht und zeigte so der freien Luft ein sonderbar von Unschuld und Übermut schön gezeichnetes Gesicht. Man erzählte die neuesten Witze und besprach die jüngsten Geschichten von galanten Frauen. Wer ernst blieb, wurde zum besten gehalten; eine nachdenkliche Miene schien man heute unanständig und unritterlich zu finden. Die Haare der Jünglinge, die ihren Helm abgenommen hatten, glänzten und dufteten von Salben und Öl und wohlriechendem Wasser, das sie sich aufgeschüttet hatten, als habe es gegolten, zu einer koketten Dame zu reiten, um ihr reizende Lieder vorzusingen. Die Hände, von denen die eisernen Handschuhe abgestreift worden, sahen nicht kriegerisch, vielmehr gepflegt und verhätschelt aus, schmal und weiß wie Hände von jungen Mädchen.

Einer allein in dem tollen Zug war ernst. Schon sein Äußeres, eine tiefschwarze, von zartem Gold durchbrochene Rüstung, zeigte an, wie der Mensch, den sie deckte, dachte. Es war der edle Herzog Leopold von Österreich. Dieser Mann sprach kein Wort; er schien ganz in sorgenvolle Gedanken versunken. Sein Gesicht sah aus wie das eines Menschen, der von einer frechen Fliege um das Auge herum belästigt wird. Diese Fliege wird wohl seine böse Ahnung gewesen sein, denn um seinen Mund spielte ein fortwährendes verächtlich-trauriges Lächeln; das Haupt hielt er gesenkt. Die ganze Erde, so heiter sie auch aussah, schien ihm zornig zu rollen und zu donnern. Oder war es nur der trampelnde Donner der Pferdehufe, da man jetzt eine hölzerne Reußbrücke passierte? Immerhin: etwas Unheilverkündendes wob schauerlich um des Herzogs Gestalt.

In der Nähe des Städtchens Sempach machte das Heer Halt; es war jetzt so um zwei Uhr nachmittags. Vielleicht war es auch drei Uhr; es war den Rittern so gleichgültig, wieviel Uhr es sein mochte; ihretwegen hätte es zwanzig Uhr sein dürfen: sie würden es auch in der Ordnung gefunden haben. Man langweilte sich schon schrecklich und fand jede leise Spur von kriegerischer Maßregel lächerlich. Es war ein stumpfsinniger Moment, es glich einem Scheinmanöver, wie man jetzt aus den Sätteln sprang, um Stellung zu nehmen. Das Lachen wollte nicht mehr tönen, man hatte schon so viel gelacht, eine Ermattung, ein Gähnen stellte sich ein. Selbst die Rosse schienen zu begreifen, daß man jetzt nur noch gähnen könne. Das dienende Fußvolk machte sich hinter die Reste der Speisen und Weine, soff und fraß, was es noch zu fressen und zu saufen gab. Wie lächerlich dieser ganze Feldzug allen erschien! Dieses Lumpenstädtchen, das noch trotzte: wie dumm das war!

Da ertönte plötzlich in die furchtbare Hitze und Langeweile hinein der Ruf eines Hornes. Eine eigentümliche Ankündigung, die ein paar aufmerksamere Ohren horchen ließ: Was kann da nun sein? Horch: schon wieder. Da tönte es schon wieder, wirklich, und man hätte allgemein glauben sollen, diesmal ertöne es in weniger weiter Entfernung. »Aller guten Dinge sind drei«, lispelte ein geckiger Witzbold; »töne doch noch einmal, Horn!« Eine Weile verging. Man war etwas nachdenklich geworden; und nun, mit einem Mal, fürchterlich, als hätte das Ding Flügel bekommen und reite auf feurigen Ungeheuern daher, flammend und schreiend, setzte es noch einmal an, ein langer Schrei: Wir kommen! Es war in der Tat, als bekomme da plötzlich eine Unterwelt Lust, durch die harte Erde durchzubrechen. Der Ton glich einem sich öffnenden dunklen Abgrund und es wollte scheinen, als ob jetzt die Sonne aus einem finsteren Himmel herableuchte, noch glühender, noch greller, aber wie aus einer Hölle, nicht wie aus einem Himmel herab. Man lachte auch jetzt noch; es gibt ja Momente, wo der Mensch glaubt, lächeln zu sollen, während er sich vom Entsetzen angepackt fühlt. Die Stimmung eines Heereszuges von vielen Menschen ist schließlich ja nicht viel anders als die Stimmung eines einzelnen, einsamen Menschen. Die ganze Landschaft in ihrer brütend weißlichen Hitze schien jetzt nur noch immer Tut zu machen, sie war zum Hörnerton geworden; und nun warf sich denn auch alsobald zu dem Tonraum, wie aus einer Öffnung, der Haufe von Menschen heraus, denen der Ruf vorangegangen war. Jetzt hatte die Landschaft keine Kontur mehr; Himmel und sommerliche Erde verschwammen in ein Festes; aus der Jahreszeit, die verschwand, war ein Fleck, ein Fechtboden, ein kriegerischer Spielraum, ein Schlachtfeld geworden. In einer Schlacht geht die Natur immer unter, der Würfel herrscht nur noch, das Gewebe der Waffen, der Haufe Volkes und der andere Haufe Volkes.

Der vorwärtseilende, allem Anschein nach hitzige Volkshaufe kam näher heran. Und der ritterliche Haufe war fest, er schien auf einmal ineinandergewachsen zu sein. Kerle von Eisen hielten ihre Lanzen vor, daß man auf der Lanzenbrücke hätte per Break spazierenfahren können, so dicht waren die Ritter eingeklemmt und so stumpfsinnig stach Lanze an Lanze nach vorn, unbeweglich, unverrückbar, gerade etwas, sollte man gemeint haben, für so eine drängende, stürmende Menschenbrust, die sich daran festspießen könnte. Hier eine stupide Wand von Spitzen, dort Menschen, mit Hemden zur Hälfte bedeckt. Hier Kriegskunst, von der borniertesten Sorte, dort Menschen von ohnmächtigem Zorn ergriffen. Da stürmte nun immer einer und dann der andere, verwegen, um nur dieser ekelhaften Unlust ein Ende zu machen, in eine der Lanzenspitzen, toll, verrückt, vom Zorn und von der Wut hingeworfen. Natürlich auf die Erde, ohne nur den behelmten und befiederten Lümmel aus Eisen noch mit der Handwaffe getroffen zu haben, erbärmlich aus der Brust blutend, sich überschlagend, das Gesicht in den staubigen Rossedreck, den hier die adeligen Rosse hinterlassen hatten. So ging's all diesen beinahe unbekleideten Menschen, während die Lanzen, schon von dem Blut gerötet, höhnisch zu lächeln schienen.

Nein: das war nichts; man sah sich auf der Seite der »Menschen« genötigt, einen Trick anzuwenden. Der Kunst gegenübergestellt, wurde Kunst nötig oder irgendein hoher Gedanke; und dieser höhere Gedanke, in Gestalt eines Mannes von hoher Figur, trat auch alsogleich vor, merkwürdig, wie von einer überirdischen Macht vorgeschoben, und sprach zu seinen Landsleuten: »Sorget ihr für mein Weib und für meine Kinder; ich will euch eine Gasse bohren«; und warf sich blitzschnell, um nur ja nicht an seiner Lust, sich zu opfern, zu erlahmen, in vier, fünf Lanzen, riß auch noch mehrere, so viele, wie er sterbend packen konnte, nach unten, zu seiner Brust, als könne er gar nicht genug eiserne Spitzen umarmen und an sich drücken, um nur ja so recht aus dem Vollen untergehen zu können, und lag am Boden und war Brücke geworden für Menschen, die auf seinen Leib traten, auf den hohen Gedanken, der eben getreten sein wollte. Nichts wird je wieder einem solchen Schmettern gleichen, wie nun die leichten, von der Wut gestoßenen und gehobenen Berges- und Talmenschen hineinschmetterten, in die tolpatschige verruchte Wand hinein, und sie zerrissen und zerklopften, Tigern ähnlich, die eine wehrlose Herde von Kühen zerreißen. Die Ritter waren jetzt fast ganz wehrlos geworden, da sie sich, in ihre Enge gekeilt, kaum nach einer Seite bewegen konnten. Was auf Pferden saß, wurde wie Papier hinuntergeworfen, daß es krachte, wie mit Luft gefüllte Tüten krachen, wenn man sie zwischen zwei Händen zusammenschlägt. Die Waffen der Hirten erwiesen sich jetzt als furchtbar und ihre leichte Bekleidung als gerade recht; um so lästiger waren die Rüstungen für die Ritter. Köpfe wurden von Hieben gestreift, scheinbar nur gestreift und erwiesen sich schon als eingeschlagen. Es wurde immer geschlagen, Pferde wurden umgeworfen, die Wut und die Kraft nahmen immer zu, der Herzog wurde getötet; es wäre ein Wunder gewesen, wenn er nicht getötet worden wäre. Diejenigen, die schlugen, schrien dazu, als gehöre es sich so, als wäre das Töten eine noch zu geringfügige Vernichtung, etwas nur Halbes.

Hitze, Dampf, Blutgeruch, Dreck und Staub und das Geschrei und Gebrüll vermischten sich zu einem wil-

Winkelried: »Ich will euch eine Gasse bohren.«

den, höllischen Getümmel. Sterbende empfanden kaum noch ihr Sterben, so rapid starben sie. Sie erstickten vielfach in ihren prahlerischen Eisenrüstungen, diese adeligen Dreschflegel. Was galt nun noch eine Stellungnahme? Jeder würde gern darauf gepfiffen haben, wenn er überhaupt noch hätte pfeifen können. An die hundert schöne Edelleute ertranken, nein: ersoffen im nahegelegenen Sempachersee; sie ersoffen, denn sie wurden wie Katzen und Hunde ins Wasser gestürzt, sie überpurzelten und überschlugen sich in ihren eleganten Schnabelschuhen, daß es eine wahre Schande war. Der herrlichste Eisenpanzer konnte nur noch Vernichtung versprechen und die Verwirklichung dieser Ahnung war eine fürchterlich korrekte. Was war es nun, daß man daheim, irgendwo im Aargau oder in Schwaben, Schloß, Land und Leute besaß, eine schöne Frau, Knechte, Mägde, Obstland, Feld und Wald und Abgaben und die feinsten Privilegien? Das machte das Sterben in diesen Pfützen, zwischen dem straffgezogenen Knie eines tollen Hirten und einem Stück Boden, nur noch bitterer und elender. Natürlich zerstampften die Prachtrosse in wilder Flucht ihre eigenen Gebieter; viele Herren auch blieben, indem sie jählings absteigen wollten, in den Steigbügeln mit ihren dummen Modeschuhen hängen, so daß sie mit den blutenden Hinterköpfen die Wiesen küßten, während die erschreckten Augen, bevor sie erloschen, den Himmel über sich wie eine ergrimmte Flamme brennen sahen. Freilich brachen auch Hirten zusammen, aber auf einen Nacktbrüstigen und Nacktarmigen kamen immer zehn Stahlbedeckte und Eingemummelte. Die Schlacht bei Sempach lehrt eigentlich, wie furchtbar dumm es ist, sich einzumummeln. Hätten sie sich bewegen können, diese Hampelmänner: gut, sie würden sich eben bewegt haben; einige taten es, da sie endlich sich vom Allerunerträglichsten, was sie über dem Leib hatten, befreit hatten. »Ich kämpfe mit Sklaven, o Schande!« rief ein schöner Junge mit gelblich vom Haupt niederquellenden Locken und sank, von einem grausamen Hieb ins liebe Gesicht getroffen, zu Boden, wo er, zu Tode verwundet, ins Gras biß mit dem halb zerschmetterten Munde. Ein paar Hirten, die ihre Mordwaffen aus den Händen verloren hatten, fielen wie Ringer auf dem Ringplatz die Gegner von unten herauf mit Nacken und Kopf an oder warfen sich, den Streichen ausweichend, auf den Hals der Ritter und würgten, bis abgewürgt war.

Inzwischen war Abend geworden, in den Bäumen und Büschen glühte das erlöschende Licht, während die Sonne zwischen den dunklen Vorbergen wie ein toter, schöner, trauriger Mann untersank. Die grimmige Schlacht hatte ein Ende. Die schneeweißen, blassen Alpen hingen im Hintergrund der Welt ihre schönen, kalten Stirnen hinunter. Man sammelte jetzt die Toten, man ging zu diesem Zweck still umher, hob auf, was an gefallenen Menschen am Boden lag, und trug es in das Massengrab, das andere gegraben hatten. Fahnen und Rüstungen wurden zusammengetan, bis es ein stattlicher Haufe wurde. Geld und Kostbarkeiten, alles gab man an einem bestimmten Ort ab. Die meisten dieser einfachen, starken Männer waren still und gut geworden; sie betrachteten den erbeuteten Schmuck nicht ohne wehmutvolle Verachtung, gingen auf den Wiesen umher, sahen den Erschlagenen in die Gesichter und wuschen Blut ab, wo es sie reizte, zu sehen, wie etwa noch die besudelten Gesichtszüge aussehen mochten. Zwei Jünglinge fand man zu Füßen eines Buschwerkes mit Gesichtern, so jung und hell, mit im Tode noch lächelnden Lippen, umarmt am Boden. Dem einen war die Brust eingeschlagen, dem anderen der Leib durchgehauen worden. Bis in die späte Nacht hatten sie zu tun; mit Fackeln wurde dann gesucht. Den Arnold von Winkelried fanden sie und erschauerten beim Anblick dieser Leiche. Als die Männer ihn begruben, sangen sie mit dunkeln Stimmen eins ihrer schlichten Lieder; mehr Gepränge gab es da nicht. Priester waren nicht da; was hätte man mit Priestern tun sollen? Beten und dem Herrgott danken für den erfochtenen Sieg: das durfte ruhig ohne kirchliches Gefackel geschehen. Dann zogen sie heim. Und nach ein paar Tagen waren sie wieder in ihre hohen Täler zerstreut, arbeiteten, dienten, wirtschafteten, sahen nach den Geschäften, versahen das Nötige und sprachen noch manchmal ein Wort von der erlebten Schlacht; nicht viel. Sie sind nicht gefeiert worden (ja, vielleicht ein bißchen, in Luzern beim Einzug): gleichviel, die Tage gingen darüber weg, denn barsch und rauh werden die Tage mit ihren mannigfachen Sorgen schon damals, anno 1386, gewesen sein. Eine große Tat tilgt die mühselige Folge der Tage nicht aus. Das Leben steht an einem Schlachtentag noch lange nicht still; die Geschichte nur macht eine kleine Pause, bis auch sie, vom herrischen Leben gedrängt, vorwärtseilen muß.

(1908)

Denkmal für Hans Waldmann (ca. 1435-1489), Feldhauptmann in den Burgunderkriegen und Bürgermeister von Zürich

Der Bürgermeister

Stramm war seine Haltung, offenherzig sein Blick. Was sonst noch? Nur Geduld! Was noch fehlt, wird hinzugesetzt. Was nicht ist, wird kommen. Und so kommt denn die Bemerkung aus dem Hintergrund des noch Ungeschriebenen hervor, daß sein Bart kräuselnd flatterte und aus hundert goldigen Löckchen bestand, die er, wenn er dies für erforderlich erachtete, emsig pomadisierte. An Sonn- und Festtagen trug er eine prächtige Kette, die ihm das Oberhaupt irgendeiner fremden Macht freundnachbarlich geschenkt hatte. Herrlich und unwiderstehlich sah er beim harnischrasselnden Einherschreiten aus. Frauen, die aus dem Fenster schauten, zeigten ihn ihren aufwachsenden Kleinen, die kindlich über seine kraftstrotzende Erscheinung lächelten. Die Wirkung, die von ihm ausging, war sonnenscheinartig. Aus einem beklemmunghervorrufenden, Zweifel und Ungewißheit in die Herzen werfenden Feldzug war er, feierlich vom Klang tönender Glocken begrüßt, als Sieger in die Stadt, die von seinen Vorfahren bewohnt worden war und die jetzt seine Zeitgenossen in Anspruch nahmen, heimgekehrt. Bei dieser Gelegenheit, die einen unvergeßlichen Eindruck auf ihn machte, trat er auf Blumen, die teppichhaft vor seinen erfolgreichen Füßen lagen. Der Stadtrat widmete ihm ein Bankett, dessen schmeichelhafte Einzelheiten in den Annalen aufbewahrt blieben. Auf der Höhe der Jahre, ich meine, im besten Mannesalter stehend, vollzog sich jedoch nach und nach in seinem Innenleben eine verhängnisvolle Veränderung. Er wurde schwermütig, und wenn einer dies wird, hat er entweder nicht die geringste oder nur eine spärliche Ahnung davon, indem sich irgend etwas, das nicht vorteilhaft ist, mit ihm und in ihm zuträgt, ohne daß er's weiß, ohne daß er Notiz davon nehmen zu können in der Lage sein kann. Über Nacht besuchte es ihn und bemächtigte sich seiner, und das Glück begann aus seiner Laufbahn zu entfliehen.

Um mich zu spezialisieren und ihn zu zergliedern, mache ich bekannt, daß er insofern hochfahrend wurde, als er einen Teil der Einsicht, der ihn bis dahin unermüdlich begleitet und mit zu den Ausgezeichnetheiten gehört hatte, die ihn schmückten, einbüßte. Er verlor, indem er den Bürgern zumutete, was er von sich selbst nicht fordern mochte, gleichsam den Maßstab. Scheu und leise, zaghaft und zurückhaltend flüsterte man über ihn in den Häusern, und das Gelispel ging bald in ein lautes Sprechen über. Indes er für sich selbst Luxus trieb, mißgönnte er seinen lieben Mitmenschen, d. h. allen denen, die ihn umgaben, jederlei Lebensgenuß, ihnen untersagend, sich mit irgendeinem Vergnügen zu befassen. Ernsthaftigkeit und Arbeit sollten von nun an ausschließlich das Los der Atmenden und Hoffenden sein. Er aber behielt sich nichtsdestoweniger vor, sich mit Samt und Seide zu bekleiden und Wein zu schlürfen, der aus kristallenem Gefäß floß. Wie ich oben andeutete, machten ihn Unbilligkeit und Selbstüberhebung keineswegs froh. Nirgendswo befand er sich in guter Laune. Die Vögel schienen ihm ins Ohr zu zwitschern: »Das kommt vom Übermut.«

Um neuerdings ein munterer Mensch zu werden, tat er etwas, das er nie und nimmer hätte tun sollen, er ging zu einer Frau, die im Ruf stand, eine Zauberin zu sein, damit sie ihm Mut ins umdüsterte Gemüt gieße. Sie besaß wunderbare Augen und einen in jeder Hinsicht verführerischen Leib, Eigenschaften, woran er sich zu erquicken dachte. Groß schaute sie ihn an, als er in ihrem Gemach vor ihr stand, der Held des Tages, den sie nie gewagt haben würde, sich in ihrer Nähe zu denken. Was tut einer nicht Sonderbares, wenn er im Fallen begriffen ist? Was ihm nicht gefallen soll, gefällt ihm, und was unpassend ist, scheint ihm zu konvenieren. Er leitete sich nicht selbst, sondern sah sich gezogen. Bald zog man ihn zur Verantwortung.

Man kann, was ich mir aus Sorgfalt auszusprechen verbiete, in den Papieren, die sich im Archiv befinden, nachlesen. Als Angehöriger der Jetztzeit gehe ich über die Maßnahmen vergangener Tage rücksichtsvoll, d.h. mich der Artigkeit erinnernd, die ich jederzeit meinen Lesern weihe, mit freilich, wie ich gestehe, ziemlich viel Leichtigkeit, die immerhin tunlich sein dürfte, hinweg.

(um 1930/31)

*Der Reformator Huldrych (Ulrich) Zwingli, geb. 1484 in Wildhaus
(Toggenburg), gest. 1531 in der Schlacht bei Kappel am Albis*

Der Geistesheld

Oben im Gebirge, wo sich Tannen von der frischen Luft kühlen und fächeln lassen und hochemporragende Felsen dem Himmel Trotz darzubieten scheinen, wuchs er in einer in jeder Hinsicht gewährleisteten und auf keine Weise angefochtenen Ursprünglichkeit auf. Milch, Käse und ein stärkender Haferbrei waren seine aufmunternde Nahrung. Fleisch zu essen wäre dem Aufwachsenden nicht im entferntesten eingefallen. Auf dem harthölzernen Tisch, der die Wohnstube mit seiner Standfestigkeit zierte, lag das einzige Buch, das bis dahin in die Gegend vorgedrungen war, die er seine Heimat nannte, nämlich die Bibel, worin er langsam und folgerichtig lesen lernte. Um seiner Aufgewecktheit willen gab man ihn in eine scheinbar durchaus dienliche Schule, wo er weder durch Genialität auffiel noch sich durch Talentlosigkeit bemerkbar machte. Seine Lehrer lobten ihn selten oder nie, sondern schauten ihn mit gebührender Zurückhaltung prüfend an und beobachteten in Bezug auf nicht zur Erziehung Gehörendes ein andauerliches Schweigen. Tadel schmeichelt mitunter, indes das Lob unterhöhlt. Sätzchen, aus welchem moralischen Gebiet fliegst du auf mich zu?

Nach und nach wurde er wissensstark und versuchte zugleich seine körperliche Gesundheit insofern zu bewahren, als sie ihm ein Vermögen zu sein schien, womit man sorgsam umgehen müsse. Die einen wollten um jene Zeit hier, die andern dort hinaus. Der Starke entwickelte sich zum Führer derjenigen, die Vertrauen in seine mannigfaltigen Fähigkeiten setzten, womit sie ihn gleichsam zu ihrem Hauptmann machten. Zwei Parteien hatten sich gebildet. Die erste wünschte zu bleiben, was sie war; die zweite hatte das Bedürfnis, sich zu erneuern. Er befand sich bei den Reformierenden, und um das Ansehen, das er ihnen abnötigte, nicht zu verlieren, nahm er sich vor, zu glauben, sie seien vor allen Dingen Menschen und hätten daher mit ihren Gegnern eine nicht zu verkennende Ähnlichkeit. Indem er ihnen sagte, was sie gern hörten, wußte er mit genügender Genauigkeit, er sei verpflichtet, ihnen von Zeit zu Zeit etwas Unliebsames offenherzig anzuvertrauen, wonach ihn ihre Gesichter staunend betrachteten, als begriffen sie nicht, woher er die Unerschrockenheit nehme, sie hinzustellen, als seien sie nicht die Erleuchtetsten, Wertvollsten und Besten.

Zu Hause ermahnte ihn öfter seine sorgliche Gattin, zuerst an sich selbst und erst nachher an seine Mitmenschen zu denken. Er bewies ihr jedoch zierlich und redegewandt, daß die guten Absichten, zu denen in gewissem Sinn die Selbstlosigkeit zähle, zuverlässiger oder mindestens ebenso angenehm und klug seien wie die schlechten, womit man durchaus nicht immer sehr viel erreichen könne.

Kinder, die zu ihm hinaufschauten, umgaben ihn in seinem schmucklos, will sagen, mit ausgesprochener Einfachheit und Solidität eingerichteten Heim, das er eines Tages im Streben verließ, mitsamt seinen Anhängern ins Feld der Ehre hinauszuziehen, wo er liegenblieb.

Schlichte und gleichzeitig weitblickende Briefe blieben von ihm übrig. Seine Waffen und Wohltaten sind erhalten und lebendig geblieben. Noch heute ziehen Wohlmeinende in sein hochgelegenes Geburtshaus hinauf, um der Stätte ihre achtungsvolle Aufmerksamkeit zu widmen, die ihn zur Welt kommen sah.

(um 1931/32)

Etwas Sagenhaftes

Jahrhundertelang verlief das Dasein rechtmäßig, ordentlich und ruhig. Nur wenige Ereignisse gaben zum Debattieren Anlaß. Jetzt aber sah es anders, will sagen, konfuser aus. Unangesehene sah man keck und herausfordernd um sich blicken, während sich im Antlitz von Wohlsituierten Besorgnis abspiegelte.

Unsicherheit hatte sich der Gemüter bemächtigt. Tagediebe fingen sich mit Anmaßungen an zu brüsten, hielten Ansprachen ans Volk, in dessen Schoß eine Sage wie ein Kindchen in seinem Bett schlummerte.

Eine Überlieferung wies auf einen Schiffer hin, mit dessen geheimnisvoller Figur sich schon Generationen beschäftigt hatten. Seit langer Zeit saß er müßig in einem am Ufer befestigten Kahn und schien auf eine schickliche Tätigkeit zu warten. Einst war er im Retten und Helfen eifrig gewesen. Jetzt schien ihm diese Art nicht mehr zu konvenieren. Einige hatten den Eindruck, als schlafe er. Andere meinten ihn mit einer Tabakspfeife im Mund gesehen zu haben.

Wie dem nun auch gewesen sein mag, schlichen jedenfalls Verräter auf den Fußspitzen im Land umher. Auswärtige Mächte tauchten ihre Finger in die Gelockertheit der Sitten und Bräuche hinein.

Aus dem Wirrwarr und Durcheinanderwogen von Ansichten und Meinungen, ich meine, aus dem Meer des Vertrauensmangels und der egoistischen Absichten ragte ein Ratsherr imposant und sympathieeinflößend hervor.

Ein Erzieher oder Pädagoge wollte ihm sein Herz ausschütten, doch der Ratsherr, in dessen Taschen sich wichtige Schriften teils erhaltenden, teils ändernden

*»...ragte ein Ratsherr imposant und symphatieeinflößend hervor«:
Albrecht Rengger (1764-1835), Berner Großrat und
Innenminister der Helvetischen Republik*

Charakters befanden, riet ihm ab, unvorsichtig oder überfließend zu sein.

»Trinken Sie eine Flasche Wein«, glaubte er ihm empfehlen zu sollen.

Herrlich rollten goldene Locken vom Kopf der mit einer anerkennenswerten Bildungsmenge ausgestatteten Tochter des Diplomaten auf ihre göttlichschöne Schulter herab. Freundlich blickte sie einen Abgeordneten an, dessen Seele von Tatendrang bebte, und der rätselhaft schillernde Augen besaß.

Unter der Herrschaft der Zerrüttetheit, die mit notwendiger Schnelligkeit aufgerichtet worden war, seufzten die Charaktervollen, die den Schiffer, der nach wie vor am See saß, aus seiner Gleichgültigkeit aufzurütteln versuchten. Aussichtsloses Beginnen!

Der Kahn schien teilnehmender zu sein als der sich in ihm Befindende, der vor Zufriedenheit mit sich selbst nicht einmal mehr lächelte.

Frauen schauten aus Fenstern auf Regimenter herab, die irgendwohin marschierten.

Solches las ich gestern nacht in einem alten Buche.

(um 1931/32)

»Ein wenig gebückt ging er einher...«: Johann Heinrich Pestalozzi
(1746-1827)

Pestalozzi

Er hielt den Kopf etwas zur Seite,
als hätte er eher nichts als Pleite
in seelischem Sinne vor sich gehabt.
Sein Anzug war sehr abgeschabt,
und gar sein Haar, du lieber Himmel,
bewies ein beständiges Gewimmel
von höheren Pflichten, auf deren Wegen
er es versäumte, sich zu pflegen.
Ein wenig gebückt ging er einher,
als laste die Menschenliebe schwer
auf der auserlesenen Blüte
einer noch niemals dagewesenen Güte.
Seinem vielbeschäftigten Gemüte
verdankt' er schlechte Schuhe und Hüte,
und sein Mund war ganz zerschnitten
durch Sorgen, die nicht auf seine Bitten
horchten, ihn in Ruh' zu lassen.
Sein in hohem Grad vertrackter
Menschheitsfreundescharakter
erlaubte ihm nicht, irgendwas zu hassen.
Er, der mit manchem garst'gen Bengel
zu tun bekam, verhielt sich wie ein Engel,
den man mit kritischen Blicken maß,
weil er ein Äußeres besaß,
das man unwillkürlich ein bißchen scheute,
ist eine Berühmtheit heute.

(1927)

Thun - Rathausplatz und Schloss

C.P.N. 5149.

»*Er steigt zwischen hohen, alten Mauern zum
Schloßhügel hinauf*...«

Kleist in Thun

Kleist hat Kost und Logis in einem Landhaus auf einer Aareinsel in der Umgebung von Thun gefunden. Genau weiß man ja das heute, nach mehr als hundert Jahren, nicht mehr, aber ich denke mir, er wird über eine winzige, zehn Meter lange Brücke gegangen sein und an einem Glockenstrang gezogen haben. Darauf wird jemand die Treppen des Hauses herunterzueidechseln gekommen sein, um zu sehen, wer da sei. »Ist hier ein Zimmer zu vermieten?« Und kurz und gut, Kleist hat es sich jetzt in den drei Zimmern, die man ihm für erstaunlich wenig Geld abgetreten hat, bequem gemacht. »Ein reizendes Bernermeitschi führt mir die Haushaltung.« Ein schönes Gedicht, ein Kind, eine wackere Tat, diese drei Dinge schweben ihm vor. Im übrigen ist er ein wenig krank. »Weiß der Teufel, was mir fehlt. Was ist mir? Es ist so schön hier.«

Er dichtet natürlich. Ab und zu fährt er per Fuhrwerk nach Bern zu literarischen Freunden und liest dort vor, was er etwa geschrieben hat. Man lobt ihn selbstverständlich riesig, findet aber den ganzen Menschen ein bißchen unheimlich. Der Zerbrochene Krug wird geschrieben. Aber was soll alles das? Es ist Frühling geworden. Die Wiesen um Thun herum sind ganz dick voller Blumen, das duftet und summt und macht und tönt und faulenzt, es ist zum Verrücktwerden warm an der Sonne. Es steigt Kleist wie glühendrote betäubende Wellen in den Kopf hinauf, wenn er am Schreibtisch sitzt und dichten will. Er verflucht sein Handwerk. Er hat Bauer werden wollen, als er in die Schweiz gekommen ist. Nette Idee das. In Potsdam läßt sich so etwas leicht denken. Überhaupt denken die

Dichter sich so leicht ein Ding aus. Oft sitzt er am Fenster.

Meinetwegen so gegen zehn Uhr vormittags. Er ist so allein. Er wünscht sich eine Stimme herbei, was für eine? Eine Hand, nun, und? Einen Körper, aber wozu? Ganz in weißen Düften und Schleiern verloren liegt da der See, umrahmt von dem unnatürlichen, zauberhaften Gebirge. Wie das blendet und beunruhigt. Das ganze Land bis zum Wasser ist der reine Garten, und in der bläulichen Luft scheint es von Brücken voll Blumen und Terrassen voll Düften zu wimmeln und hinunterzuhängen. Die Vögel singen unter all der Sonne und unter all dem Licht so matt. Sie sind selig und schläfrig. Kleist stützt seinen Kopf auf den Ellbogen, schaut und schaut und will sich vergessen. Das Bild seiner fernen, nordischen Heimat steigt ihm auf, er kann das Gesicht seiner Mutter deutlich sehen, alte Stimmen, verflucht das – er ist aufgesprungen und in den Garten des Landhauses hinabgelaufen. Dort steigt er in einen Kahn und rudert in den offenen morgendlichen See hinaus. Der Kuß der Sonne ist ein einziger und fortwährend wiederholter. Kein Lüftchen. Kaum eine Bewegung. Die Berge sind wie die Mache eines geschickten Theatermalers, oder sie sehen so aus, als wäre die ganze Gegend ein Album, und die Berge wären von einem feinsinnigen Dilettanten der Besitzerin des Albums aufs leere Blatt hingezeichnet worden, zur Erinnerung, mit einem Vers. Das Album hat einen blaßgrünen Umschlag. Das stimmt. Die Vorberge am Ufer des Sees sind so halb und halb grün und so hoch, so dumm, so duftig. La, la, la. Er hat sich ausgezogen und wirft sich ins Wasser. Wie namenlos schön ihm das ist. Er schwimmt und hört Lachen von Frauen vom Ufer her. Das Boot macht träge Bewegungen im grünlich-bläulichen Wasser. Die Natur ist wie eine einzige große Liebkosung. Wie das freut und zugleich so schmerzen kann.

Manchmal, besonders an schönen Abenden, ist ihm, als sei hier das Ende der Welt. Die Alpen scheinen ihm der unerklimmbare Eingang zu einem hochgelegenen Paradiese zu sein. Er geht auf seiner kleinen Insel, Schritt für Schritt, auf und ab. Das Meitschi hängt Wäsche zwischen den Büschen auf, in denen ein melodiöses, gelbes, krankhaftschönes Licht schimmert. Die Gesichter der Schneeberge sind so blaß, es herrscht in allem eine letzte, unanrührbare Schönheit. Die Schwäne, die zwischen dem Schilf hin und her schwimmen, scheinen von Schönheit und abendlichem Licht verzaubert. Die Luft ist krank. Kleist wünscht sich in einen brutalen Krieg, in eine Schlacht versetzt, er kommt sich wie ein Elender und Überflüssiger vor.

Er macht einen Spaziergang. Warum, fragt er sich lächelnd, muß gerade er nichts zu tun, nichts zu stoßen und zu wälzen haben? Er fühlt, wie die Säfte und Kräfte in ihm leise wehklagen. Seine ganze Seele zuckt nach körperlichen Anstrengungen. Er steigt zwischen hohen, alten Mauern, über deren grauem Steingebröckel sich der dunkelgrüne Efeu leidenschaftlich niederschlingt, zum Schloßhügel hinauf. In allen hochgelegenen Fenstern schimmert das Abendlicht. Oben am Rand des Felsenabhanges ist ein zierlicher Pavillon, dort sitzt er und wirft seine Seele in die glänzend-heilig-stille Aussicht hinunter. Er wäre jetzt erstaunt, wenn er sich wohl fühlen könnte. Eine Zeitung lesen? Wie wär's? Ein dummes politisches oder gemeinnütziges Gespräch mit irgendeinem wohlangesehenen, offiziellen Schafskopf führen? Ja? Er ist nicht unglücklich, er hält im stillen diejenigen für selig, die trostlos sein können: natürlich und kraftvoll trostlos. Mit ihm steht es um eine kleine, gebogene Nuance schlimmer. Er ist zu feinfühlend, zu gegenwärtig mit all seinen unschlüssigen, vorsichtigen, mißtrauischen Empfindungen, um unglücklich zu sein. Er möchte schreien, weinen. Gott im Himmel, was ist mit mir, und er rast den dunkelnden Hügel hinunter. Die Nacht tut ihm wohl. In seinen Zimmern angekommen, setzt er sich, entschlossen, bis zur Raserei zu arbeiten, an den Schreibtisch. Das Licht der Lampe nimmt ihm das Bild der Gegend weg, das stimmt ihn klar und er schreibt jetzt.

An Regentagen ist es entsetzlich kalt und leer. Die Gegend fröstelt ihn an. Die grünen Sträucher winseln und wimmern und regentröpfeln nach Sonnenschein. Schmutzige, ungeheuerliche Wolken gleiten den Köpfen der Berge wie große, freche, tötende Hände um die Stirnen. Das Land scheint sich vor dem Wetter verkriechen zu wollen, es will zusammenschrumpfen. Der See ist hart und düster, und die Wellen sprechen böse Worte. Wie ein unheimliches Mahnen saust der Sturmwind daher und kann nirgends hinaus. Er schmettert von einer Bergwand zur anderen. Dunkel ist es und klein, klein. Es ist einem alles auf der Nase. Man möchte Klötze nehmen und damit um sich herumhauen. Weg da, weg.

Dann ist wieder Sonne und es ist Sonntag. Glocken läuten. Die Leute treten aus der hochgelegenen Kirche heraus. Die Mädchen und Frauen in engen, schwarzen, silbergeschmückten Schnürbrüsten, die Männer einfach und ernst gekleidet. Gebetbücher tragen sie in der Hand, und die Gesichter sind so friedlich und schön, als wären alle Sorgen zerflossen, alle Falten des Kummers und Zankes geglättet und alle Mühen vergessen. Und die Glocken. Wie sie daherschallen, daherspringen mit Schällen und Tonwellen. Wie es über das ganze, sonntäglich umsonnte Städtchen glitzert, leuchtet, blaut und läutet. Die Menschen zerstreuen sich. Kleist steht, von sonderbaren Empfindungen angefächelt, auf der Kirchtreppe und verfolgt die Bewegungen der Hinuntergehenden. Da ist manch Bauernkind, das wie eine geborene, an Hoheit und Freiheit gewöhnte Prinzessin die Stufen hinunterschreitet. Da sind schöne, junge, kräftestrotzende Burschen vom Land, und von was für einem Land, nicht Flachland, nicht Burschen von Ebenen, sondern Burschen, hervorgebrochen aus tiefen, wunderlich in die Berge eingehöhlten Tälern, eng manchmal, wie der Arm eines etwas aus der Art geschlagenen, größeren Menschen. Das sind Burschen von Bergen, wo die Äcker und Felder steil in die Einsenkungen hinabfallen, wo das duftende, heiße Gras auf winzigen Flächen dicht neben schauervollen Abgründen wächst, wo die Häuser wie Tupfe an den Weiden kleben, wenn einer unten auf der breiten Landstraße steht und hoch hinaufsieht, ob es etwa da oben noch Menschenwohnungen geben könne.

Die Sonntage hat Kleist gern, auch die Markttage, an denen alles von blauen Kitteln und Bäuerinnentrachten wimmelt und gramselt auf der Straße und in der Hauptgasse. Dort, in der Hauptgasse, sind unter dem Bürgersteig, in steinernen Gewölben und in leichten Buden Waren aufgestapelt. Krämer schreien bäuerlich-kokett ihre billigen Kostbarkeiten aus. Meistens scheint ja an solch einem Markttag die hellste, wärmste, dümmste Sonne. Kleist läßt sich von dem lieben, bunten Menschengetümmel hin und her schieben. Überall duftet's nach Käse. In die besseren Kaufläden treten die ernsthaften, bisweilen schönen Landfrauen bedächtig ein, um Einkäufe zu machen. Viele Männer haben Tabakspfeifen im Mund. Schweine, Kälber und Kühe werden vorübergezogen. Einer steht da und lacht und treibt sein rosafarbenes Schweinchen mit Stockschlägen zum Gehen. Es will nicht, da nimmt er es unter den Arm und trägt's weiter. Die Menschen duften zu ihren Kleidern heraus, zu den Wirtschaften heraus tönt Lärm von Zechenden, Tanzenden und Essenden. All die Geräusche

»*In der Hauptgasse sind unter dem Bürgersteig, in steinernen Gewölben und in leichten Buden Waren aufgestapelt...*«

und all die Freiheit dieser Töne! Fuhrwerke können manchmal nicht durchfahren. Die Pferde sind ganz von handelnden und schwatzenden Menschen umzingelt. Und die Sonne blendet so exakt auf den Gegenständen, Gesichtern, Tüchern, Körben und Waren. Alles bewegt sich, und das sonnige Blenden muß sich so schön natürlich mit fortbewegen. Kleist möchte beten. Er findet keine majestätische Musik schöner und keine Seele feiner als Musik und Seele dieses Menschentreibens. Er hätte Lust, sich auf einen der Treppenabsätze zu setzen, die in die Gasse hinunterführen. Er geht weiter, an Weibern mit hochaufgerafften Röcken vorbei, an Mädchen, die Körbe ruhig und fast edel auf den Köpfen tragen, wie Italienerinnen ihre Krüge, wie er's kennt aus Abbildungen, an Männern, die grölen, und an Betrunkenen, an Polizisten, an Schuljungens, die ihre Schulbubenabsichten mit sich herumtragen, an schattigen Flekken, die kühl duften, an Seilen, Stöcken, Eßwaren, falschen Geschmeiden, Mäulern, Nasen, Hüten, Pferden, Schleiern, Bettdecken, wollenen Strümpfen, Würsten, Butterballen und Käsebrettern vorüber, zu dem Gewimmel hinaus, bis an eine Aarebrücke, an deren Geländer gelehnt er stehen bleibt, um in das tiefblaue, herrlich dahinströmende Wasser zu schauen. Über ihm glitzern und strahlen die Schloßtürme wie flüssig-bräunliches Feuer. Es ist ein halbes Italien.

Zuweilen, an gewöhnlichen Werktagen, scheint ihm das ganze Städtchen von Sonne und Stille verzaubert zu sein. Er steht still vor dem seltsamen, alten Rathaus mit der scharfkantigen Jahreszahl im weißschimmernden Gemäuer. So verloren ist alles, wie die Gestaltung irgendeines Volksliedes, das die Leute vergessen haben. Wenig Leben, nein, gar keins. Er steigt die holzbedeckte Treppe zum vormals gräflichen Schloß hinauf, das Holz duftet nach Alter und vorübergegangenen Menschenschicksalen. Oben setzt er sich auf eine breite, geschweifte, grüne Bank, um Aussicht zu haben, aber er schließt die Augen. Entsetzlich, wie verschlafen, verstaubt und entlebendigt das alles aussieht. Das Nächstliegende liegt wie in weiter, weißer, schleierhafter, träumender Ferne. Es ist alles in eine heiße Wolke eingehüllt. Sommer, aber was eigentlich für Sommer? Ich lebe nicht, schreit er und weiß nicht, wohin er sich mit Augen, Händen, Beinen und Atem wenden soll. Ein Traum. Nichts da. Ich will keine Träume. Schließlich sagt er sich, er lebe eben viel zu einsam. Er schaudert, empfinden zu müssen, wie verstockt er sich verhält der Mitwelt gegenüber.

Dann kommen die Sommerabende. Kleist sitzt auf der hohen Kirchhofsmauer. Es ist alles ganz feucht und zugleich ganz schwül. Er öffnet das Kleid, um die Brust frei zu haben. Unten, wie von einer mächtigen Gotteshand in die Tiefe geworfen, liegt der gelblich und rötlich beleuchtete See, aber die ganze Beleuchtung scheint aus der Wassertiefe heraufzulodern. Es ist wie ein brennender See. Die Alpen sind lebendig geworden und tauchen ihre Stirnen unter fabelhaften Bewegungen ins Wasser. Seine Schwäne umkreisen dort unten seine stille Insel, und Baumkronen schweben in dunkler, singender und duftender Seligkeit darüber. Worüber? Nichts, nichts. Kleist trinkt das alles. Ihm ist der ganze dunkelglänzende See das Geschmeide, das lange, auf einem schlafenden großen, unbekannten Frauenkörper. Die Linden und Tannen und Blumen duften. Es ist ein stilles, kaum vernehmbares Geläute da, er hört's, aber er sieht's auch. Das ist das Neue. Er will Unfaßliches, Unbegreifliches. Unten im See schaukelt ein Boot. Kleist sieht es nicht, aber er sieht die Lampen, die es begleiten, hin und her schwanken. Er sitzt da, vorgebeugten Antlitzes, als müsse er zum Todessprung in das Bild der schönen Tiefe bereit sein. Er möchte in das Bild hineinsterben. Er möchte nur noch Augen haben, nur noch ein einziges Auge sein. Nein, ganz, ganz anders. Die Luft muß eine Brücke sein und das ganze Landschaftsbild eine Lehne, zum Daranlehnen, sinnlich, selig, müde. Es wird Nacht, aber er mag nicht hinuntergehen, er wirft sich an ein unter Sträuchern verborgenes Grab, Fledermäuse umschwirren ihn, die spitzen Bäume lispeln mit leise daherziehenden Windzügen. Das Gras duftet so schön, unter dem die Skelette der Begrabenen liegen. Er ist so schmerzlich glücklich, zu glücklich, deshalb so würgend, so trocken, so schmerzlich. So allein. Warum kommen die Toten nicht und unterhalten sich auf eine halbe Stunde mit dem einsamen Manne? In einer Sommernacht muß einer doch eine Geliebte haben. Der Gedanke an weißlich schimmernde Brüste und Lippen jagt Kleist den Berg hinunter, ans Ufer, ins Wasser, mit den Kleidern, lachend, weinend.

Wochen vergehen. Kleist hat eine Arbeit, zwei, drei Arbeiten vernichtet. Er will höchste Meisterschaft, gut, gut. Was da. Gezaudert? Hinein in den Papierkorb. Neues, Wilderes, Schöneres. Er fängt die Sempacherschlacht an mit der Figur des Leopold von Österreich im Mittelpunkt, dessen sonderbares Geschick ihn reizt. Dazwischen erinnert er sich des Robert Guiskard. Den will er herrlich haben. Das Glück, ein vernunftvoll abwägender, einfach empfindender Mensch zu sein, sieht er, zu Geröll zersprengt, wie polternde und schmetternde Felsblöcke den Bergsturz seines Lebens hinunterrollen. Er hilft noch, es ist jetzt entschieden. Er will dem Dichterunstern gänzlich verfallen sein: es ist das beste, ich gehe möglichst rasch zugrunde!

Sein Schaffen zieht ihm die Grimasse, es mißlingt. Gegen den Herbst wird er krank. Er wundert sich über die Sanftheit, die jetzt über ihn kommt. Seine Schwester reist nach Thun, um ihn nach Hause zu bringen. Tiefe Gruben liegen in seinen Wangen. Sein Gesicht hat die Züge und die Farbe eines in der ganzen Seele Zerfressenen. Seine Augen sind lebloser als die Augenbrauen darüber. Die Haare hängen ihm in dicken, spitzen Klumpen von Strähnen in die Stirne, die verzerrt ist von all den Gedanken, die ihn, wie er sich einbildet, in schmutzige Löcher und Höllen hinabgezogen haben. Die Verse, die ihm im Gehirn tönen, kommen ihm wie Rabengekrächze vor, er möchte sich das Gedächtnis ausreißen. Das Leben möchte er ausschütten, aber die Schalen des Lebens will er zuerst zertrümmert haben. Sein Grimm gleicht seinem Schmerz, sein Hohn seinen Klagen. Was fehlt dir, Heinrich, liebkost ihn die Schwester. Nichts, nichts. Das hat noch gefehlt, daß er sagen soll, was ihm fehlt. Auf dem Boden des Zimmers liegend die Manuskripte wie von Vater und Mutter scheußlich verlassene Kinder. Er gibt seiner Schwester die Hand und begnügt sich, sie lange und stillschweigend anzuschauen. Es gleicht bereits einem Glotzen, und das Mädchen schaudert.

Dann reisen sie. Das Meitschi, das Kleist die Wirtschaft geführt hat, sagt ihnen Adieu. Es ist ein strahlender Herbstmorgen, der Wagen rollt über Brücken, an Leuten vorbei, durch grobpflastrige Gassen, Leute schauen zu Fenstern heraus, oben im Himmel, unter Bäumen ist gelbliches Laub, sauber ist alles, herbstlich, was weiter? Und der Fuhrmann hat eine Pfeife im Mund. Es ist alles wie immer. Kleist sitzt in eine Ecke des Wagens gedrückt. Die Türme des Thuner Schlosses verschwinden hinter einem Hügel. Später, in weiter Ferne, sieht die Schwester Kleistens noch einmal den schönen See. Ein bißchen kühl ist es jetzt schon. Landhäuser kommen. Na nu, solche vornehme Landsitze in einer solchen Berggegend? Weiter. Alles fliegt und sinkt vor den Seitenblicken nach rückwärts, alles tanzt, kreist und schwindet. Vieles ist schon in herbstliche Schleier gehüllt, und ein bißchen vergoldet ist alles von einem bißchen Sonne, die aus Wolken herausscheint. Solches Gold, wie das schimmert, und wie man's doch nur im Dreck auflesen kann. Höhen, Felswände, Täler, Kirchen, Dörfer, Gaffer, Kinder, Bäume, Wind, Wolken, ei was? Ist's was Besonderes? Ist's nicht das Weggeworfen-Gewöhnlichste? Kleist sieht nichts. Er träumt von Wolken und Bildern und ein bißchen von lieben, schonenden, streichelnden Menschenhänden. Wie ist dir, fragt die Schwester. Kleist zuckt mit dem Mund und will ihr ein wenig zulächeln. Es geht, aber mühsam. Es ist ihm, als habe er vom Mund einen Steinblock wegräumen müssen, um lächeln zu können.

Die Schwester wagt vorsichtig von baldiger Inangriffnahme einer praktischen Betätigung zu reden. Er nickt, er ist selber der Überzeugung. Ihm flimmern musizierende, helle Scheine um die Sinne. Eigentlich, wenn er es sich aufrichtig gesteht, ist ihm jetzt ganz wohl; weh, aber zugleich wohl. Es schmerzt ihn etwas, ja, in der Tat, ganz recht, aber nicht in der Brust, auch nicht in der Lunge, nicht im Kopf, was? Wirklich? Gar nirgends? Ja doch, so ein bißchen, irgendwo, daß es ja sei, daß man's nicht genau sagen kann. Item, die Sache ist nicht der Rede wert. Er sagt etwas, und dann kommen Momente, wo er geradezu kindlich glücklich ist, und da natürlich macht das Mädchen gleich eine etwas strenge, strafende Miene, um ihm's denn doch auch ein bißchen zu zeigen, wie sonderbar er eigentlich mit seinem Leben spiele. Das Mädchen ist eben eine Kleistin und hat Erziehung genossen, das, was der Bruder über den Haufen hat werfen wollen. Sie ist natürlich seelenfroh, daß es ihm besser geht. Weiter, hei, hei, ist das eine Wagenfahrt. Aber zu guter letzt wird man ihn laufen lassen müssen, den Postwagen, und zu allerletzt kann man sich ja noch die Bemerkung erlauben, daß an der Front des Landhauses, das Kleist bewohnt hat, eine marmorne Tafel hängt, die darauf hindeutet, wer da gelebt und gedichtet hat. Reisende mit Alpentourenabsichten können's lesen, Kinder aus Thun lesen und buchstabieren es, Ziffer für Ziffer, und schauen einander dann fragend in die Augen. Ein Jude kann's lesen, der Christ auch, wenn er Zeit hat und nicht etwa der Zug schon im Abfahren begriffen ist, ein Türke, eine Schwalbe, inwiefern sie Interesse daran hat, ich auch, ich kann's gelegentlich auch wieder einmal lesen. Thun steht am Eingang zum Berner Oberland und wird jährlich von vielen tausenden Fremden besucht. Ich kann die Gegend ein bißchen kennen, weil ich dort Aktienbierbrauereiangestellter gewesen bin. Die Gegend ist bedeutend schöner, als wie ich sie hier habe beschreiben können, der See ist noch einmal so blau, der Himmel noch dreimal so schön, Thun hat eine Gewerbeausstellung gehabt, ich weiß nicht, ich glaube vor vier Jahren.

(1907)

Die literarische Schweiz

Die literarische Schweiz

Einst zogen die Römer kulturbringend durch das Schweizerland. Schon vor ihnen mögen Ansiedelungen respektabler Art vorgekommen sein. Mühsam und beharrlich, tausenderlei Übungen absolvierend, entwikkelte sich die einheimische Sprache. Pflug und Sense kamen in Anwendung, und für die Sämtlichkeit der Einwohner blieb die Kleidungsfrage hervorragend. Indem die Kirche zu Ehren zu kommen dachte und indem diese durchaus gutgemeinte Absicht nach Verwirklichung strebte, regten sich da und dort unter begünstigenden Umständen, beschützt von der um sich greifenden Religion, literarische Bemühungen. Hiebei weist der Verfasser auf die noch heute das Auge in jeder Hinsicht befriedigenden Burgen hin. Angesehene Frauen wünschten sich in Gedichten gefeiert zu sehen. Wenn Klöster bereits existierten, worin sich entsagungsentschlossene Leute mit dem Lösen von Bildungsaufgaben beschäftigten, was nicht hoch genug geschätzt werden kann, gedieh langsam die Gründung bürgerlicher Städte samt Einsetzung der Behörden und der erforderlichen Ordnung. Manches Wichtige übergehend, worüber die Geschichte Aufschluß erteilt, und da ich nicht den Professor spielen will, sondern nur einige Zeilen, die einigermaßen interessieren sollen, darzubieten im Sinne habe, spreche ich leise von feinen und neuen Zeiten, Schlachten mit Bedauern außer acht lassend, wovon Zeughäuser und Museen bedeutsame Zeugen sind. Diejenigen von den Umliegenden, die sich von den Schweizern besiegen ließen, machten sie siegestrunken, was zur Folge hatte, daß sie unvorsichtig wurden, was wieder an sich eine Verfassung war, die ihnen Belehrungen eintrug. Die Düpierten lernen mehr und prägen sich Besseres ein als die, die zusehen dürfen, wie andere in Verlegenheit sind. Ähnlich ging es auch hier zu.

Irgendwo im Ausland machten sich Dichter bemerkbar wie Cervantes und Shakespeare, von deren Erzählungen und Theaterstücken man mit Behagen und Staunen Kenntnis nahm. Haushaltungen sahen sich erweitert, Forschungen fanden Anklang, die moderne Frau fing an, sich zu entpuppen. Im Jahrhundert der zierlichen Manieren und spitzenbesetzten Manschetten hielt sich Jean Jacques Rousseau auf der Bielersee-Insel fördernd und vorübergehend auf. Genannter verbreitete eine Menge zarter, sentimentaler Einflüsse, und Wirkungen gingen von ihm aus, die man landschaftsanerkennend nennen kann. Wohlsituierte und Empfindsame begannen für die Natur zu schwärmen, indem sie die Hand aufs Herz legten und in den Himmel emporschauten. Unmerklich statten wir dem Sozialismus einen lohnenden Besuch ab, aus welchem die wundervolle Dichterblume Gottfried Keller aufwuchs, dessen Talent derartig war, daß die Leser verführt wurden, zu glauben, den Dichtern gelinge, was sie vorhaben, spielend und die Schriftstellerei sei kinderleicht. Meyer schrieb landhausmäßig-vornehm, Gotthelf bäurisch-reformatorisch. Die Schweiz erwarb sich eine eminente literarische Berühmtheit. Zahlreiche Auswärtige reisten nach Zürich, damit sie sähen, wie eine dichtungumhauchte Gegend aussieht.

Ein Höhepunkt des Schöngeistigseins war erreicht. Dadurch, daß sich nun verhältnismäßig viele Schriftsteller auf das Bücherhervorbringen warfen, mußte sich mit der Zeit gleichsam eine Art von Abstieg abzeichnen. Die Erfolge der literarisch Tätigen wurden infolge ihres vielfältigen Auftretens notwendigermaßen bescheiden. Erstens verringerten sich die Eindrücke; zweitens protestierte irgendwie das nationale Leben gegenüber fortwährender Ausbeutung. Ein Land und ein Volk wollen nicht in einem fort geschildert, dargestellt oder abgebildet, sondern begehren in Ruhe gelassen zu sein.

Der schweizerische Schriftsteller sieht sich nicht entmutigt, doch er hat Anlaß, allerlei unterlassend Kommendem anheimzustellen, was er mit Leichtigkeit nicht vermag.

(um 1931/32)

Gotthelf-Denkmal in Bern

Die Zofe

Gelesen haben gewiß Schriftsteller, die sich durch ihre Schaffenskraft einen großen Namen machten, allerlei, wenn nicht viel. Autoren gab's, denen nur irgendein interessantes Bildchen zu Gesicht zu kommen brauchte, damit sie sich in einen Zustand des Hervorbringens von Gegenden und Gestalten versetzt sahen. Die Musik mag manchen schöpferisch Tätigen wohltätig beeinflusst haben. Schiller las mit Vorliebe, falls ich mich nicht irre, Pariser Geschichten, deren Inhalt er zu seinem Nutzen übersetzte. Hier spreche ich, wenn ich dies ohne Bedenken tun darf, von Gotthelfs »Erdbeerimareili«, das ein Büchlein im Umfang von zirka achtzig Druckseiten ist. Aus welchem Gedankengebiet nahm der bernische Dichter eine Erzählung her, die vielleicht die anmutigste ist, die er schrieb oder der er Form zu verleihen für richtig hielt? Gedichte dichtete der Hervorragende im Reich des Fabulierens nicht, indem er offenbar hiezu keine Zeit hatte, da ihm sein Pfarramt genug zu sorgen gab.

Von einer Frau wird gesprochen, die den Beruf des Nähens mit mehr oder weniger Erfolg ausübte. Zuerst lebte sie in der Stadt, wo achtunggebietende Karossen über das Pflaster rasselten, Schuster, Schneider, Schreiner, Küfer und Buchbinder handwerkten und Gelehrte würdevoll in der Straße auf und ab promenierten. Indem ihr indes nicht gelang, sich zu befestigen, begab sie sich bescheiden aufs Land, wo man ihr eine Hütte als angemessenen Wohnplatz anwies. Das Liebste und Kostbarste, was sie besaß, waren drei kleine, sittsam und naiv aufwachsende Kinder, die hie und da artig, dann und wann auch unfolgsam zu sein schienen, je nachdem es ihnen paßte. Zwei Kinder nahm ihr, eins nach dem andern, der stille, hohe Tod kalt weg. Das dritte, das der Genannte gütig und rücksichtsvoll verschmähte oder geringschätzig leben ließ, als lohne sich's nicht, es zu sich zu nehmen, hieß Mareili, und an dieses belanglose Kind verschwendet Gotthelf die ganze Weite, Breite und Fülle und alle schöne, angenehme Unvorhergesehenheit seines Könnens, indem er verlauten läßt, es habe häufig nachts im Bettchen lebhaft geträumt und sei während des Tages Erdbeeren suchen gegangen, um zu bewerkstelligen, daß die Mutter dieselben verkaufe. Selten oder nie schrieb ein Schriftsteller anheimelnder über die saftige Frucht, die im Wald unter allerlei Blättern wächst.

Hoffentlich bin ich willkommen, wenn ich vorbringe, daß Mareili mit der Zeit ihre Erdheeren eigenhändig in den Handel brachte, denn sie wurde größer, selbständiger. Eines Tages schlief sie auf einem entlegenen, weichen Plätzchen ein. Als sie erwachte, schaute sie in zwei wunderschöne Augen, von denen sie sich aufmerksam betrachtet sah. Die Augen gehörten einem vornehmen Fräulein, die in der Nähe ein parkumschlossenes Schloß bewohnte, und die das Mädchen einlud, nächstens einmal bei ihr vorzusprechen, was in der Tat zur Ausführung kam und zu einer Kammermädchenschaft führte. Zofen müssen flink und zugleich behutsam sein, und bei Mareili war dies der Fall.

Jahre gingen vorbei. Das Fräulein, die sich bald sanft und geduldig zeigte, bald von Unmut und Unduldsamkeit heimgesucht wurde, fing an zu altern und kränkeln. Dies war an sich etwas ganz Einfaches und ist im Lauf zivilisierender Zeit unzählige Male vorgekommen. Einsam wurde es in ihren Zimmern. Nur noch selten kam jemand zu ihr. Mareili wußte um jeden leisen, feinen Kummer im Herzen ihrer Herrin. Der Verfasser gelangt, da es mit dem Buch zu Ende geht, zu herrlichen

Äußerungen. Die schöne Seele, die ihr Leben lang mit Unbefriedigtheiten zu kämpfen gehabt hatte, nahm sowohl von der Zofe wie von ihrer eigenen Körperlichkeit Abschied.

Mit wenig Stoff, Vorwand oder Beweggrund kommt einer aus, der viel zu sagen hat.

(um 1931/32)

Hier wird dies und das gesprochen

Von Jeremias Gotthelf fiel mir eine Erzählung in die Hand, die sich »Der Sonntag des Großvaters« betitelt und die vielleicht ein kleines Welttheater darstellt. Kaum je, so lange ich mich schon mit Büchern beschäftige, las ich etwas so Schönes, so Liebes, und dabei so Großes. Das Schöne und Große dieser kaum vierzig Druckseiten einnehmenden Schrift liegt in ihrer Sprache. Die Szene ist ein Bauernhaus. Der sein Ende herankommen fühlende Großvater liegt im Bett. Er spürt, wie er kalt wird. Nun wird geschildert, wie Kinder mit ihm reden. Möglich wär's, daß man aus dieser so alltäglichen Geschichte, an der es absolut nichts Romantisches gibt, eine Art Mysterium für die Bühne herrichten könnte, doch wer läse dieses rührendschöne Werkchen und brächte es über sich, solch ein Kleinod ländlicher Milieuzeichnung für anderweitige Zwecke umzuformen? Bei Gotthelf sind kleine, leise Wörtchen bedeutend. Kaum Beachtetes nötigt Achtung ab, wenn man's einmal wahrnimmt. Das Wahrnehmen wird manchmal bei Büchern so schwierig wie im Leben. Ich las das Büchelchen halblaut für mich vor, und ich kann von einer wahren Freude sprechen, die sich auf das Eingehen, Mitgehen gründete. Sohn und Tochter des alten Großvaters, die sich auf seine Befürwortung hin geehlicht haben, sind nicht so glücklich, wie sie es sein sollten, der Großvater weiß das, und nun redet er hierüber mit der Frau und klagt sich an. Bei diesem Anlaß gebraucht der Dichter Worte, wie ein anderer sie nie fand, so eigentümliche, von irgendwoher beleuchtete, daß man über des Verfassers Kunst, so ganz er selbst zu sein im Denken, in der Anwendung desselben, hier und da staunt.

»Er könnte freundlicher, leichtherziger sein«, sagte er vom Sohn zur Tochter, aber man muß lesen, wie er das sagt. Kein Zweiter kann das so zart sagen wie dieser Dichter, der seines eigentlichen Berufes Pfarrer war. Hierauf hat der Großvater noch ein Gespräch mit dem Sohn, spricht dann noch mit sonstigen Bewohnern, und er nennt Tränen schön, die von jemandes andern Weinen begleitet sind, und beklagt das Weinen, das sich ergießt, wo Umgebungen bloß dazu lachen. Dann wünscht er hinausgetragen zu werden, man tut es, und jetzt sitzt er vor dem Haus an der Sonne und gibt im Anblick der ihm bekannten Gegend den Geist auf, und indem der Dichter von diesem Vorgang so schön spricht, kommt's mir vor, als halte er den Alten, das Haus, die Welt rund herum so auf seiner Hand, schaue allem zu, wie einem Spielzeug, zart, aufmerksam, gütig. Viele würden vielleicht solch ein »geringes« Buch nicht so hochschätzend lesen wie ich. Uns schüchtern des Lebens Nötigungen häufig genug ein. Hochgesinnt steht ein Dichter da, der uns mit seinem Bericht, den er ablegt, so sehr aufweckt und zugleich so sehr beruhigt.

(1926)

Gottfried Keller

Ich weiß nicht, ob ich nicht besser täte, einen Aufsatz ungeschrieben zu lassen, dessen Abfassung und Publikation vielleicht um seiner Gelungenheit willen bei den Verständnisvollen Aufsehen hervorrufen wird. Wie es womöglich etwas Merkwürdiges oder sogar Komisches hat, mit wenigen Sätzen das Lebensantlitz eines Mannes wiederzugeben, dessen Name mit dem Titel vorliegender Arbeit übereinstimmt, so darf ich mich auf das berühmte geflügelte Wort ›Zeit ist Geld‹ mit so viel heiterem Anstand stützen, wie er mir zusagt und wie ich ihn gebilligt zu sehen wünsche. Bekanntlich hat Keller die Figur einer Dienerin geschaffen, die in einer seiner Novellen auf's Rührendste zur Geltung kommt und deren Wesen mir mit einer andern Magd, nämlich mit einer Ibsen'schen, einige Ähnlichkeit zu haben scheint. Er komme sich wie ein rechter Wirtshausteufel vor, äußerte sich einer der geistvollsten Schriftsteller des, falls man sich so ausdrücken darf, literarischen Deutschtums gelegentlich irgendwelchen Sinnens über sich selber. Wenn sich übrigens Ibsen vielleicht aus der Lektüre Keller'scher Werke eine Magd herausgeholt hat, so würde dieser Umstand, vorausgesetzt, daß er auf Wirklichkeit beruhte, den interessanten und zugleich leichtfaßlichen Beweis leisten, daß beinahe alle bedeutenden Dichter einander gegenseitig gelesen und befruchtet haben, und wenn gegenwärtig ein paar Prosastücke von mir unveröffentlicht, ähnlich Wartenden in Wartezimmern, in Schubfächern oder Mappen liegen, wo ich sie wohlaufbewahrt hoffe, so hindert mich diese gewiß an sich unbedeutende Tatsache nicht am Niederschreiben und Aufstellen der Behauptung, Keller habe geradezu scharmant gekämpft, und mütterlicherseits sei französische Art auf ihn übergegangen. Während sich sein Vater als verhältnismäßig gebildeter Handwerker, d.h. Kleinbürger in einem vorübergehenden Wienferienaufenthalt gefiel, der den Lebenslustigen mit den zeitgemäßen Produkten der theatralischen Kunst bekannt machte, impfte ihm die Mutter gleichsam Freiheitsdurst, gebirgliches Empfinden ein. Wie wäre es möglich, daß ich diesen Aufsatz über den nicht nur beliebten, sondern anerkannt großartigen Behaglichkeitsvertreter anders als denkbar ruhig und behaglich schreibe, und wie könnte man ferner imstande sein, nicht zu glauben, er habe in seiner Jugendzeit hie und da Briefe voll hinreißenden Freiheitssinns an diesen oder jenen Bekannten geschrieben. Die Gebildeten wissen, daß schon mancher Essay über den mich hier beschäftigenden Gegenstand verfaßt worden ist, und sie werden ebensogut wissen, daß er sich, mit seiner Laufbahn beginnend, jahrelang mit einer Berufsausübung abgab, die ihm nicht beschieden sein sollte fortzusetzen, auf die er wie auf ein Lieblingskind verzichten mußte, wobei ich an Mut und zugleich an Entmutigtheit denke, die ihn gleichermaßen belebt und angeregt haben mögen. Nahe lag für den Jugendlich-Einsamen, sowohl Bücher zu lesen wie zahlreiche Gedichte zu schreiben, die er veröffentlichte und die ihm allerlei Kritik und Bekanntschaften erschlossen. Gönner statteten den in vieler Hinsicht an sich Zweifelnden mit Reise- und Studiergeld aus, und obwohl er sich in seinen späteren Tagen dann und wann derb, sogar grob benahm, was denen, die ihn schätzen, nicht unbekannt ist, halte ich ihn mit gütigem Einverständnis für eine der zartestbesaiteten männlichen Naturen, die aus der Biedermeierepoche hervorblühen mochten. »Schade, daß Gottfried Keller nicht geheiratet hat. Mit seinem Junggesellenwesen söhnt man sich nur mühsam aus«, sprach einmal ein Kellerverehrer mir gegenüber so aus, als wundere er sich über den Ton, womit er es sagte, und als belustige es ihn, an einem Bewunderungswürdigen etwas auszusetzen. Mir kam neulich die Wiedergabe eines Liebesbriefes des Dichters, über den ich hier referiere, zu Gesicht, den er im einfachen und vielleicht nur allzu ehrlichgemeinten Bestreben an ein anscheinend kluges Mädchen richtete, in ihrem Innern eine Neigung zu wecken, es für's ganze Leben gleichsam mit ihm und allem, was es Wunderliches, Widerspruchsvolles an ihm gab, zu probieren, was für ihn auf ein total erfolgloses Unternehmen herauskam. Bedeutende geben sich in Bezug auf Privatangelegenheiten mitunter eigentümlich unbedeutend, will sagen harmlos und offenherzig. Er rief in seiner Bittschrift an die Verehrte ein bißchen zu freudig und zugleich ein bißchen zu schmerzlich bewegt aus: »Rette mich!« wo es doch, wenn er sich seinem Gefühl nicht so sehr hingegeben hätte, wenig oder überhaupt nichts an seiner Person und an seinem Leben gab, was nicht in Ordnung gewesen wäre, denn was seine Gestalt und sein Gewicht unter seinen Mitbürgern betrifft, so hatten ihm diese ja das Amt eines Staatsschreibers anvertraut, das er mit einem Pflichteifer übernahm und ausfüllte und fünfzehn Jahre lang behauptete, der an einem Phantasiebegabten, wie er einer war, geradezu groß anmutet. Als das interessanteste Moment in seinem Dichterleben kann und muß meiner Ansicht nach sein so überaus naives und offenbar tiefbegründetes Sehnen nach der Eroberung der Bretter, die die Welt bedeuten, betrachtet werden. Der geborene Epiker bringt seinen biographischen Roman und hernach seine entzückenden Novellen gleichsam nur so neben seinem schöneren und höheren Sehnen wie in einer Fülle von seelischer und geistiger Verlegenheit, beinah möchte man glau-

Gottfried Keller, Radierung von Karl Stauffer-Bern

ben, melancholisch hervor. Ehe er seinen eigentlichen Beruf auszuüben beginnt, hat er allen Enttäuschungsschmerz, alles still sich vollziehende Verzagen und alles vergebliche Ringen um eines Herzenswunsches Erfüllung kennengelernt, und vielleicht scheinen seine Erzählungen so spielend geschaffen und so reich mit Tragikomik ausgestattet, weil alles Runde, Kreisende des Lebens erdkugelförmig sich in ihm selbst manifestierte, weil er an dem, was sich ihm gab, wie im Traum schrieb, es wollend und zugleich verschmähend, es gutheißend und geringschätzend, alle seine geschriebenen Fröhlichkeiten aus der Entsagung herkamen, sich in der Ohnmacht zu etwas Mächtigem härteten. Ich las übrigens letzthin seinen, wie mir vorkommt, ausgezeichneten, in Ton und Ausdehnung trefflichen »Martin Salander«, womit er sein Lebenswerk bescheiden und imposant abschließt, wie ich und wahrscheinlich auch andere überhaupt an diesem Werk bei seiner bedeutenden Inhaltlichkeit die feinsinnige und heitere quantitative Begrenztheit wertschätzen. Ein junger Kollege hielt sich vor einiger Zeit für berechtigt, mir zu sagen, ihm komme Keller wie ein Ausklang, herrlich verhallend vor, worauf ich ihm erwidern zu dürfen meinte, daß man dies an allem Vorzüglichen, wahrhaft Schönen, anscheinend Unübertrefflichen für gegeben halten könne, man stehe vor Kellers Werken wie vor einer großen, von immergrünen Ringmauern graniten und wieder seidenweich und -fein umschlossenen Stadt, die mit ihren Mannigfaltigkeiten und in ihrer Ruhe ein nur einmal vorkommendes Kulturbild darbiete, er sei etwas Einziges, und seine beruflichen Nachfolger täten freilich gut, ganz andere Wege zu beschreiten, da es auf Keller'schen Wegen für keinen als nur für ihn selber Aussichten, wertvoll zu werden, gebe. »Welchem Dichter bescherte das Schicksal nochmals so viel Unglück und Schwierigkeiten und so viel Begabung, sich ihnen anzuschmiegen, wie ihm«, fügte ich bei, und nun meine ich, was ich mir vornahm darzutun, annähernd auseinandergesetzt zu haben.

(1927)

Gottfried Keller-Gestalten

Dieses in seiner Art einzige, ganz herzige Seldwyla. Welch eine Welt stellt es dar! Ob denn nicht fast in jeder Bibliothek Kellers gesamte Werke als Zierde Platz gefunden haben? Wie schätzt sich die Schweiz heute noch glücklich über das Aufweisenkönnen solch eines Nationaldichters. O, wie prächtig ist die eidgenössische Eigenart in diesen Novellen abkonterfeit! Solch eine geradezu fabelhafte Charakterabspiegelung einer Volksgesamtheit kann kaum je wieder vorkommen. Ich bin begeistert, und weil ich das bin und mich auch Gott sei Dank nicht zu enthalten brauche, es hier auszurufen, obwohl man es ja auch nur leise sagen kann, so erlaubt man mir vielleicht, mich auf meine Art und Weise mit diesen köstlichen Erzeugnissen zu beschäftigen.

Eine stille Stube zu Seldwyl

PANKRAZIUS, *der Schmoller:* Liebe Mutter und liebe Schwester, nicht jeder wird mit der Zeit Oberst in fremden Diensten, der sich in seiner Jugendzeit darauf beschränkte, mit gebührender Aufmerksamkeit zuzuschauen, wie andere sich abrackerten. Er merkte sich die Handgriffe der Fleißigen. Eines Tages ärgerte ich mich über euch und infolgedessen über mich selbst, und der Groll bemächtigte sich meiner in solch hohem Grad, daß ich fortlaufen mußte. Schlank und weltgewandt, im Besitz einer Höflichkeit, die ich mir im Laufe meiner Lehr- und Wanderjahre aneignete, stehe oder sitze ich vielmehr vor euch da, daß ihr gar nicht aus einem für mich rührenden Erstaunen hinauszuklettern vermögt, falls dies Staunen mit einer Schlucht verglichen werden könnte. Durch ganz Deutschland lief ich bis ans mütterliche, zuverlässige Meer. Das Land sah grün, das Wasser blau aus, wobei ich womöglich poetischer rede, als sich für einen Weltmann schickt, als der ich sage, daß ich bis nach Indien kam, wo sich mir die Eigenartigkeiten des Soldatendienstes zu erkennen gaben. Bald war ich mit sämtlichen Obliegenheiten derart vertraut, daß ich sie durchaus mechanisch ausübte. Meine Tüchtigkeit erlaubte mir, spazieren zu gehen, nämlich im Garten meines Vorgesetzten, dessen Tochter mir als das schönste Mädchen erschien. Keine Erscheinung würde es ausgehalten haben, in eine Vergleichung mit Lydia gezogen zu werden, so hieß sie, die ich von Tag zu Tag wegen ihrer Gestalt heißer, d. h. ehrlicher und aufrichtiger liebte, die aber weiter von mir nichts wünschte, als meine glühende Bewunderung in Empfang zu nehmen, an deren schöner Farbe sie sich in aller hochherrschaftlichen Vergnügtheit erlabte. Offenbar kam sie sich als die Krone ihres gewiß in jeder Hinsicht holden Geschlechtes vor. Ich hielt sie auf jeden Fall für einen Engel. Eines Tages erklärte ich mich ihr unter Ausströmenlassen einer mindestens halbstündigen Rede, worin sich wie in einem See, der still und glatt ist, die Sehnsüchtigkeit und auch die Seligkeit meines Leidens und meines Liebens mit einer Bildhaftigkeit und einer Deutlichkeit abspiegelten, über die sie lächelte. Nachdem sie das getan hatte und über die Erledigung von etwas so Angenehmem froh war, sagte sie mir das Schnödeste, was je den Lippen einer Tochter aus feinem Haus entfloh, so lange es eine Menschheit gibt, wonach ich für gegeben erachtete, den mir bisher so wertvollen Dienst zu quittieren. Nachherige Tage sahen mich in Paris, wo ich vergeblich meine Lydialiebe zu überbrücken, d. h. zu vergessen suchte, indem ich ausgedehnteste Kokottenbekanntschaften zu machen unternahm. Hierauf sah mich der Wüstensand Afrikas. Immer noch begleitete mich die Schwäche des Schmollens. Ich hatte bei euch daheim geschmollt, hierauf in Indien; jetzt bekam ich Gelegenheit, mit einem Prachtsexemplar von Löwen zu zürnen, der mich mit seiner urplötzlich auftauchenden Gegenwart beehrte. Vierzehn Stunden lang fixierten wir uns gegenseitig aufs intensivste, und wenn nicht Soldaten herbeigekommen wären, die die Sorge um ihren Führer auf die Suche nach mir getrieben hatte, wäre ich hingesunken, und ihr könntet mich nimmermehr hier vor euch als einen von seiner Schmollerei Gebesserten erblicken, was aber nun zum Glück der Fall ist. Ihr mögt es mir glauben oder nicht: ich kann nicht mehr böse sein, was ja vielleicht sehr schade ist. Mit diesem Schmollgeist, der von mir floh, ist ein Stück Angeborenheit total von mir gewichen. Was sagt ihr dazu? Ihr schweigt. Wie sehr würde mich eure diesbezügliche Meinung interessieren.

Mutter und Schwester sind über dem, was er vortrug, fest eingeschlafen.

Vor der Tür eines Hauses, das von drolliger Bauart ist.

ZÜS BÜNZLIN *(zu den drei gerechten Kammachern):* Ihr gefallt mir, liebe, zarte, feinbeseelte Herren mit euren so emsigen Umwerbungen. Alle drei seid ihr von derselben fast strahlenden Ehrbarkeit, die man als Solidität bezeichnen kann. Einer von euch ist mir, obwohl ihr mir alle drei fast gleich lieb seid, der Liebste. Ihr scheint mir alle ziemlich ausdrückliche Liebhaber meiner Ersparnisse zu sein, die sich, wie ihr wissen werdet, da ihr euch ja längst erkundigt habt, auf siebenhundert Gulden belaufen. Daneben zweifle ich nicht, daß euch mein Äußeres reizvoll vorkommt. Meine Finger sind sehr geistvoll, ihr werdet das bemerkt haben. Ich setze von jedem von euch voraus, daß er ein erklärter Feind der sinnlich gerichteten Liebe sei, mit welcher Art Verehrung ich euch auf das Innigste ersuchen muß mich gütig zu verschonen. Saget doch einmal, Brüderchen, machen euch meine so lieblichen Schühli, die von einem orientalischen Schuhmacher verfertigt sein könnten, noch immer nicht denjenigen starken Eindruck, den sie auf eure empfänglichen Seelen auszuüben bestimmt sein dürften? Um den Saum meines Rockes winden und schlängeln sich die Gesamtheiten meiner in jeder Hinsicht reichen und reifen Persönlichkeit. So seid denn immer in eurer Aufführung mir gegenüber von der ausgesuchtesten Vorsichtigkeit. Meint ihr nicht, ihr Guten, daß ich euch eine geistige Führerin sein könnte, die Sorge zu eurer Veredelung trüge? Schon mein Name hat ja etwas zugleich so Verführerisches und so Zurechtweisendes und nötigenfalls Ablehnendes, das ja an sich wieder anzieht. Ihr schmunzelt? O, schämt euch, geht, geht fort. Doch besucht mich recht bald von neuem und bleibt meine mir fortlaufend ergebenen, tiefanhänglichen Anbeter. Eure Seelen sind jetzt dem lieben Gott für das Wohlergehen der meinigen verantwortlich. War euch das bis heute noch nicht bewußt, so habt ihr's jetzt aus meinem Munde erfahren, der die Gekräuseltheit und das hübsch geschweifte Sinnbild sanfter Herablassung ist. Ich lächle ein bißchen über euch, weil ihr mich wie eine Leibgarde umgebt. Ihr seid also quasi mein Gefolge. Geht nun, geht, ihr drei lieben, braven, guten, kreuzehrlichen Lehrlinge. Ich finde eure Belästigung fast belustigend. Fiel euch noch nie auf, wie ich immer in eurem Beisein heiter gestimmt bin? Hört, ihr müßt mich mit einer Unbedingtheit lieben, die zur Blindheit in allernächster Verwandschaftlichkeit steht. Ich vertrage keine sonstige Art von Neigung. Mir ist, als wäret ihr alle drei bis in den Grad hinein mein, der euch so winzigklein macht, daß ich euch auf der flachen Hand zu haben wähne. Mein Lächeln, das etwas Vibrierendes aufweist, und meine Seele, die eine Diplomatin ist, spielen mit euch, und in Gedanken zupfe ich euch leicht mit Fingernägelchen, die Perlen ähneln, am Ohr, als bestündet ihr teils aus Zucker und teils aus recht sehr verzeihlicher Schlingelei. Ihr errötet? Wie das nett ist von euch. Warum steht ihr noch da? Bat ich euch nicht, euch zunächst zu entfernen, damit ihr euch nach eurer Triebfeder sehnt, was ich ja bin. Ohne mich würdet ihr in die Gedankenlosigkeit, in's Einerlei, ins Alltägliche sinken. Seufzet doch innerlich, daß ich euch hie und da gestatte, die Augen zu mir aufzuschlagen. Ich ziehe mich zurück und schaue dann etwa wieder nach euch aus. Bleibt hübsch fromm. Jeder sage sich, er sei dem Ziele nah. Ich verbiete keinem von euch, auf mich zu hoffen.

Sie winkt und geht in's Haus.

(1925)

Das Ankeralbum

Ich blätterte in diesem Album an einem Familientisch, um welche Tageszeit, ist gewiß nicht maßgebend. Die Mutter hatte mich ihren vier verheirateten Töchtern mit der Bemerkung vorgestellt, daß diese ihr Mühe genug verursacht hätten. Ob sie dies etwa nicht recht einsähen? fragte ich mit möglichst viel Leichtigkeit. Die Frau, die in des Vaters Abwesenheit das Oberhaupt bildete, lenkte das Gespräch im Gefühl, daß es empfindsamen Anspielungen nicht gegeben sei, gesunde Stimmungen zu verbreiten, auf einen andern Gegenstand.

»Gestatten Sie, daß ich mich mit diesen Abbildungen beschäftige?«

Mit diesen vielleicht allzu gemütlichen Worten machte ich mich im Kreis von Leuten, die ich kaum kennen gelernt hatte, an meine kunstinteressierende Aufgabe. Ich hörte eine der Töchter mit einer gewissen Gebieterinnenmiene, d.h. mit einem Gesichtsausdruck, der eine gewisse Uneinverstandenheit mit meinem Benehmen zur Schau stellte, über den Tisch hinüber sagen: »Gönnen wir ihm seine Eigentümlichkeit.«

»Der Maler, den ich da vor mir habe, gehört zu den Großen«, sprach ich behaglich-halblaut vor mich hin.

Das Toupet, mich mit mir selbst zu unterhalten, fand gebührende Beachtung. Ein Familienglied glaubte sich über den Tee, der aufgesetzt worden war, äußern zu dürfen, er sei wieder einmal nicht stark genug.

Die Mutter: »Wenn er dir nicht schmeckt, hättest du ihn selber zubereiten sollen.«

Das erste Blatt des Ankeralbums stellte einen Großvater vor einem Bauernhaus dar, der einigen Kindern Geschichten erzählt. Wie die Kinderchen die Artigen spielen! Sie sind scheinbar von der großväterlichen Darbietung entzückt. Drinnen im Hause mag jetzt vielleicht gekocht werden.

Anker malte gleichsam Zeit seines Lebens äußerst behutsam. Er blieb gewissermaßen in einer zu großen Vorsichtigkeit stecken.

Was er aber hervorbrachte, hat »Hand und Fuß«. Seine Kunst ist im Landstrich, worin er zur Welt kam, verankert, im bernischen Seeland, das der Schreiber dieser Zeilen oft zu Fuß durchwandert hat, und das eine um seiner Zierlichkeit, feinen Horizontlichkeiten sehenswerte Landschaft ist.

Ich kenne eine Frau, die dieser Landschaft entstammt, die erstens Geist besaß, und der ich zweitens auf einem leisen Ausflug pompös sagte: »Ich bin eine bäurische Kraft.« Sie erwiderte: »Inwiefern Sie auf Ihrer Oberlippe kein Härchen dulden, dagegen um Wangen und Kinn herum einer Fülle von Bewachsung die Erlaubnis erteilen, in Erscheinung zu treten, dürfte richtig sein, daß Sie sind, was Sie zu sein sicherlich etwas zu prompt behaupten.«

Ich ließ mich damals von einem genialen jungen Menschen photographieren, den das Geschick früh den Seinigen entriß.

Ein zweites Blatt zeigte mir eine Jeremias-Gotthelf-Leserin in einer frühmorgendlichen Stube. Eben ist sie aus dem Bett aufgestanden. Halbangekleidet, die Schicklichkeit dabei aber nicht außer Betracht lassend, sitzt sie, von der Lektüre gefesselt, da.

Indem ich mir sagte, daß mir Anker sympathisch sei, weil er nicht Stimmung, sondern Sachlichkeit gebe, sich an Gegenständlichkeiten hingebend, fand ich ein Blatt betitelt: »Die Eisenbahn kommt!« Auf einer Wiese sitzt Dorfjugend beider Geschlechter, Männern aufmerksam zusehend, die Messungen für den kommenden, epochemachenden Bau sorgfältig vornehmen. Man gewahrt von Obstbäumen halbverdeckte Gehöfte.

Anker ist der ausgesprochene dörfliche Maler. Nichtsdestoweniger nimmt er es sowohl auch mit der Historie wie mit Königinnen auf, wie z. B. mit der Königin Bertha von Burgund, die um die Zeit der Anfänge des Christentums als Beherrscherin des Seelandes dessen Einwohnern die Kunst des Spinnens beibrachte, indem sie allen, denen sie Unterricht gab, mit dem arbeitsamsten Beispiel voranging. Sie zögerte nämlich nicht, hoch zu Roß die Kunkel zu handhaben.

Aus der Frühmittelalterlichkeit in die Neuzeit zurückkehrend, versetzt mich ein Blatt in eine Amtsstube und in die Gewichtigkeit eines Zinstages. Ein sonntäglich gekleideter Landmann legt den Zins auf den Zahltisch. Der empfangende Beamte schaut ihm mit einer Haltung voller Behördlichkeit, den Daumen in die Ärmelöffnung seiner Weste gesteckt, mit der verschwiegenen Miene eines autorisierten Einkassierers milde zu. Hinter dem zahlenden Landwirt steht dessen Gattin.

Ein weiteres Blatt führt mir vor die Augen, wie es Menschen zumut ist, die in den Geltstag geraten. Hier wird folgendermaßen gepfändet. Über die Habseligkeiten einer zahlungsunfähigen Familie wird Auktion abgehalten. Weinend verbirgt die Hausfrau ihr Gesicht in den Händen. Sie schämt sich und ist hoffnungslos. Unterdessen wird mit ihrem Besitztum, mit Kommode, Bettstatt, Tisch, Tuchvorrat usw. emsig geschachert. Das Leben will es so, das für uns unmöglich immer nur sonnig und froh sein kann, das uns züchtigen muß, weil wir seine Bedeutung verkannt haben.

Ich fahre zu blättern fort und komme zu einem Herrn Gemeindeschreiber, der, sein Pfeifchen rauchend, ein Aktenstück visitiert. Zu Ankers Zeiten bediente man sich zum Schreiben und Schriftstellern noch des Gänse-

Albert Anker: Der Zinstag (1871)

kiels. Englische Stahlfedern waren damals entweder überhaupt noch nicht erfunden worden oder waren erst im Hervorsteigen aus dem Abgrund der Unbekanntheit begriffen.

Nun machte ich mich mit einer Wiedergenesenden bekannt, die im Lehnstuhl saß. Ihr Gesicht ließ überstandene Duldungen erraten. Die Erscheinung zittert vor Ergebung in ihr Schicksal und zittert wieder vor stillaufkeimendem Verschwinden der Willenlosigkeit. Das Antlitz blaß; im Fensterraum ein schwaches Hineinschimmern von Sonne, als nehme sie Rücksicht auf den geringen Grad des Aufnahmevermögens der dem Krankenlager Entwichenen, sie angenehm ermutigend. Draußen duften Bäume und tönen Stimmen. Dort gehen Gesunde ihren Geschäften nach, während hier drinnen kaum erst wieder etwas gewünscht wird. Wünsche setzen Kräfte voraus.

Als das schönste Blatt erklärte ich dasjenige, das mich eine Sterbeszene erblicken, miterleben ließ.

In einem Bett liegt ein totes, junges Mädchen. Ich muß zugeben, daß mir selten ein ergreifenderes Bild zu Gesicht gekommen ist. Drei bis vier Schülerinnen, Schulkameradinnen der Verstorbenen, stehen vor dem Mysterium, das mit seiner erhabenen Größe in die blühenden Seelen hineingreift und kältend haucht. Ihnen ist bang; sie begreifen sich in ihren Übungen und Spielen nicht: die Eltern, die Wohnungen, die Felder, die Kirche, aber sie werden dies alles am nächsten Tag oder schon in der nächsten Stunde wieder erfassen, wieder in das Gewöhnte hineinkommen. Jetzt aber, wie sie abschiednehmend vor der Leiche ihrer Freundin stehen, ist ihnen alles Bekannte unbekannt, die Unbekanntheit vertraut. Sterben ist ja so großartig und wieder doch nur namenlos geringfügig. Es ist wie irgend etwas anderes, wie Kirschenpflücken zur Zeit des Reifwerdens, oder wie Schlittenfahren im Winter, oder wie Kaffeetrinken. Sie haben die Taschentücher vor den Gesichtern, aber keins weint das schöne, weiche Weinen eines natürlichen Schmerzes. Ein übergroßes, über sie herabhängendes Staunen, das vom Bemühen gesättigt ist, etwas, was nicht begriffen werden kann, zu begreifen, hindert sie daran. O, dies Mädchenstaunen ist hoch und groß wie ein Höhenzug, wie ein beflügeltes Gebirge. Die Kleidchen, die sie tragen, scheinen ihnen in unsägliche Entfernung gerückt. Aber sie werden sie wieder spüren, ihre Notwendigkeit, Lieblichkeit fühlend an der Haut haben. Jetzt ist es ihnen, als seien sie hautlos. Lautlos, trautlos ist es in der sonst trauten, stimmenbelebten Stube. Auch die Stube ist tot, die Uhr an der Wand, die Möbel, aber die Gegenstände würden wieder aus Sinn- und Bedeutungslosigkeit erwachen, wieder Sinn bekommen, und die Waage den geduldig und manierlich dieser Stunde gewaltigstille Eisigkeit aushaltenden Kindern von neuem freundlich, bildlich erscheinen. Die geknickt gewesene Hoffnung nimmt ja jedesmal wieder rosige Gestalt an.

Ich sprach noch mehr am Tisch zu mir, und ich glaubte hierauf zu den Anwesenden mit träumerischer Betonung sagen zu können: »Ihr schaut mich gewiß für sehr ruhig an. Seid doch auch ihr es.« Ich war zufrieden, und kein Gedanke kam mir an Möglichkeiten des Unzufriedenseins anderer mit mir.

(1926)

Albert Anker: Die kleine Freundin (1862)

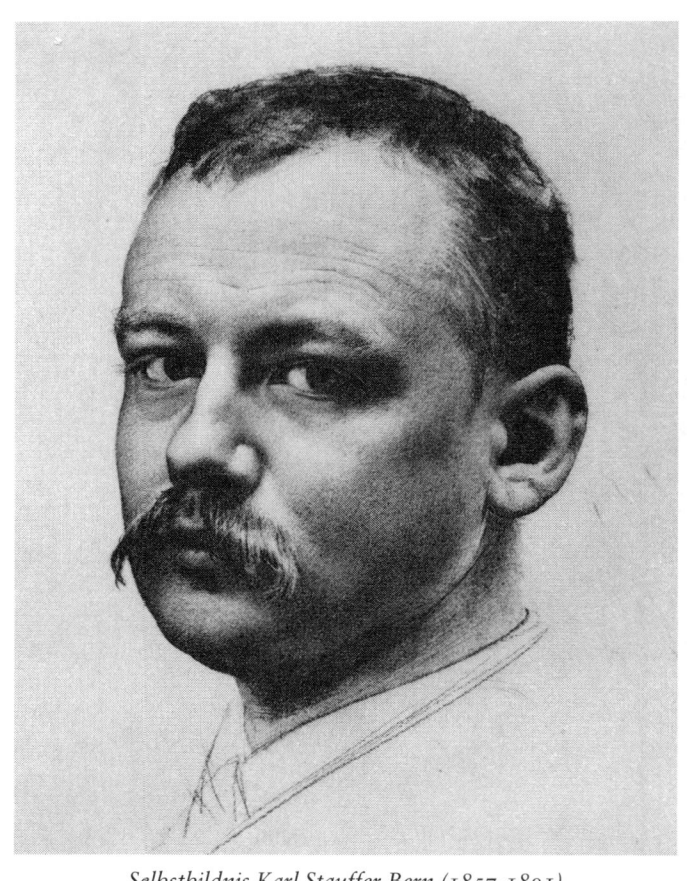

Selbstbildnis Karl Stauffer-Bern (1857-1891)

Szene aus dem Leben des Malers Karl Stauffer-Bern

STAUFFER: Mein Bruder ist fröhlicher als ich. Wenn ich ihn mir so in seiner Amtlichkeit, in seiner idyllischen Advokatentätigkeit vorstelle, möchte ich ihn beneiden. Er lebt täglich in netter Gesellschaft. Sein Bureau ist luftig, hell, sauber. Sorgen braucht er sich nicht große zu machen. Er genießt seine bescheidenen Einkünfte. Die Stadt, worin er wohnt, hat eine ebenso lebhafte und intelligente Bevölkerung, wie sie von einer reizenden, zu Spaziergängen aller Art einladenden Gegend umgeben ist. Sonntags steigt er auf den Berg, der sich dicht über seinem Wirkungskreis erhebt, steht in weiß der Kuckuck was für himmlisch gesunder Luft und genießt die erhebendste, angenehmste Aussicht.

LIDIA: Indes Sie unter der Pflicht seufzen, eine Frau unterhalten zu sollen, die einige Ansprüche an die Begabung desjenigen stellt, der unwillig zu sein scheint, daß man wünscht, er leiste gerne Gesellschaft, der nicht verbergen kann, daß er begonnen hat, sich zu langweilen.

STAUFFER: Mich kränkt's, empört's, daß ich von Ihnen materiell abhängig bin.

LIDIA: Stauffer!

STAUFFER: Wenn beispielsweise mein Bruder den Einfall hat, zu glauben, es könnte sein, daß er womöglich gern ein Buch lese, so hindert ihn nichts, sich zu dieser viel Annehmlichkeit in sich schließenden Zerstreuung die nötige Zeit zu nehmen.

LIDIA: Während es Ihnen ansteht, zuerst Ihre Gebieterin um Einwilligung zu ersuchen, ehe Sie sich ähnliches leisten dürften? Nicht wahr, das wollten Sie sagen?

STAUFFER: Ich wollte das – für mich behalten, es essen wie einen Leckerbissen.

LIDIA: Eine andere würde Ihnen jetzt den Rücken drehen, damit Sie sich über Ihre Ungezogenheit klar wären. Sie können mich doch jeden Augenblick verlassen, hingehen, wohin Sie wollen, wenn es Ihnen bei mir nicht mehr gefällt.

STAUFFER: Vielleicht hätte ich Sie nie kennenlernen sollen.

LIDIA: Sie reden wie ein unartiger Knabe. Es fesselt Sie nichts. (*Legt ihren Arm um seinen Hals, grad als sei der feine Arm ein Joch und die Sprecherin wolle ihren eigenen Worten widersprechen, sie widerrufen, sie auslachen.*) Seien Sie doch ein bißchen guter Laune.

STAUFFER: Meine Kunst gibt mir viel zu denken; Sie glauben gar nicht, wie ich mich zu jeder kleinen Fröhlichkeit geradezu aufraffen muß. Vergeßlichkeit kommt mir sträflich vor. Ich eignete mir dadurch, daß ich manchen Porträtauftrag auszuführen bekam, Technik an. Gewisse Leute nannten mich, wie mir meine Klugheit zu glauben empfahl, bequemlicherweise einen Meister. Solch ein Wörtchen springt ja so rasch über redegewandte Lippen. Nun mache ich absolut keine Fortschritte.

LIDIA: Armer, verzeih mir, daß ich dir soeben zürnte.

STAUFFER: Ihr Mitleid beleidigt mich.

LIDIA: Sieh, so vergällst du dir und mir jede unschuldige, fühlende Minute. Wenn ich dich einen Armen nenne, liebkose ich dich ja bloß. Wie du jetzt die Miene verziehst, die Stirne runzelst, als wenn dich weiß Gott was peinigte. Ich hielt dich, ehe ich dich noch überhaupt gesehen hatte, für den heitersten und unbefangensten Menschen. Allgemein hieß es von dir, du sprudeltest von Lebenskraft und -lust. Wie ich allem diesem hübschen Gerücht lauschte, das mir so Liebenswürdiges herbeitrug! Wie bist du ein ganz anderer. Manchmal halte ich dich für bösartig.

STAUFFER: Wieder mit dem Landschaftlichen anfangen –

LIDIA: Was sagst du?

STAUFFER: Ich sprach mit mir selbst.

LIDIA: Selbstgespräche führst du in meinem Beisein? So unwichtig bin ich dir? Bin ich dir etwa schon seit einiger Zeit lästig? Sprich!

STAUFFER: Ich gebe mir seit manchem Tag Mühe, dich zu quälen, dich abzuschütteln, aber es gelingt mir nicht. Ich kämpfe mit der Kunst und kämpfe auch noch mit dir, mit – Ihnen, denn ich sehe soeben ein, daß ich auf den Wegen, die Ihnen gehören, mir einen Höflichkeitsfehler zuschulden kommen ließ.

LIDIA: Ich besitze dich, du darfst mich duzen. Ich erlaube es dir. Oh, wie leicht du es zustande brächtest, mich zu beherrschen. Aber deine Kunst hat dich geknechtet. Wenn du nicht so besorgt um dich wärst, nicht beständig auf eine quasi unwürdige Art an dich dächtest, an deinem Fortkommen herumstudiertest, nicht in einem fort wie auf einer Schulbank säßest, würdest du im Handumdrehen einige sehr einfache Kniffe anwenden, mich zu unterwerfen.

STAUFFER: Ist das dein Wunsch?

LIDIA: Ich antworte nichts hierauf. Kannst du nicht über irgendeine Kleinigkeit recht laut, recht herzlich lachen? Ich sehne mich nach nichts so sehr, als daß du dich freutest.

STAUFFER: Ich will heute durchaus noch an deinem Porträt malen.

LIDIA: Gibt es keine Möglichkeit, die dir mehr Leichtigkeit, Freiheit, Schönheit, Großheit, Unbekümmertheit, Imagination in deinem Beruf bewilligte? Es käme vielleicht nur auf dich an. Ich will dich nicht nüchtern nennen, obwohl ich's jetzt gesagt habe, ich es nicht gern glaube, nicht gern zugebe, es kaum für wahr halte. (*Für sich.*) Er ist krank, und ich bin es auch. Beflügeltheiten fehlen uns beiden. Ich hielt ihn für einen begeisterungstrunkenen Sieger, für einen spielend Überwindenden und muß nun erfahren, daß er mühsam an sich arbeitet. Welche Enttäuschung! (*Sie fühlt das so tief, daß sie ohnmächtig wird.*)

STAUFFER (*hält sie*): Wie schwer wird das Leben, wenn wir's nicht leicht nehmen können. Warum kann man das nicht, wo einem doch die Vernunft sagt, daß man's sollte? Was man soll, kann man auch. Aber etwas in mir will es nicht. Risse mich ein Gott aus meinen Willensunlustigkeiten heraus! Warum ist sie so gütig? Warum jagt sie mich nicht verächtlich fort? Aber sie kann es nicht. Wir zaudern miteinander, sind zusammen ungewiß. (*Lidia kommt zu sich.*)

LIDIA (*lispelnd*): Ich danke dir.

STAUFFER (*leise, zitternd*): Hasse mich doch und ziehe die Konsequenz daraus. Mir ist, als sei das der Weg, auf dem ich erlöst werden könnte.

LIDIA: Freundschaft, wie schmerzvoll bist du!

STAUFFER: Bin ich bloß bei dir, um zu erwarten, was aus mir wird?

LIDIA: Wenn ich ein Mädel aus dem Volk wäre, hätte ich dir nicht so lange Bedenkzeit gewährt, dich zu fragen, ob's dir beliebe oder nicht, dich zu ereifern, mich glücklich zu machen. Feine Frauen haben vielzuviel Nachsicht. Mädchen von guter Abkunft werden in dieser Hinsicht mangelhaft erzogen. Ich klage mich an, ich sei zu gewissenhaft. Es wird jetzt aber Zeit sein, den Tee zu nehmen. (*Stauffer folgt ihr wortlos, gewohnheitsmäßig. Er ist der Verwöhnte, den das Ver-*

wöhntwerden verstimmt. Vielleicht liebt er nichts, achtet nichts. Im Grund ahnt er überhaupt wahrscheinlich nicht, was Achtung vor einer Frau ist. Daran ist vielleicht sie selbst zum Teil schuld. Jetzt sinnt sie etwas.)

(1927)

»Er wohnte in einem außerhalb der Stadt gelegenen, schönen Haus bei seiner Mutter...«: Die Villa Terrasse in Biel, wo Karl Stauffer-Bern sich 1890 von seiner italienischen Haft zu erholen versuchte

Stück ohne Titel

In der Umgebung von Biel, worin er einst knabenhaft aufwuchs, tummelte er sich nun spazierend herum. Mit der Landschaft hatte er sich vorgenommen, sich zu befassen. Beispielsweise gab es da überaus ausdrucksvolle Bergdörfer.

Biel liegt am Fuß oder Abhang des Berner Jura, der ein aus länglich nebeneinander laufenden Bergzügen bestehendes, bis 1500 Meter hohes, gleichsam sanftes, weil unschroffes Gebirge ist. Oben auf der Höhenfläche wachsen Kräuter und stehen Tannen und Buchen.

Er wohnte in einem außerhalb der Stadt gelegenen, von Wiesen umgebenen schönen Haus bei seiner Mutter, die sich seinen Absichten, Plänen gegenüber meist still, ich meine zurückhaltend verhielt. Mitunter unterwarf sie ihn einer sorgenvollen Beobachtung. Sie hatte jedoch erfahren, daß ihm unlieb sei, wenn man mit ihm über seinen Beruf zu sprechen beabsichtige, zu dem er in ein anscheinend gespanntes Verhältnis gekommen sein mochte. Seine Lebensaufgabe hatte sich zu einem Etwas entwickelt, das sich ihm nicht fügte, ihm Schwierigkeiten entgegensetzte. Die Natur, das Gesunde, das war's, womit er rang. Noch war er ein junger Mann, kräftig von Konstitution, behend und gelenkig, was seine Glieder betraf.

Von Zeit zu Zeit verglich er sich mit einem seine Hörner gegen seinen Gegner richtenden Stier. Sein Feind war die Kunst, von der er gewünscht, gehofft hatte, sie würde ihn freundlich haben anlächeln wollen. Früher, in Berlin, tat sie dies. Jetzt verzichtete sie darauf, jetzt schaute sie ihn hart an. Dort in Berlin war er mit allem, was man ihm übertrug, in kurzer Zeit jeweilen fix und fertig geworden. Dort flitzte er die Bildnisse, Porträts nur so herunter. Wohin hatte sich seine Geschicklichkeit verflüchtigt, mit der er herstellte, was gefordert wurde? Viel war sie ja allerdings nicht wert gewesen, die Routiniertheit, aus der er sich seit einiger Zeit mühsam herauszuarbeiten versuchte, um zu Ursprünglichem, Persönlichem zu gelangen, wonach er sich sehnte.

Zustände der Seele gab es, die sich fürs Beglücktsein eigneten. Dann existierten aber andere, in die man sank wie in eine Nacht oder eine Bodenlosigkeit.

Sah er nach wie vor gut aus? Er nahm es an. Ein Blick in den Spiegel überzeugte ihn vom Zufriedenstellenden seiner äußern Figur. Viele Figuren zogen im Leben hin und her. Eine derselben war er selbst, und er hätte zu den Sorglosen zählen sollen, denn die vielen, feinen, verwickelten Sorgen kränkten ihn. Das Komplizierte, das darin lag, einfach und schön zu werden, enthielt etwas Häßliches, dem er hätte ausweichen mögen.

An einige Befreundete denkend, schrieb er Briefe, deren Schwung ihm den Gedanken beibrachte, in ihm könnte literarische Begabung lebendig sein. In der Tat verhielt sich dies vielleicht so. Abwechslungsweise fing er unter anderm zu bildhauern an, was eine Bemühung war, die ihn bildete, ihn aber von der Existenzfestigkeit noch weiter wegführte, als wie dies schon ohnehin der Fall war. Die Ruhe, wie sie ihm fehlte, sie, die er berechtigtermaßen als die Quelle desjenigen ansah, wonach er strebte.

Lang vor ihm hatten Maler gelebt, wie z. B. Holbein, dessen Können derart war, daß es den Näherstehenden unbegreiflich groß vorkam, indes es die Nichtverstehenden anheimelte. Nicht die Kunst an sich will begriffen sein, sondern ihr Resultat.

Jener Holbein reiste im Lauf seiner Lebensbahn nach

London, um sich dort zu verewigen, als wenn dies eine Selbstverständlichkeit gewesen sei, kinderleicht auszuführen, so sicher, treffend tat er's.

Stauffer besaß ausgezeichnete Beziehungen, d.h. er kannte angesehene Leute, die ihm zumuteten, selber angesehen zu sein, etwas Vorteilhaftes vorzustellen, die sich ihn verzagt gar nicht zu denken imstande waren.

Unter anderm rief er auf eine Dame aus vornehmem Hause einen Eindruck des Interessanten hervor. Interessantsein, das hatte irgend etwas an einen Roman Mahnendes und war verwandt mit etwas Lyrischem, so, als sei bei ihm das Malen nur Nebensache, die von selbst, wie am Schnürchen gezogen, zu funktionieren habe, als wenn sein nettes Gesicht das Hauptsächliche gewesen wäre, seine schwebende, elegante Gangart, die Art und Weise seines Witzelns, Plauderns.

Er besaß nämlich zufällig ein durchaus unproblematisches Aussehen. Schaute man ihn an, so saß man unwillkürlich, will sagen gedanklich, auf dem Sofa irgendeines sorgfältig und geschmackvoll ausgestatteten gutbürgerlichen Zimmers und konversierte unbefangen über etwas Mutwilliges. So, wie er war, stellte man sich einen weltmännischen Leichtlebigen vor, der wohlwollend in einen Wagen steigt, angenehme Worte dabei sprechend, und das Fuhrwerk rollt munter davon.

Doch jetzt zog es ihn dann und wann nach Twann, einer am Bielersee gelegenen, reizenden Ortschaft, in deren Nähe ein Wasserfall sichtbar ist, den ein vom Felsen herabstürzender Bach zustande kommen läßt. Hier und ringsumher trinkt man in behäbigen Wirtshäusern einen wohlschmeckenden Wein. Der See ladet zum Baden und Gondeln ein. Über seine glatte Fläche fährt hie und da ein Dampfschiff. Aus dem Gewässer hebt sich, wo es am breitesten ist, eine Insel hervor. Unfern derselben liegt auf einem Hügel das Städtchen Erlach. In

Magglingen, oberhalb Biel, steht am Waldrand ein mondänes Hotel.

Stieg er abends den Berg hinauf, so konnte er unten die Lichter der städtischen Beleuchtung leuchten sehen. Die Stadt sah sich mit einer prächtigen Promenade geschmückt. Uhren wurden in Ateliers fabriziert, durch die hellen, luftigen Straßen klingelte die Pferdebahn.

Er suchte häufig den Bahnhof auf, dachte an Italien, München.

(um 1932/33)

Widmann

Wie mir in Erinnerung geblieben ist, lief ich eines Morgens, im Monat März, von Thun weg, wo ich in Stellung war, nach Bern, um zu Widmann zu gehen. Mit zwanzig Jahren pflegt man noch ziemlich überspannt zu sein. Demgemäß trug ich einen liederlichen hellgelben Hochsommeranzug, leichte Tanzschuhe, absichtlich wüsten, kühnen, dummen Hut, und von ordentlichem Kragen war ganz gewiß keine Spur an mir. Der Tag war wild und kalt; düstere Wolken bedeckten den Himmel; aber die Landstraße wenigstens war sehr sauber. Von Dorf zu Dorf ging es mit eiligen, elastischen Schritten. Weil es Sonntag früh war, so gab es fast keinen Verkehr auf der Straße. In kalten stechenden Tropfen fing es an zu regnen, da man jedoch mit zwanzig Jahren noch in keinerlei Weise empfindlich ist, so gab ich auf die Unfreundlichkeit des Wetters herzlich wenig acht. Die Welt sah dunkel, bös und hart aus, doch ich bin nie der Meinung gewesen, daß etwas Rauhes ganz und gar keine besondere Schönheit besitze. In einem stillen Tannenwald glaubte ich mit hartem, strengem Laufen ein wenig innehalten zu dürfen. Hoch oben in den Ästen brauste der Wind. Das war für den jugendlichen Wanderer und anlaufenden Literaten Musik. Ich zog Bleistift und Notizbuch aus der Tasche und schrieb stehend und auf das Theater der Natur horchend einige gute oder schlechte, glückliche und gelungene oder verunglückte und verfehlte Verse. Alsdann lief ich keck und fröhlich weiter.

Das Land war gelb, braun und grau; hie und da wies es Stellen von feierlicher, ernsthafter, dunkelgrüner Pracht auf. Einiger alter Landhäuser oder Schlösser

Ferdinand Hodler: Porträt Joseph Viktor Widmann, 1898

vornehme, imposante Schönheit wurde gern bewundert.

Gegen Mittag stand ich vor Widmanns Haus und klingelte am Gartentor zart an, worauf ein Mädchen herab- und herbeigesprungen kam, um dem Ankömmling und Anfängling zu öffnen. Wer ich sei?

»Wer anders kann ich sein als derselbe, der vor einiger Zeit Herrn Widmann seine poetischen Erstlinge einsandte, von denen er sieben oder acht Stücke in seinem wohlbekannten Sonntagsblatt abzudrucken die große und hohe Güte hatte.«

So oder ähnlich hatte ich den Mut oder Übermut zu sprechen. Das hübsche, muntere Mädchen entfernte sich, um mich anzumelden. Bald darauf stand ich vor Widmann, der mich mit freundlicher Stimme und mit den Worten: »Ach , das ist ja der junge Poet!« willkommen hieß.

Ich versuchte etwas wie eine Verbeugung zu machen. Im Verbeugungenmachen und ähnlichen artigen Dingen war ich damals noch überaus ungeübt und außerordentlich unerfahren; jeder Art Höflichkeit gegenüber war ich noch ein ahnungsloses Kind. Wie mußte außerdem den kleinen und geringen Menschen der Anblick des großen und bedeutenden einschüchtern. Indessen flößte mir seine edle Lebhaftigkeit sogleich das größte Vertrauen ein. Von Menschen, die zu bezaubern imstande sind, gehen Ermunterung und Ermutigung aus. Ich faßte mich, und in der Beruhigung, die ich fühlte, fand ich allerlei Worte, deren Keckheit und Jugendlichkeit freundlich anzuhören und zu billigen er Güte und Großherzigkeit genug besaß. Was ich vorbrachte, schien ihn sogar zu interessieren.

Von Zeit zu Zeit musterte er begreiflicherweise ein wenig mein sehr eigentümliches, dreistes, wohl fast schon etwas zu originelles Äußeres, den Auf- und Anzug, das kecke, freche Kostüm, die rebellische, Modevorschriften in jeder Hinsicht verletzende töricht-eigensinnige Gewandung. Er tat das jedoch in aller Gelassenheit und Freundlichkeit, ganz wie ein Fürst, der sich durch Kleinigkeiten in seiner Ruhe und Größe keinen Augenblick beeinträchtigen und stören läßt.

Auf dem Teppich kauerte ein Hund; das Zimmer sah wie die vornehme Behaglichkeit selber aus. Nach Verlauf ungefähr einer halben Stunde fiel mir zum Glück ein, daß der Herr vielleicht noch anderes zu tun haben könnte als mit jugendlichen Anfängern zu reden; ich fand es daher gescheiterweise für passend, aufzustehen und mich zu verabschieden.

(1916)

Mich hier gleichsam ein wenig als Fremdenführer gebärdend...

Schweizeressay

Eines Tages befand ich mich, historische Merkwürdigkeiten in Augenschein nehmend, in einem gotischen Saal. Das war im schöngelegenen Städtchen Thun, das gleichsam als eine Türe oder Pforte ins Berner Oberland bezeichnet werden kann. Thun scheint nur um seines bildhübschen Sees willen reizend zu sein. Mich hier gleichsam ein wenig als Fremdenführer gebärdend, weise ich auf Solothurns herrliche Kathedrale hin, die aus dem Anfang des achtzehnten Jahrhunderts stammt. Hübsch ist es, wenn man auf dem Papier mit Hilfe der Feder von Landschaft zu Landschaft beliebige Sprünge ausführen kann, ohne daß man die Beine in Bewegung zu setzen nötig hat. Beispielsweise vermag der Schriftsteller, ohne die Eisenbahn in Anspruch zu nehmen, flugs in Zürich zu sein, um auf Grund von ein wenig Phantasie in den dortigen Straßen friedlich umherzuspazieren. Mit einer sich von selbst einstellenden Unwillkürlichkeit denkt man in Bezug auf Zürich an Gottfried Keller, während uns anderseits Bern Anlaß gibt, in Erwägung zu ziehen, was Jeremias Gotthelfs Werke wert sind. Sich Gelegenheit zu geben, über die Schweiz zu schreiben, hat anscheinend beinahe etwas Häusliches, Familiäres, indem dies Land schon seit langer Zeit neutral blieb. Liegt nicht vielleicht in der neutralen Verhaltungsweise etwas Sorgfältiges, Feines? Im Kanton Aargau trifft der Wanderer zahlreiche, auf anmutigen Anhöhen stehende altertümliche Burgen an, unter denen die Wasserfestung Hallwil bescheiden und mächtig hervorragt. In Aarau lebte und wirkte vor Jahren Zschokke, der Bücher verfaßte, die hie und da noch freundlich gelesen werden, als wäre ihr Inhalt nach wie vor nach irgendwelcher Richtung hin wesentlich. Sempach im Kanton Luzern ist ein Städtchen, das an eine bekannte einstige militärische Aktion mahnt, was eine Erwähnung ist, die ritterlich mit Rüstungen klirrt und blitzt und spitzig mit Lanzen und Speeren schimmert und kitzelt. Zwischen den Städten liegen überall Bauernhäuser behaglich verstreut, als freute sich diese Art von Gebäulichkeiten über ihre bequeme Wohnlichkeit. Bächlein und Flüsse laden den Naturfreund ein, an ihren Rändern entlang hinzuziehen, eine Beschäftigung, die nicht Geld, aber dafür Vergnügen einbringt. In der Ostschweiz macht sich der Boden-, in der Westschweiz der Genfer See bemerkbar, die die zwei umfangreichsten schweizerischen Seen sind. Über Genf an und für sich vermöchte einer, der diese Stadt mit genügender Genauigkeit kennt, einen Separatartikel zu schreiben. Die Ebene, die zwischen Jura und Alpen ausgebreitet liegt, wird Mittelland genannt und zeichnet sich durch Hügeligkeit aus. In Lenzburg wuchs Frank Wedekind auf, der seinen Zeitgenossen eine Reihe von Theaterstücken schenkte. Mellingen und Landeron sind Ortschaften, die aussehen, als habe sich im Laufe der Zeit nicht die kleinste Veränderung innerhalb ihrer Ausdehnung zugetragen. Aarberg besteht aus einer einzigen stattlichen Gasse und hat eine imposante, von Wackerkeit strotzende Brücke, die hausähnlich mit einem Dach gedeckt ist. Rhein und Rhône entspringen in brüderlicher Nähe, an beinahe derselben bergigen Stelle, von wo aus sie munter fortsprudeln, um sich zu europäischen Strömen zu entwickeln. Berühmt sind Berge wie der St. Gotthard oder der Simplon, die zu Verkehrszwecken mittels ingeniösen Anstrengungen durchbohrt worden sind. Einer der interessantesten, besuchtesten Kantone scheint der Tessin zu sein, wo es von willkommenen, milden Ferienplätzen und Erholungspunkten wimmelt. Bekanntermaßen wurde der Züricher See von Klopstock besungen. Im Bodmerhaus, das den Zürichberg schmückt, stattete einst kein anderer als Goethe einen gelegentlichen Besuch ab. An den Ufern der Seen fühlen sich Sträucher und Bäume besonders wohl, und die zierlichsten Blümchen wachsen am liebsten auf den Bergen, wo sie am ungezwungensten gedeihen und duften können, bis eines Tages jemand kommt und eines von ihnen findet und infolge des Gefallens, das er daran hat, pflückt und dem Sprießen wegen unschuldigen Verlangens, es sein zu nennen, ein Ende bereitet. Zu den bekanntesten Schweizer Bergen gehört die Jungfrau; in der Nachbarschaft steht der Mönch. Schaffhausens Rheinfall spritzt und tanzt noch heute wie vor Zeiten über Felsblöcke herab. Im Wallis leben schöne Frauen mit klassisch-ruhigen Gesichtszügen, Nonnen in Klöstern und in den Schluchten sagenhaftes Gestein. Gegründet wurde die Eidgenossenschaft laut mündlicher Überlieferung auf einer einsam gelegenen Wiese nachts beim Mondschein von klugen, entschlossenen Männern am Gestade des Vierwaldstätter Sees. Die unscheinbare Genossenschaft verwandelte sich in einen achtungeinflößenden Staat. Am Schluß meiner gewiß ein wenig poetisch aufzufassenden Ausführungen nenne ich ein Talent, das körperlich nicht mehr lebt, jedoch geistig weiterwirkt: Isabella Kaiser.

(1930)

Der Greifensee

Es ist ein frischer Morgen und ich fange an, von der großen Stadt und dem großen bekannten See aus nach dem kleinen, fast unbekannten See zu marschieren. Auf dem Weg begegnet mir nichts als alles das, was einem gewöhnlichen Menschen auf gewöhnlichem Wege begegnen kann. Ich sage ein paar fleißigen Schnittern »guten Tag«, das ist alles; ich betrachte mit Aufmerksamkeit die lieben Blumen, das ist wieder alles; ich fange gemütlich an, mit mir zu plaudern, das ist noch einmal alles. Ich achte auf keine landschaftliche Besonderheit, denn ich gehe und denke, daß es hier nichts Besonderes mehr für mich gibt. Und ich gehe so, und wie ich so gehe, habe ich schon das erste Dorf hinter mir, mit den breiten großen Häusern, mit den Gärten, welche zum Ruhen und Vergessen einladen, mit den Brunnen, welche platschen, mit den schönen Bäumen, Höfen, Wirtschaften und anderem, dessen ich mich in diesem vergeßlichen Augenblick nicht mehr erinnere. Ich gehe immer weiter und werde zuerst wieder aufmerksam, wie der See über grünem Laub und über stillen Tannenspitzen hervorschimmert; ich denke, das ist mein See, zu dem ich gehen muß, zu dem es mich hinzieht. Auf welche Weise es mich zieht, und warum es mich zieht, wird der geneigte Leser selber wissen, wenn er das Interesse hat, meiner Beschreibung weiter zu folgen, welche sich erlaubt, über Wege, Wiesen, Wald, Waldbach und Feld zu springen bis an den kleinen See selbst, wo sie stehen bleibt mit mir und sich nicht genug über die unerwartete, nur heimlich geahnte Schönheit desselben verwundern kann. Lassen wir sie doch in ihrer althergebrachten Überschwenglichkeit selber sprechen: Es ist eine

»Das alte Schloß Greifensee grüßt herüber...«

weiße, weite Stille, die wieder von grüner luftiger Stille umgrenzt wird; es ist See und umschließender Wald; es ist Himmel, und zwar so lichtblauer, halbbetrübter Himmel; es ist Wasser, und zwar so dem Himmel ähnliches Wasser, daß es nur der Himmel und jener nur blaues Wasser sein kann; es ist süße blaue warme Stille und Morgen; ein schöner, schöner Morgen. Ich komme zu keinen Worten, obgleich mir ist, als mache ich schon zu viel Worte. Ich weiß nicht, wovon ich reden soll; denn es ist alles so schön, so alles der bloßen Schönheit wegen da. Die Sonne brennt herab vom Himmel in den See, der ganz wie Sonne wird, in welcher die schläfrigen Schatten des umrahmenden Lebens leise sich wiegen. Es ist keine Störung da, alles lieblich in der schärfsten Nähe, in der unbestimmtesten Ferne; alle Farben dieser Welt spielen zusammen und sind eine entzückte, entzückende Morgenwelt. Ganz bescheiden ragen die hohen Appenzellerberge in der Weite, sind kein kalter Mißton, nein, scheinen nur ein hohes, fernes, verschwommenes Grün zu sein, welches zu dem Grün gehört, das in aller Umgebung so herrlich, so sanft ist. O wie sanft, wie still, wie unberührt ist diese Umgebung, wird durch sie dieser kleine, fast ungenannte See, ist selber also so still, so sanft, so unberührt. – Auf eine solche Weise spricht die Beschreibung, wahrlich: eine begeisterte, hingerissene Beschreibung. Und was soll ich noch sagen? Ich müßte sprechen wie sie, wenn ich noch einmal anfangen müßte, denn es ist ganz und gar die Beschreibung meines Herzens. Auf dem ganzen See sehe ich nur eine Ente, welche hin und her schwimmt. Schnell ziehe ich meine Kleider aus und tu wie die Ente; ich schwimme mit größter Fröhlichkeit weit hinaus, bis meine Brust arbeiten muß, die Arme müde und die Beine steif werden. Welch eine Lust ist es, sich aus lauter Fröhlichkeit abzuarbeiten! Der eben beschriebene, mit viel zu wenig Herzlichkeit beschriebene Himmel ist über mir, und unter mir ist eine süße, stille Tiefe; und ich arbeite mich mit ängstlicher, beklemmter Brust über der Tiefe wieder ans Land, wo ich zittere und lache und nicht atmen, fast nicht atmen kann. Das alte Schloß Greifensee grüßt herüber, aber es ist mir jetzt gar nicht um die historische Erinnerung zu tun; ich freue mich vielmehr auf einen Abend, auf eine Nacht, die ich hier am gleichen Ort zubringen werde, und sinne hin und her, wie es an dem kleinen See sein wird, wenn das letzte Taglicht über seiner Fläche schwebt, oder wie es sein wird hier, wenn unzählige Sterne oben schweben – und ich schwimme wieder hinaus.

(1899)

*Programmheft zu einem historischen Festumzug am Zürcher
»Sechseläuten«*

Festzug

War's Luise, die ich begleitete? Kaum weiß ich's noch. Einzelheiten vergessen sich. Es ist schon gar lange her. Ein Fest war im Gang. Im Eßlokal betrachtete ich zum ich weiß nicht wievieltenmal ein Bild: Die junge Wohltäterin. Gleichsam zum Dessert, und sprang dann, an Seele und Leib gestärkt, hinaus. Einzig schöne Zeit! Das Leben war wie ein Traum, blond und blau, spielerisch leicht. Ich gab Stellungen auf, trat sanft und artig und folgsam in neue hinein. Das war bei mir eine Art Sport. Vielleicht war ich in dieser Hinsicht unnachahmlich. Mancher Chef schaute mich besorgt an, ich aber blieb sorglos. Meinen Freundinnen blieb ich keineswegs treu; wenn ich sie aber bei mir hatte, und sie mich, fehlte es uns nie an Unterhaltung. Jetzt warteten wir, und das taten viele. Wir waren also nicht die einzigen, denen die Geduld schier ausging. Kopf an Kopf stand die Menschenmenge; man konnte sich kaum bewegen. Hände, Hüte, Gesichter und zwischen Lippen eingedrückte Stumpen. Das hatte etwas Heimeliges, Drolliges. Ein ganzes Volk schien versammelt. Die Straßenbahnen mußten anhalten. Ein Umzug sollte stattfinden, aber er kam lange nicht; es schien, als nähm' er sich dazu sehr viel Zeit; endlich erschien er. Zuerst schritten Helvetier einher, dann Römer. Hierauf kam das Mittelalter mit Burgfrauen und Minnesängern; dann Söldner der Renaissance mit Wagen voll Beute; hernach die Neuzeit mit ständig zunehmender Verfeinerung, zierlichem Benehmen, schmucken Kostümen. Alle Fenster, Balkone waren mit Leuten besetzt. Wer erhöht saß, konnte auf die unten umher Gehenden und Stehenden flott herabblicken, was wohl spaßhaft war. Kein Stand war hier nicht vertreten. Abwesend war eigentlich niemand. Wer hätte solche Stunde einsam verbringen mögen? Der Fahnenschmuck, die Efeugirlanden dürfen nicht unerwähnt bleiben. Zu sehen gab es allerlei ländliche Trachten. Jetzt kam Goethe und neben ihm Bodmer. Beide schauten würdig drein, verheimlichten jedoch ein lustiges Lächeln absolut nicht. Die Freundlichkeit ging mit dem Ernst, das Behagen mit einem Anflug von Feierlichkeit. Aufzuzählen gäb' es vieles, das ich übergehen will, weil sonst der Zug endlos würde. Zuschauer und Schauspieler bildeten im Grund nur ein Bild und ein Leben. Die, die im Spiel mitwirkten, hätten ebensogut unter dem Publikum sein können. Aber wo spielte sich denn die Geschichte ab? Am Limmatquai? He, man wird es erraten haben. Auch über die Quaibrücke bewegte es sich und durch die Bahnhofstraße. Zu sehen war der junge Mozart, der zarte, unglückliche Lenz. Erstgenannter wußte so gut wie nichts von Unglück. Die Natur hatte ihn mit dem liebenswürdigsten Gemüt ausgestattet. Ferner sah man Keller und Meyer, Böcklin und Stauffer, den Idylliker Gessner und so noch andere. Stadt und See strahlten im hellsten Licht. Hündchen und Kätzchen, Täubchen und Spätzchen schienen vom Fest ebenfalls vergnügt. Freilich braucht's Einbildung, um so was zu sagen. Am Bahnhof langten aus umliegendem Land immer mehr Leute an. Den Umzug verschönerte unter anderm ein junger Mann mit wirrem Haar, idealischem Mantel, genialem Gesichtsausdruck; es war Georg Büchner. Industrie und Handwerk, Handel und Landbau sandten ihre Abgesandten. Von rollenden Läden herab wurden Weggli, Schinkenbrötchen, Blumensträuße, Limonade und Literatur verkauft. Der Andrang war namentlich nach letzterem Artikel groß. Ja, ja, man täuscht sich! Wer auf dem Berg stand, sah in der Ferne die Alpen. Flaggen flatterten; damit ist erwiesen, daß etwas Wind wehte, nicht wild, nein, sachte, also durchaus rücksichtsvoll. Im Gedränge sah ich eine Dame. Jahre später klopft' ich eines Morgens bei ihr an, stellte mich ihr als Menschen vor, der aufs Dichten einstweilen verzichten, sich aber dafür Lebensart aneignen wolle, worauf ich ihr Diener wurde und als solcher Talent an den Tag legte. Um beim Fest zu bleiben, so nahm ich eine Dänin wahr, die ihrerseits von mir wenig Notiz nahm. Ich ließ mich aber mit Freuden nichtbeachten, wenn nur ich achtgeben und nach Herzenslust im Fluge lieben durfte. Lieben ist himmlisch schön! Möglich ist, daß ich im Gewimmel Maria Waser sah und sie für eine Beliebige hielt, da ich sie persönlich noch nicht kannte. Sind im Leben voll Zufälligkeiten nicht viele Begegnungen denkbar? Mit den Spazierenden spazierte Emanuel von Bodmann. Den kannt' ich und grüßte ihn. In den Kaffeehäusern aß man Glace und schlürfte mittels Röhrchen kühlen Kaffee. Eine Göttin, die sich sonst nur im Olymp aufhielt, ließ sich auf schneeweißer, schwanenflaumweicher Wolke zu den Vergnügungen der Menschen hernieder und schaute wunderbar umher; aber es erblickte sie niemand. Wie ich wieder einmal phantasiere! Es tut mir leid, daß ich's tat. Alles ging nun auseinander, verlor sich hierhin und dorthin. Du auch, falls du mit dabei warst.

(1921)

Was aus mir wurde

Ich bin von Geburt ein Kind meines Landes, von Fach bin ich arm, von Stand bin ich Mensch, von Charakter bin ich ein junger Mann, und von Beruf bin ich der Verfasser des vorliegenden Lebensberichtes. Erzogen worden bin ich dadurch, daß mein lieber Papa mich von Zeit zu Zeit nach Nidau hinausschickte. Nidau ist ein niedliches altes Städtchen mit nur einer, aber dafür breiten Gasse und gotischem hochemporragendem Schloß.

In Nidau ist wohnhaft Herr Baumgartner. Zu diesem Herrn Baumgartner nach Nidau hinaus lief ich, um die schönen Grüße und besten Empfehlungen Papas behend auszurichten. So weit meine Erziehung.

Meine Schulung und Bildung besteht in der Absolvierung eines Progymnasiums. Es ist dies eine klassische Stätte, denn sie ist von Napoleon, dem Großen und Ersten, oder wenigstens unter seinem Einfluß ins Leben gerufen worden. Alsdann, und so schleuderte mich das barsche Leben in die Bahnen eines exekutierenden Feuilletonisten. O hätte ich nie ein Feuilleton geschrieben.

Aber das Schicksal, das stets unbegreiflich ist, hat es so gewollt, es hat aus mir, wie es scheint, einen hüpfenden und parfümierten Vielschreiber und Vielwisser gemacht, und alle meine so kostbaren, an die Heimatbande klingenden Wesenskerne mußten, was ich mit weinenden Augen und tief in der ausgehöhlten Seele beklage, verloren gehen. Grausames Geschick, dem ich gehorche!

Doch, es kann ja noch alles besser werden, und die naive Ländlichkeit kehrt vielleicht, wer weiß, eines Tages wieder bis zu mir zurück, und ich werde dann wieder in der Einsamkeit die Hände ringen können. Einstweilen aber scheine ich begraben im Sündenpfuhl eines lächelnden und tänzelnden Berichterstattertums, und es ist nur noch sehr geringe oder gar keine Hoffnung mehr vorhanden, daß ich jemals in meinem Leben wieder einen Jodler auszustoßen imstande sein werde, wie z. B. der weltgewandte und literarisch so rührige Ernst Zahn ihn so prächtig und urwüchsig wiederzugeben versteht. Ernst Zahn und andere, ebenso gewitzigte, sind Meister in der Betonung ihrer Liebe zur Heimat.

Ich habe so etwas nie zu fabrizieren verstanden. Die Welt ist weit, und der Mensch ist ein Rätsel, und Napoleon war ein großer Mann, und Nidau ist ein reizendes Städtchen, und der Kern eines Menschen geht nirgends völlig verloren. Was ist doch das für eine Borniertheit, dieses Alte-Tanten-Getratsche aus dem Süden. Berlin ist eine so schöne Stadt, und seine Einwohner sind so schaffige, rechtschaffene und artige Menschen.

(1912)

Heimkehr

Falls ich mir erlauben dürfte,
von Vergangenheit zu plaudern,
sag' ich offen: mir ging's damals
scheinbar absolut nicht übel.
Durfte häufig unter lauter
netten Leuten mich bewegen.
Wohnt' in feinem Hause bei der
liebenswürdigsten der Frauen,
ließ mich ungemein verwöhnen.
Täglich gab es frische Eier,
Butter, Käse, saft'gen Schinken,
braucht' nur tapfer zuzulangen.
Sorgen kannt' ich demgemäß
äußerst wenig oder keine,
war der reine Herr Baron.
Schrieb mit einer gold'nen Feder
kleine lust'ge Liebesbriefe
und spazierte, wenn's mich lüstet',
ganz behaglich durch den Garten,
wo in schattigem Gebüsch
wunderhübsche Blumen wuchsen,
oder wandelt' nach Belieben
durch ich weiß nicht wie viel Zimmer,
eines schöner als das andre.
Ja, ich führt' ein Schlenderleben,
wie's bequemer sich nicht denken,
reizender nicht träumen ließe.
Meine liebe Frau verging ja
fast vor Zärtlichkeit zu mir,
nannt' mich stets nur ihren Liebling,
legt' den Arm mir um den Hals,

zupfte mich am Ohr und tat noch
hundert sonst'ge art'ge Sachen.
Abends hörte ich Musik,
mittags fiel ich wie von selber
in den angenehmsten Schlummer.
Fünf Uhr pflegt' ich Tee zu trinken,
raucht' französischen Tabak,
hüllte mich in Wolken ein,
lag auf üpp'gem Ruhebette
und vertrieb die Langeweile
mir mit spannender Lektüre.
Draußen vor dem Fenster, das mit
Umhäng' sorgsam ich verdeckte,
flöteten die Nachtigallen.
Mädchen sah'n wie Veilchen aus,
Mond wie eine sanfte Sonne,
heller Tag wie Mitternacht.
Leben glich dem dunklen Wald,
Erde einem schönen Tänzer,
und die Ewigkeit dem Meere.
Frühling hatte gold'ne Blätter,
Lippen waren rot wie Rosen.
Hände hatt' ich allzu zarte,
als daß ich sie fähig hielt,
harte Arbeit anzupacken.
Ausgesucht eleganter Anzug
schlenkert' um die Glieder mir,
auf dem Kopf saß ein Zylinder.
Hatt' ich Lust, so mischt' ich mich
ungezwungen unter Menschen.
In dem zierlichen Getümmel,
fröhl'chen Durcheinanderwogen,
mannigfaltigen Verkehre
badet' ich mit wahrer Wonne.
Doch so schön dies alles war,

und so lebhaft ich mich auch
zweifellos dabei ergötzte,
sehnt' ich mich nach ganz was and'rem.
Rauschender Genuß, was bist du
mit Zufriedenheit verglichen?
Allerlei Veränderungen
mahnten dringender wie je
mich an redliches Begnügen.
Aufenthalt im Vaterlande
schwebte mir als Schönstes vor.
Berge wollt' ich wieder sehen,
schlichte Worte wieder hören.
Alles bis dahin Erlebte
sank zurück, als wär's nur Traum,
und so kam ich eines Tages
zum Entschlusse, heimzureisen.
O, wie freut' ich mich darüber.

(1919)

Die Stadt

Es war an einem sonnigen Wintertag, als der Reisende mit der Eisenbahn in der Stadt anlangte. Eine einzige zusammenhängende Freundlichkeit war die ganze Welt. Die Häuser waren so hell, und der Himmel war so blau. Zwar war das Essen im Bahnhofsrestaurant herzlich schlecht mit hartem Schafsbraten und lieblosem Gemüse. Aber das Herz des Reisenden war mit einer eigentümlichen Freude erfüllt. Er konnte es sich selber nicht erklären. Die Bahnhofshalle war so groß, so licht, der arme alte Dienstmann, der ihm den Koffer trug, war so dienstfertig mit seinen alten Gliedmaßen und so artig mit seinem alten zerriebenen Gesicht. Alles war schön, alles, alles. Selbst das Geldwechseln am Schalter des Wechselbureaus hatte einen eigenen undefinierbaren Zauber. Der Reisende mußte nur immer über alle die wehmütig-warmen Erscheinungen lächeln, und weil er alles, was er sah, schön fand, fühlte er sich auch wieder von allem angelächelt. Er hatte sein Mittagessen verzehrt, seinen schwarzen Kaffee mit Kirschwasser ausgetrunken und ging jetzt mit eleganten, leichten, scherzenden Schritten, so recht reisendenmäßig, in die wundervolle uralte Stadt hinein, die da blendete im gelblich-hellen Mittagssonnenlicht. Menschen jeglichen Schlages, Mädchen, Knaben und erwachsene Leute gingen eilig an dem Gemächlichen und Vergnüglichen vorüber. Der Reisende konnte sich so recht Zeit nehmen. Die Leute aber mußten an ihre täglichen Arbeitsplätze eilen, daß es nur so an ihm vorüberglitt, wie deutliche und doch wieder undeutliche und unverständliche Geistererscheinungen. Wie kam dem schauenden und denkenden Fremdling der Anblick des täglichen Lebens so

Das Basler Münster. Bei seiner Rückkehr aus Berlin im Frühjahr 1913 betrat Walser in Basel nach fast acht Jahren erstmals wieder Schweizer Boden

rätselhaft und fremdartig vor. Da kam er über eine hohe, breite, freie Brücke, unter welcher ein großer blauer Strom herrlich-tiefsinnig vorüberfloß. Er stand still, es überwältigte ihn. Zu beiden Seiten des Stromes war die alte Stadt aufgebaut, graziös und kühn. Leichten, milden Schwunges ragten die Dächer in die helle heitere Luft. Es glich einer romantischen Musik, einem unvergänglichen, reizenden Gedicht. Er ging langsamen, sorgfältigen Schrittes weiter. Mit jedem neuen Schritt ward er aufmerksam auf eine neue Schönheit. Alles kam ihm wie altbekannt vor, und doch war ihm alles neu. Alles überraschte ihn, und indem es das tat, beglückte es ihn. Auf hoher Plattform stand ein uralter wunderbarer Dom, der mit seinem dunkelroten Stein in der blauen Luft stand wie ein Held aus undenklich alten Zeiten. In der Sonne, auf den Fensterbänken lagen wohlig ausgestreckt die Katzen, und alte Mütterchen schauten zu den Fenstern hinaus, als seien die alten schönen Zeiten wieder lebendig geworden. O, es war so schön für den Reisenden, daß er in der gassenreichen, halbdunklen, warmen Stadt so angenehm und leicht umherspazieren konnte. Burgen und Kirchen und vornehme Patrizierhäuser wechselten mit dem Marktplatz und mit dem Rathaus ab. Mit einmal stand der Reisende wieder im Freien, dann stand er wieder in einer stillen, feinen Vorstadtstraße, gelblich angehaucht vom süßen, lieben Winterlichte, dann schaute er an einem Wohnhaus hinauf, dann ging er wieder, dann fragte er einen Knaben nach dem Weg. Zuletzt stand er auf einer kleinen anmutigen, von einer Mauer eingefaßten, luftigen Anhöhe, und von hier aus konnte er die ganze Stadt so recht überblicken und aus dem befriedigten Herzen grüßen.

(1914)

»Ich mußte mich an die Stille erst gewöhnen...«:
Bellelay im Jura, wo sich Walser nach seiner Rückkehr von Berlin
für mehrere Wochen aufhielt.

Das Gebirge

Ich mußte mich an die Stille erst gewöhnen, auch an die rauhe Bergluft. Alles atmete Einsamkeit und Reinheit, alles war Ruhe, Stille und Größe. Im Anfang meines Aufenthaltes schneite es noch. Es schneite noch manchmal auf die ausgedehnten Weiden und auf die vielen schönen Tannen herab, aber nach und nach wurde es wärmer. Auch in die Berge kam der süße Knabe Frühling und beglückte das Land mit seinem schönen, glücklichen Lächeln. Die blauen und gelben Blumen sprossen aus der Erde hervor, und der Felsen bekam ein milderes, weißeres, weicheres Aussehen. Des Nachts hörte ich in all der wundersamen tiefen Stille nur das ruhige, leise Plätschern eines Brunnens. Einsam stand im Schwarz der Nacht als noch schwärzerer Fleck das Wirtshaus da. Ein einzelnes Fenster etwa war erleuchtet. Ich las viel. Bei schlechtem Wetter saß ich in der kleinen, heimeligen, reinlichen Stube und beschäftigte mich mit dem Ordnen und Zerlegen von allerlei Gedanken. Ich war ein rechter Müßiggänger. Eine alte ruinenhafte Klosterkirche war in der Nähe. Doch ich schenkte dem Gebäude längst schon keine Aufmerksamkeit mehr. Ich war in der Gegend kein Fremder mehr. Mich lockte es, immer wieder zu den Tannen, diesen Königinnen, zu gehen und bewundernd an ihnen emporzuschauen. Ich staunte immer wieder von neuem über ihre Zierlichkeit, Pracht und Schönheit, über die Hoheit, deren Abbild sie sind, und über den Edelsinn, den sie verkörpern. Wohin ich schaute, überall waren Tannen; in der Ferne und in der Nähe, unten in der Schlucht und oben auf dem Rücken der Berge. Die Berge wurden immer grüner und schöner, und es war süß für mich, im hellen warmen

Sonnenschein über ihre weichen, milden und üppigen Weiden zu gehen, auf denen jetzt die lieben treuen Tiere friedlich und wonnig weideten. Pferde und Kühe standen oder lagen, zu schönen Gruppen vereinigt, unter den prächtigen, langästigen Tannen. Die Blumen dufteten, alles war ein Summen, ein Singen, ein Sinnen und ein Ruhen. Die ganze Bergnatur schien ein glückliches, liebes, fröhliches Kind zu sein, und ich ging jeden Tag, am Vor- oder am Nachmittag, zu diesem Kinde hin und schaute ihm in die glänzend-unschuldigen Augen. Mir war, als werde ich selber dadurch mit jedem Tag schöner. Muß mich nicht die Betrachtung und der sorgfältige Genuß von etwas Edlem und Schönem schön und edel machen? Ich bildete mir solcherlei jedenfalls ein und ging in der Gegend herum wie ein Träumer und Dichter. Die holde Dichterin Natur dichtete immer größere und schönere Gedichte; indem ich so stand oder still davonging, war es mir, als spaziere und lustwandele ich in einem Gedicht, in einem tiefen, sonnenhellen, grünen und goldenen Traum herum, und ich war glücklich. Es war kein Geräusch, das nicht anmutig klang, alles war ein Klingen, ein Tönen, bald ein nahes, bald wieder ein entferntes, ich konnte nur horchen, es genießen und mit meinem Ohr es trinken. Ein paarmal machte ich weitere Ausflüge, meistens aber blieb ich in inniger sanfter Nähe warm daliegen, bezaubert vom blauen Himmel und gebannt von der himmlisch-schönen, weißen Götterlandschaft, die mich wie mit großen weichen Götterarmen zu sich zog. Alle Begierden, weiter in die lichte Ferne zu wandern, starben an dem Entzücken und am Genuß, die die Nähe mich empfinden ließ mit ihren beseligenden Tönen. Von allen Weiden tönten die Glocken, die die Tiere am Halse leise schüttelten beim sanften Grasen. Tag und Nacht tönte es und duftete es. Ich habe einen solchen Frieden nie gesehen, und ich werde ihn nie wieder so sehen. Eines Tages reiste ich ab. O wie oft, wie oft drehte ich mich beim Weggehen um, damit ich all das Schöne, das ich nun verließ, noch einmal sähe, die heiteren Berge, die lieben roten Dächer zwischen den edlen Tannen, den stolzen Felsen, das ganze reizende Gebirge.

(1914)

»Ich hielt mich vor einigen Jahren in einem Gasthof auf...«:
Das Hotel Blaues Kreuz in Biel. Zwischen Sommer 1913 und Ende
1920 bewohnte Walser hier eine Mansarde des Dienstbotentrakts.

Das Gasthaus

Ich hielt mich vor einigen Jahren in einem Gasthof auf, dessen Treppen hochherrschaftlich mit Teppichen überzogen waren, die hie und da nötig zu haben schienen, an die frische Luft befördert und geklopft zu werden. Das Haus besaß die Form eines Blockes, dessen Dach ein Geländer zierte. Auf dem Dach, das nicht schräg abfiel, sondern eine waagrechte Platte bildete, konnte man, die Aussicht genießend, hin und her spazieren, die Leute unten auf der Erde vorüberschweben oder -gehen sehen und irgendeinen Gedanken hegen. Das tat ich öfter und sah in der Ferne Wälder ruhen und Felder über Ebenen und Anhöhen laufen. Das Gesicht, das die Stadt darbot, schien ein nicht ungemütliches zu sein, und mit dem Essen, das im Hotel serviert wurde, sah ich mich veranlaßt, auf eine gelinde Art zufrieden zu sein. Die Saaltöchter dienten teils flink, teils nachlässig, ohne daß sie sich, wenn sie sich beeilten, gelobt, und wenn sie sich anderseits ein bißchen gehen ließen, getadelt sahen. Der gute Ton gebot, daß man sie machen ließ, wie es ihnen paßte, denn es schien sich zu schicken, ihnen ein gewisses Maß von Freiheit zu gönnen. Der Oberkellner tat seine Pflicht und schlief zugleich. Mich behandelte er mit freundlicher Geringschätzung und unterwürfigem Hochmut, damit er sein Gleichgewicht bewahre, was ihn vortrefflich kleidete. Die Kellnerinnen hielt ich für zum Teil hübsch. Eine von ihnen machte sogar den Eindruck einer Schönheit, so daß man sich, wenn sie fragte, was man wünsche, gehoben vorkam. Einmal unterhielt ich mich mit der beinahe prinzessinmäßig dreinschauenden Büffetdame über die Vorzüge und Schwächen von ich weiß nicht mehr recht was, wobei sie mich sozusagen abputzte, indem sie mit meiner Meinung nicht einig zu sein vermochte. Ihre Wangen zündeten; aus ihren Augen schoß mir ein, wie soll ich sagen, ländlicher sowohl wie weltstädtischer Unmut entgegen. In ihrer Aufwallung mahnte sie mich an eine Romangestalt, obschon sie in Wirklichkeit einem Gebirgsdorf entsprang. Durch die Speisehalle flog eines Tages während des Diners eine gesottene Kartoffel. Ein Technikumsschüler schien es zu sein, der sich zu solcher Unehrerbietigkeit emporschwang, über die der Chef des Hauses bloß flüchtig die Schulter zuckte, merken lassend, seine Beamtung sei über jede Kleinlichkeit erhaben. Wenn ich mich nicht irre, zahlte ich für Zimmer und Kost monatlich hundert Franken. Nicht wahr, ein mäßiger Preis, über dessen eingeschränkten Umfang ich Ursache zu haben glaubte, vergnüglich zu lächeln. Briefe liefen an meine Adresse täubchenhaft ein, worin mich Herausgeber von allem Anschein nach florierenden Zeitschriften um meine Mitarbeit baten. Essays entstanden, und Skizzelein fanden in weiter Ferne geeignete Unterkunft. Die Stadt war teils alt, teils neu. Die neuen Quartiere umgaben die erker- und türmchengeschmückte Altstadt, als wollten sie sie wie eine Kostbarkeit behüten und umarmen, was sie sich gefallen ließ. Unter den Gästen des Gasthauses befanden sich Schauspieler, Journalisten, Uhrmacher und Handelsreisende. Dann und wann hatte man es mit einem wichtigen, imponierenden Passanten zu tun, vor dem sich der Hotelier zweckmäßig, d.h. etwas steif verneigte, wie wenn ihm belieben würde kundzutun, er halte sich für verhältnismäßig viel und könne auf jeden Ungewöhnlichen jederzeit würdig und voll Selbstbewußtsein verzichten. Beirren lasse er sich nicht gern, stehe jedoch um des guten Rufes seines Etablissementes willen mit Vergnügen zu Diensten. Ein und aus ging's, wie es bei einem gutgehenden Geschäft erklärlich zu sein schien. Einer rauchte seine Zigarre, ein anderer erfreute eines der drei bis vier Stubenmädchen mit einem annehmbaren Trinkgeld. Eine dieser Anmutigen besaß etwas Lukas Cranachsches und sah wie aus einem Grimmschen Märchen hervorgeholt aus, wie Aschenbrödel oder Rotkäppchen. In meinem Appartement schlief ich Nacht für Nacht gut. Tagsüber liebkosten mich die Färbchen in den sich zart hinziehenden Straßen. Gäste wies das Haus auf, die nicht weiterziehen zu können schienen, so sehr behagte es ihnen darin.

Ich fragte brieflich fremde, schöne Frauen an, wie es ihnen gehe, und veröffentlichte mittels der Einwilligung höflicher und verständiger Verleger Buch um Buch.

(um 1931/32)

An den Bruder

Fast mache ich mir einen Vorwurf, daß ich solch ein Schlenderer, Herumfeger und Spaziergänger bin, aber es ist hier eine so schöne Gegend, ein so heiteres, gut aufgeräumtes und ich möchte sagen gesprächiges Land. Alles ist hell, schön, frei und warm. Land und Leute scheinen sich gleich unbefangen zu geben. Das Land bietet sich dar wie ein artiges, liebes, kleines Kind mit Unschuld-Augen und -Fragen, und mit Unschuld-Farben. Die Farben, mein lieber Maler, sind ein weitverbreitetes Blau und ein ebenso weit ausgebreitetes helles Grün, und dazwischen sind Stellen, die blendend weiß sind, und dann kommt wogendes, duftendes, herzerquickendes Gelb, und das ist das Kornfeld, durch welches der Wind leise weht. Tag und Nacht, Morgen und Abend sind unendlich schön, sind ein Schauspiel, so recht zum Satt-Anschauen. Man wird nie müde, nie satt, nie matt; man ist immer wieder begierig, immer wieder ungesättigt, immer wieder unbefriedigt. Und doch ist zugleich ein wundersamer Frieden und ein so schönes, festes, leichtes Genügen in der Luft. Wenn du spazieren gehst, so gehst du wie in der Luft spazieren und meinst, du werdest zu einem Teil des blauen Hauches, der über allem schwebt. Dann regnet es wieder, und alles Gegenständliche ist dann so naß, feucht und voll süßen Glanzes. Die Leute hier fühlen die Süße und die Liebe, die in der Natur ist, die in der ganzen lebendigen Welt ist. Sie stehen angenehm herum, und ihren Bewegungen ist nachzuspüren, daß sie freie Leute sind. Wenn sie zur täglichen Arbeit gehen, so sieht es nicht aus wie mürrisches Müssen, sondern wie freisinniges Wollen. Sie schlendern so, wenn sie gehen und wenn sie etwas verrichten, so brauchen sie nicht zu hasten, und das bietet ein appetitliches, gesundes Bild dar. Was macht die Hauptstadt mit ihren heftigen Energien? Meine Energie ist hübsch schlafen gegangen einstweilen. Ich gehe sehr energisch baden und träume voller Energie in die blaue Luft hinauf. Ich bin ungemein energisch im Gehenlassen und Nichtstun. Sie rennen sich doch nur oft die Köpfe an Mauern wund mit ihrem ewigen Großes-Verrichten-Wollen. Ich, ich will mich hier wieder recht behaglich zurechtfinden. Ich will gedeihen, ich will wachsen. Das heißt, Bester: Ich will es nicht. So etwas darf man nicht wollen, sondern man wünscht es, man hofft es bloß, man träumt davon. Ich bin jetzt sehr oft ganz, ganz gedankenlos, und wie paßt das zu all der Schönheit, zu all der Freude und zu all der Größe der Natur. Eine himmelblaue Welle ist über mich gekommen und hat mich unter ihrem flüssigen, liebevollen Leib begraben. Ich lebe wieder auf, weil ich viel vergessen habe, ich führe wieder ein Leben, weil ich sehe, daß das Leben schön ist. Zuweilen ist's mir, als möchte ich die Welt, die ganze Welt umarmen und ans frohe Herz drücken. Ich schwärme! und ich bin von Herzen froh, daß ich es noch kann. Ich möchte es nicht verlernen.

(1914)

Am See

Ich ging eines Abends nach dem Abendessen rasch noch zum See hinaus, der, ich weiß nicht mehr deutlich von was für einer regnerischen Melancholie dunkel umhüllt war. Ich setzte mich auf eine Bank, die unter den freien Zweigen eines Weidenbaumes stand, und indem ich mich so einem unbestimmten Sinnen überließ, wollte ich mir einbilden, daß ich nirgends sei, eine Philosophie, die mich in ein sonderbares reizendes Behagen setzte. Herrlich war das Bild der Trauer am regnerischen See, in dessen warmes graues Wasser es sorgfältig und gleichsam vorsichtig regnete. Der alte Vater mit seinen weißen Haaren stand in Gedanken vor mir, was mich zum nichtsbedeutenden, schüchternen Knaben machte, und das Gemälde der Mutter verband sich mit dem leisen, lieblichen Plätschern der zarten Wellen. Mit dem weiten See, der mich anschaute wie ich ihn, sah ich die Kindheit, die auch mich anschaute wie mit klaren schönen guten Augen. Bald vergaß ich ganz, wo ich war; bald wußte ich es wieder. Einige stille Leute spazierten behutsam am Ufer auf und ab, zwei junge Fabrikmädchen setzten sich auf die Nachbarbank und fingen an, miteinander zu plaudern, und im Wasser draußen, im lieben See draußen, wo das holde, heitere Weinen sanft sich verbreitete, fuhren in Booten oder Nachen noch Liebhaber der Schiffahrt, Regenschirme über den Köpfen aufgespannt, ein Anblick, der mich phantasieren ließ, ich sei in China oder in Japan oder sonst in einem träumerischen, poetischen Land. Es regnete so süß, so weich auf das Wasser und es war so dunkel. Alle Gedanken schlummerten, und wieder waren alle Gedanken wach. Ein Dampfschiff fuhr in den See hinaus; seine goldenen Lichter schimmerten wunderbar im blanken, silberdunkeln Wasser, das das schöne Schiff trug, als habe es Freude an der märchenhaften Erscheinung. Die Nacht kam bald darauf und mit ihr das freundliche Gebot, aufzustehen von der Bank unter den Bäumen, vom Ufer wegzugehen und den Heimweg anzutreten.

(1915)

Haus im Ring in der Bieler Altstadt

Brief aus Biel

Mit den Äpfeln, die Sie mir schickten, ist mir ein wahrer Herbst ins Haus geflogen. Ich will sie aufsparen und mich einstweilen bloß mit den Augen daran sattessen. In so schöne Früchte hineinbeißen ist sünd und schade.

Sie haben mich nun schon oft mit Annehmlichkeit erfreut. Woher nehmen Sie so viel Talent, lieblich zu überraschen? Ihre Freigebigkeit erdrückt mich schier. Immer sind Sie die edle Gebende, wo ich in einem fort unedel in Empfang nehme.

Vielleicht darf ich Ihnen zum Zeichen, daß ich erkenntlich sei, wenigstens mein neues Buch schenken, sobald es im Druck erscheint. Bis dahin wird freilich noch Zeit und Wind verstreichen.

Ich darf wohl denken, daß Sie wohlauf sind. Ihnen geht es deshalb stets gut, weil Sie ein duldsames Wesen haben und ruhig Ihre tägliche Pflicht tun.

Also Frieda heißen Sie. Ich hielt Sie bisher irrtümlicherweise für eine Flora, Sie haben sich immer nur mit F. gezeichnet. Frieda ist ein Name, der zweifellos zu Ihnen paßt, da Sie friedlich und sanft sind. Ich will ihn mir ein für alle mal merken.

Neulich sah ich ein junges schönes Mädchen, das wie ein Reh davonlief. Tugend ist etwas Herrliches, hat aber den Nachteil, daß sie von Tag zu Tag älter wird, während reifere Jahre den Vorteil haben, daß sie sich innerlich verjüngen. Sie nehmen mir sicher nicht übel, daß ich neben Ihnen noch anderes anschaue und liebenswert finde.

Biel mit seiner anmutigen Umgebung erquickt mich immer wieder. Obschon ich mehr zu tun habe, als mir lieb ist, klettere ich täglich eine Strecke weit den

Berg hinauf, um frische Luft einzuatmen. Mit wenigen Schritten ist man hier mitten in Wald und Feld, das heißt im Ländlichen, was niemand so hoch schätzt wie ein Schriftsteller, der stundenlang am Schreib- und Studiertisch sitzt, wo er dann und wann seufzt, weil er sich nach Bewegung sehnt.

Ja, unser Seeland ist schön, es lebt sich gut hier, ich empfinde es dankbar. Die Gegend ist offen und frei und bietet überall reizende Aussicht. Spazieren und schlendern läßt sich hier nach allen Richtungen prächtig. Die Wege haben etwas Heimliches, Liebes.

Seeland deutet auf einen See, und im See mag eine Insel sein, die sich Petersinsel nennt und traumhaft schön ist, besonders im Frühling, wo sie wie ein Märchen im Wasser liegt. Wollen Sie sie einmal sehen? Sie würden sicher entzückt sein. Man kann dort Wein trinken und Fisch essen, falls es erwünscht ist.

Biel scheint mir reich sowohl an Verkehr wie an Natur. Die Lage ist denkbar günstig. Im Norden liegt der Jura mit Buchen- und Tannenwäldern. Sie haben da Delsberg, Pruntrut. Gehen Sie südwärts, so kommen Sie nach Bern und Thun, zu den Alpen. Westlich ist Neuenburg, östlich Solothurn, wobei mir einfällt, daß wir ja gemeinsam über den Weißenstein marschieren wollen; Sie in Damen-, ich in Soldatenschuhen. Der Plan ist fertig, nur die Ausführung läßt zu wünschen übrig. Doch was nicht ist, kann noch werden.

Alte Grenzsteine, die da und dort versteckt sind, erzählen stumm, doch deutlich, daß Biel einst weniger zum Kaisertum Byzanz als zum Bistum Basel gehörte.

An Dörfern liegen in nächster Nähe Mett, Brügg, Port, Madretsch, Jens und Bözingen. Alle aufzählen wollen, hieße sich in Weitschweifigkeit verlieren.

Ich könnte kurz von zwei Ausflügen berichten, wovon mich einer nach Aarberg, der andere nach Büren führte, zwei allerliebste Kleinstädte, die sich durch je ein Schloß, eine Kirche und eine Brücke auszeichnen. Hier wie dort fand ich für zweckmäßig, einen Schoppen Wein zu trinken. Beidemal lächelte freundliche Sonne.

Büren hat eine Ziegel-, Aarberg eine Zuckerfabrik. Beide Ortschaften sind, obwohl baulich verschieden, gleicherweise reizend; sehen wie die Gemütsruhe selber aus und liegen im Flachland, das ehedem mit Meer- oder Seewasser bedeckt gewesen sein mag.

Hier will einer den Anschein erwecken, als sei er erdkundig. Da Irrtum vorbehalten bleibt, scheint Vorsicht geboten.

In Aarberg wurde gerade Feuerwehrübung abgehalten, und die wackern Leute sprangen mit Schläuchen und Spritzenwagen herum, daß es eine Lust war, den Zuschauer zu spielen. Aarberg hat nur eine einzige, aber dafür breite Gasse, die wie ein Marktplatz aussieht. Von der Brücke muß ich besonders reden. Sie ist ein Prachtwerk, das aus der Renaissance stammt. Jahreszahl sowie den Namen des Baumeisters habe ich leider vergessen. Wer diese Brücke betritt und für Baukunst nicht unempfänglich ist, muß vor Freude entweder laut auf- oder dann doch mindestens still in sich hineinlachen. Etwas Derberes und zugleich Zierlicheres gibt es an Baulichkeit kaum woanders.

In Büren entzückte mich die Kaffeestube. Als ich sie laut pries, meinte die Wirtin, für Büren sei das Lokal gut genug. Ich erwiderte, daß ich überzeugt sei, mit solcher netten Stube könne man überall Ehre einheimsen, soviel man wünsche, selbst in größten und feinsten Städten.

Letzthin wurde mir erzählt, wie schön es am Genfersee sei. Wie ist unser Heimatland reich an landschaftlicher Schönheit. Ich zweifle nicht, daß es herrlich ist, Bürger dieses Landes zu sein und so stark wie möglich zu seinem Gedeihen mitbeizutragen. Sie, werte Mitbürgerin, sind warm und gut und stellen etwas Kräftiges dar.

Es würde mich wundern, wenn die Zeit, in der wir leben, den Frauen nicht günstig wäre. Im Mittelalter regierte Bertha über Burgund, und soviel wir aus Büchern wissen, sorgte sie aufs eifrigste für Verbreitung von Kultur und Bildung, indem sie zahlreiche Kirchen zwar nicht eigenhändig baute, wohl aber durch Handwerker aufrichten ließ.

Jede bescheidene Frau kann in ihrem Bereich eine Art Königin sein und sich im engeren Kreise durch verständige Regierung nützlich machen. Es ist für uns alle von Wichtigkeit, daß wir unser Wesen entdecken und den Grad und die Eigentümlichkeit unserer Kräfte zur Wirkung gelangen lassen.

Hoffentlich schneit es diesen Winter tüchtig. Ist das nicht auch Ihr Wunsch? Schnee ist so schön. Sie lieben ihn ja auch, nicht wahr?

(1919)

Büren

Falls es gestattet ist, so berichte ich, daß ich neulich in Büren war, das ein altes, nettes Städtchen ist und unweit vom Jura an der Aare liegt, womit ich sicher nichts Neues sage, da dies jedes Schulkind weiß. Leute vom Ausland seien auf die Landkarte aufmerksam gemacht, die so freundlich sein wird, sie über das Nähere still aufzuklären.

Unser Bezirkshauptort besitzt in seinem Regierungsstatthalter- oder Provinzialschloß und Amthaus ein interessantes, imposantes, markantes, seduisantes, höchst originelles und darum sehenswürdiges Gebäude.

Insofern der Kanonendonner des europäischen Krieges zeitweise fast täglich über das Grenzgebirge in unser Land hineintönt, wird zu fragen erlaubt sein, warum feste alte Plätze wie Büren ihre Befestigungen verschwinden sehen, und ob dies zulässig sei. Menschen sehen mit der Zeit einige ihrer besten, kräftigsten Beißwerkzeuge oder Zähne ausfallen; Städte verlieren ihre alten Stadttore, weil solche manchmal als Verkehrshindernisse empfunden werden mögen, was verständlich sein kann, nichtsdestoweniger aber bedauerlich bleibt.

Büren liegt in hübscher Landschaft und schmiegt sich nach Süden an einen mäßig hohen, waldreichen, anmutigen Berg. Auf sanfter feiner Anhöhe steht ein zierliches Vergnügungsetablissement oder Tanz- und Wirtshaus, dessen einstiger Ökonom, wie mir erzählt wurde, am Erweitern scheitern und am Verschönern und Vergrößern zugrunde gehen mußte, was natürlich kläglich ist. Doch es geht leicht schief, wenn Leute an zu kühnen Plänen und zu hohen Ideen kranken. An Bescheidenheit und Selbstbeherrschung sind bis heute, wie ich zu ver-

Büren an der Aare, Postkarte um 1915

muten wage, bedeutend weniger Menschen gestorben, als an Herrsch- und Gewinnbegierde wie überhaupt an jeglicher Sorte Ungezügeltheit. Da ich jedoch überzeugt bin, daß ein Allzuviel auch in Dingen der Moral ungesund ist, so zügle, bändige, mäßige und bezähme ich mich und sage hierüber lieber nicht zu viel. Ich hätte diesbezüglich allerlei auf der Zunge, will es aber verheimlichen, indem ich mir sage, daß es genüge, nach allen Seiten hin hübsch aufzupassen und verteidigungsfähig zu bleiben. Wohin man blickt, lauern Gefahren. Alle Gedanken und Dinge drehen sich wie die Erde, alles ist spiegelglatt, kugelrund und abschüssig. Doch will ich den Kopf deswegen umsoweniger hängen lassen, als ich ja eine liebenswürdige Ortschaft zu besichtigen habe.

Was hat Büren Anziehendes und Schönes? Seine drei bis vier traulichen alten Gassen! Ferner seine appetitliche, ländliche, zur Sommerszeit kaum anders als grüne, im Winter vermutlich weiße, im Herbst gelbliche und bräunliche, im Frühjahr frühjährliche, warme, feine, stille Umgebung. Rund um das Städtchen herum liegen allerhand Land- und Bauernhäuser, darunter recht stattliche und remarkable. Zwei bis sechs Worte Französisch verstehen die meisten. Des weitern hat es seine artige Spar- und Leihkasse, die Gelder spendet und ausschüttet, wofür sie freilich Zins nimmt, was nicht unerklärlich sein kann; wie seine Post, Bahnhof und Schulgebäude, welches letztere ich von Militär oder Soldateska dicht besetzt sah, weshalb ich die Flucht ergriff. Wo unhöfliches Geschütz protzt und grobe, schwere Artillerie droht, sucht man unwillkürlich so rasch wie möglich aus dem Staub zu kommen, um das Weite zu gewinnen und seine schätzenswerte Person in Sicherheit zu bringen. Hier tut der bloße Anblick schon weh! O je!

Außerdem hat Büren seine von grauer seltsamer Altertümlichkeit umwitterte, grabmälergezierte Kirche und am Ende seine lebhaft blühende Uhrenindustrie, die, wie ich kühn phantasiere, nach London aushändigt und abliefert, wodurch denkbar enge, beste, vertrauensvolle und mithin, versteht sich, ungemein angenehme Beziehungen zum unterseebootumsponnenen, weltherrschaftausübenden Großbritannien und Irland unterhalten werden.

Den delikaten Satz halte ich für merkantil und gottlob neutral. Freie ungenierte Aussprache in Geschäfts- und hohen politischen Sachen übt stets gute Wirkung aus, macht Effekt und hat Erfolg, während umgekehrt geheimnisvolles Raunen, Wispern und Flüstern, wie mir scheint, leider mitunter allerdings recht sehr bedenklich sein kann. An schönen warmen Abenden rauschen oft auch die Blätter, und am Fluß- oder Seeufer, im Schilfe, lispelt es von Zeit zu Zeit ganz deutlich, aber durchaus nicht befremdlich, sondern unbedeutend und harmlos.

Am Bürener Schloß erblickt der staubbedeckte Wanderer und Ankömmling die charakterfeste Jahreszahl 1620, die ihn an den dreißigjährigen Krieg erinnert, der mit den Friedensverhandlungen zu Münster in Westfalen glücklicherweise zu Ende ging. Möchten doch auch heutige allgemeine Streitigkeiten, die den Erdteil seufzen und leiden lassen, der nur geographisch zersplittert bleiben sollte, bald ein Ende nehmen. Viele sagen sich, daß es nachgerade Zeit dazu wäre, obwohl Unbeteiligte, wie uns dünken will, in die Ungereimtheit lieber nicht hineinreden, so gerne sie auch möchten.

Durstige oder halbverdurstete Wanderer würden in Büren übrigens Wirtschaften vorfinden, von denen man füglich behaupten kann, daß sie reizend säuberlich, wirtschäftelig und heimelig sind. Gern verrate ich, daß meine Unscheinbarkeit, als sie sich nach Trinkhallen und Erholungsanstalten umsah, auf den Gedanken kam, in den »Löwen« hineinzuhuschen, wo sie, wie sie zu beteuern wagt, allerbeste Aufnahme fand.

Bevor ich aber Gaststuben-Szenen zu schildern unternehme, will ich beiläufig rasch noch Brücken abzeichnen und malen. Büren besitzt nämlich in seiner altehrwürdigen, dachgedeckten, bernerwappengeschmückten Aarebrücke, die zur Sommerszeit kühl und luftig wie ein Kühlhaus und Lusthaus ist, ein ebenso kraftvolles wie prächtiges, ebenso ehrenwertes wie wetterfestes, ebenso behagliches wie außerordentlich urwüchsiges Bauwerk. Dort still zu stehen und auf den guten alten Strom hinabzuschauen, ist ein inniges Vergnügen, wobei es sich fast von selbst versteht, daß man von abenteuerlicher Schiffahrt träumt.

Ohne Schwierigkeiten rede und bilde ich mir ein, daß ich ein emsig rudernder Bootsmann sei, der die Aare hinunterfährt. Fluß- und Seeschiffahrt sind in unserem Land, das der lieben muß, der es kennt, wohl uralt, ebenso alt oder gar älter als Reiten und Wagenfahren. Solothurn wird fein berührt. Wir fahren an Wangen an der Aare unbeachtet und leicht vorbei, gelangen, immer auf weichen Fluten ruhig und vertraulich gleitend, bald nach Aarburg, wo Zoll erhoben wird und erstattet werden kann, und eine Weile später nach Olten, wo der trotzige felsige Hauenstein auf uns niederblickt. Wir sehen Aarau, streifen Brugg, liebliche, beschauliche Städte, die den Frieden und die Geselligkeit verkörpern, und immer bleibt das Aarewasser unser warmer guter Freund, der es grundehrlich meint, dessen schönes, treues Wesen uns vielfältig dient, vorwärts zu kommen, um die blaue weite Ferne und damit Aussichten zu gewinnen, die unserem Unternehmen förderlich sind, das keinerlei kriegerisch-feindseligen, sondern nur friedliebenden, freundschaft- und handelsuchenden Charakter haben kann. Vorsichtig, doch kühn und wagemutig, fahren wir in den Rhein und kommen nach Rheinfelden. Bald haben wir das edle, wohlerprobte, altersfeste Basel erreicht, von wo aus wir nun erst recht in ferne Gebiete hinausschwimmen, so nach Straßburg, das wir in guter alter Nachbarlichkeit herzlich grüßen, nach Frankfurt, das mächtig groß und als Handels- und Verkehrsstadt berühmt ist, wo der Menschenfreund und Dichter geboren wurde, und weiter bis nach Köln, wo uns der sagenhafte Kölner Dom groß entgegentritt. Das Leben auf dem Rhein, der ein Vater oder Bruder der Aare ist, macht uns fröhlich, zuversichtlich und glücklich, und manches gute liebe Menschenantlitz und brüderliche Gesicht taucht freundlich vor uns auf und gleitet erscheinungshaft an unsern Augen wieder vorüber, die vor vielem Ungewissen und Reichen, das sie sehen, ehrlich staunen. Gemächlich auf holden grünen segensreichen Wellen weiterfahrend, landen wir endlich in Amsterdam und lernen so Hollands eigentümliche Hauptstadt und fleißige Bevölkerung kennen. Morgen, Mittag und Mitternacht, der geduldige bedächtige Abend, burgruinengekrönte, aus Nebelschichten hervorsteigende Berge, fremde Sprachen, nachdenkliche schöne Frauen, Lieder, Länder und Menschen. O wie schön und gut ist das! Wie herrlich ist Reisen und Fahren auf feierlichen Strömen, zu beiden Seiten die Erde und auf ihr das köstliche unermüdliche Leben und in unserer Brust frohe Hoffnung!

Fast gewaltsam hat sich Berichterstatter von seinem Schiffahrtstraum, seinen Handels- und Hafenstädten, Stapelplätzen und Lagerhäusern und fernen Gegenden losgerissen und geruht jetzt offenbar im Wirtshaus zu sitzen. Gerne würde er im Vorbeischlendern ein paar neue feste Kriegs- oder russische Revolutionsstiefel zu, wenn denkbar, mäßigem Laden- und Lederpreis ergattert und eingehandelt haben. Kurz bemessene Zeit gestattete ihm jedoch Ablenkungen wie Besuche bei Schuhhändlern eigentlich kaum. Nach seinen verwöhnten Begriffen war die Wirtsstube zum »Löwen« entzückend, und da er so forschermäßig, stürmisch-offensiv hereindrang, so fragte ihn die freundliche Wirtin in zuvorkommendem Ton, ob er jemand suche.

Indem ich erwidern zu dürfen glaubte, daß ich nichts so heftig suche und so schleunig zu finden hoffe, als etwas zu trinken, machte ich die Bemerkung, daß ja einzig Durstlöschen vorläufig äußerst dringend sei und prompter Erledigung bedürfe, während alles übrige momentan als unwichtig betrachtet werden und folglich warten könne.

Da sich die Wirtin, um den erschöpften Eroberer rasch zu befriedigen, auf angenehme Art beeilte, Erbetenes hervorzuholen und Gewünschtes herbeizuschaffen, begann derselbe die Studier-, pardon! Gaststube dadurch fleißig zu studieren, daß er scharfe, strenge Prüfblicke und stechende Detektivlichter ringsherum bis in den hintersten Winkel hineinwarf, wobei festgestellt zu werden glückte, daß das Gemach, Gelaß oder Interieur ungemein reizend aussehe.

An den Wänden hingen allerlei alte eigenartige hübsche Bilder, die alle zusammen und dann jedes einzelne wieder ganz für sich sehenswert genug erschienen. Zu sehen und zu beachten war eine Serie, Galerie oder Reihe anziehender, behaglicher Genrebilder aus längstentschwundenem täglichen Leben, wie z.B. ein Friseur, der mit artigem Schwung, elegantem Ungestüm und zierlicher Wildheit seinen sehr geehrten, hochachtenswerten Kunden kunstvoll einseift, was flott und nett wirkt. Prächtig ist der schäumende Seifenschaum wiedergegeben.

Zweitens ein zarter, behutsamer, manierlicher Kavalier, der zärtlich seinen galanten Arm um die bezaubernde, enggeschnürte Taille seiner Schönen, also gleichsam Hand anlegt.

Drittens eine sinnreiche, abendliche Schachspielgesellschaft, die aus dünnen langen Tabakpfeifen raucht und sich über eines der Spieler auffallend komische feldherrnmäßige, schlachtenschlagende Manieren sichtlich krumm und krank lacht. Das Ganze hübsch blaßbraun abgetönt; die Gesichter zart, fein und geistreich, so, als wenn alle versammelten Männer leidenschaftliche Gedankenmenschen, eifrige Idealisten, Spiritisten, glühende Bücherleser, grübelnde Rätsel-Aufsteller und -Löser seien.

Viertens eine fröhliche Maler- und Soldatenszene.

Fünftens ein entzückendes, in hochherrschaftlichen Damenkreisen spielendes, allerliebstes, teppichweiches Milieubild, eine Art himmelblaues, schwanenfederweißes, nach Veilchen und Rosen duftendes, tapetentürenhaftes, intimes, freches, nettes, graziöses, Diskretion und Lebensart voraussetzendes, Spitzen und Bänder in Erinnerung bringendes, spitzbübisches, sittlich sehr wahrscheinlich fragliches, dafür aber sicher um so anmutigeres Boudoir und Antichambrestückchen, von welchem ich mit begreiflicherweise sorgfältigster Sorgsamkeit Kopie oder Notiz nahm, nämlich ein jugendlich-hübscher Tagedieb und Taugenichts von Bedientem, der seiner Herrin keinen Fracht-, sondern den vermutlich geheimnisvollsten wichtigsten Eilbrief überbringt, bei welchem listig-lächelnden Seitentreppenanlaß die Dame ihn, der die Augen delikat an den Boden heftet, mit ihrer lieben schönen Hand, unter schmeichelnder, aufmunternder, reizender Gebärde, sanft am Kinn anfaßt, was gewiß ein wenig leichtfertig, lasterhaft, sehr, sehr weltlich, im übrigen aber, hm! sehr lustig, pikant und scharmant ist. Zu betonen könnte sein, daß die Artige nachlässig und bequem wie eine Araberin oder Odaliske auf einschläfernd-federndem Ruhbett halb liegt, halb sitzt. Fraglich hingegen kann unmöglich sein, ob der junge Schelm Grund habe, sich glücklich zu fühlen. Solch liebreizende Frau zu bedienen, muß ja glücklich machen.

Unter dem Bedientenbilde steht gleich einem zarten Wink oder verstohlenen Geflüster in schlanker feiner Schrift schelmisch geschrieben: »Wenn die Jugend wüßte!« Ein Sätzchen zum Küssen! Denn es gibt ja nichts Schöneres und Besseres auf der Welt als zärtliche Gesinnung und nichts Traurigeres und Dümmeres als das Gegenteil davon, nämlich Neid, Mißgunst und Steifheit, üble Nachrede und Hässigkeit. Wahrhaftig, wir alle sollten so kulant, so artig, so menschenfreundlich, welt- und liebeslustig wie möglich sein und uns gegenseitig nicht quälen, sondern ermuntern, nicht hinderlich und lästig, sondern dienlich und tröstlich, nicht feindlich, sondern freundlich sein. Sollte man nicht laut sagen dürfen: ja, wo Frauen sind, da regieren noch Natur und uranfängliches menschliches Entzücken, allerlei liebliche Launen und unverkünstelter Genuß? Es würde wenig schaden, wenn Vergnügtheit und Fröhlichkeit recht weit herum verbreitet werden könnten. Vieles jedoch ist leichter gesagt als getan und rascher herbeigesehnt als erworben und zu eigen gemacht. Alles ist schwer, und das Selbstverständliche scheint oft noch das Schwerste.

An der Stubenwand im »Löwen« hingen ferner einige Städtebilder und romantische Landschaften, wie Ansichten in Aquarell von Neapel und Umgebung, z. B. ein feuerspeiender, lavawälzender Vesuv oder Ätna, was ein Anblick ist, der uns aus dem ruhigen Büren fort auf die Insel Sizilien zieht. Wie dem Schreiber deutlich im Gedächtnis haften und stecken geblieben ist, las er in seiner Jugend einen Roman, worin ein Edgar von Büren, als Schweizeroffizier in neapolitanischen Diensten, die Liebhaberrolle spielte und als Held figurierte. So viel ich weiß, hieß der betreffende Roman: »Die sizilianische Vesper«.

Beim Stück Käs und Brot und freundlichen Glas Wein sitzend, erkundigte ich mich bei der auskunftbereiten Wirtin warm und eifrig nach dem Verbleiben des adeligen Herrengeschlechtes von Büren.

Sie sagte, daß ich nur ins Innere des Schlosses einzudringen brauche. Dort würde ich zu sehen bekommen, was mich fesseln und interessieren müßte. An ureingeborenen Bürenergeschlechtern seien die Kohler oder die Suter zu nennen; dieselben seien so alt wie die Aare und so wohlhabend und ehrbar wie man es wünsche.

Infolge Eintrittes eines Soldaten in die Wirtsstube begann sich das Gespräch militärisch zu färben. Durch mich war übrigens längst ein frischer Schoppen Wein höflich und dringlich bestellt und befohlen worden, was zu meiner Heiterkeit nicht wenig beitrug. Der Soldat fragte nach Art und Stärke der Besatzung, wodurch er die Wirtin in einen ziemlich heftigen Kampf mit ihren Verstandes- oder Gedächtniskräften stürzte. Hundertfünfundzwanzig Mann, sagte sie, seien im Städtchen. Eine Division war das kaum. Divisionen sind in der Regel stärker. Eine Schwadron konnte es ebenfalls nicht sein, Schwadronen bedeuteten ja bekanntlich Reiterei. Bestimmt war es weder ein Regiment noch eine Brigade. Auch keine Kompanie. Sie wundere sich, daß sie das Wort nicht finde, das ihr doch täglich und stündlich auf der Lippe sei. Sie begreife sich nicht und müsse sich beinahe ärgern. »Ist es möglich«, rief sie, »daß ich nicht herauszubringen vermag, wie die hundertfünfundzwanzig Mann heißen?«

Da ich sah, daß sich die gute Frau vergeblich anstrengte, so wollte ich wie ein dienstfreudiger edler Ritter und Retter in großer Not helfend eingreifen, und in der Tat gelang es mir, die Gefangene aus dem düstern Kerker ihrer Verlegenheit glücklich zu befreien, indem ich hinwarf, daß es sich vielleicht um eine Batterie handle. Die Wirtin war sichtlich froh über den Fund.

Solchermaßen war die Lage geklärt, der gewünschte Ausdruck gefunden, die Verlegenheit zerstreut, die Not aufgehoben, die Gefahr beseitigt, die Unsicherheit überwunden, Kummer und Zweifel vertrieben, dichte Finsternis und stockdunkle Dunkelheit gelichtet, Geistesgegenwartslosigkeit besiegt und der Schatz kriegstechnischen Wissens kräftig aufgefrischt worden, und da es mich Zeit dünkte, nach und nach aufzubrechen, so fragte ich, wie viel ich durch fleißig betriebene Trinkübung jetzt etwa verdient haben und schuldig geworden sein könnte. Nachdem ich eine keineswegs unfaßbare, vielmehr durchaus verständliche, vernünftige Rechnung, damit sie mir nicht nachlaufe, sondern ausgetilgt und fortgewischt werde, glatt beglichen hatte, stand ich auf und ging fort, um den Heimweg anzutreten, der ja, wie ich ahnte und dachte, von Sommerabendsonne schön umsponnen und eingefaßt sein würde.

Auf dem Rückweg war ich eine eifrig marschierende, lebhafte Geschichtsstunde und seltene Historienkammer. Edle Rüstungen schimmerten mir vor den Augen, welch letztere freilich auch mit Wonne den Kanal betrachteten, den entlang ich lief. Sonderlich dachte ich an das ehemals junge Bern, vor dessen kraftvoller Entfaltung ringsum liegender, herrisch befehlender, feudaler Adel allmählich weichen mußte. Gänzlich im drei- oder vierzehnten Jahrhundert versunken, merkte ich erst wieder, als mir neuzeitlicher Verkehr auf breiterer

Straße am Gesicht vorübersurrte, daß ich ja gottlob Mitglied und sicherlich in jeder Hinsicht beglückwünschenswerter Anteilhaber und -nehmer einer bekanntermaßen ohne Zweifel und ohne jede lange und bange Frage an denkbar höchster Spitze von Kulturerrungenschaft und Fortschritt wie Bildung, Menschlichkeit usw. angelangten, in Bezug auf schlagende, klaffende Beweise tatsächlicher Veredelung vermutlich kaum noch zu überflügelnden – Jetztzeit sei.

(1917)

Die Einsiedelei

Irgendwo in der Schweiz, in bergiger Gegend, findet sich, zwischen Felsen eingeklemmt und von Tannenwald umgeben, eine Einsiedelei, die so schön ist, daß man, wenn man sie erblickt, nicht an Wirklichkeit glaubt, sondern daß man sie für die zarte und träumerische Phantasie eines Dichters hält. Wie aus einem anmutigen Gedicht gesprungen, sitzt und liegt und steht das kleine, gartenumsäumte, friedliche Häuschen da, mit dem Kranz Christi davor, und mit all dem holden, lieben Duft der Frömmigkeit umschlungen, der nicht auszusprechen ist in Worten, den man nur empfinden, sinnen, fühlen und singen kann. Hoffentlich steht das liebliche, kleine Bauwerk noch heute. Ich sah es vor ein paar Jahren, und ich müßte weinen bei dem Gedanken, daß es verschwunden sei, was ich nicht für möglich halten mag. Es wohnt ein Einsiedler dort. Schöner, feiner und besser kann man nicht wohnen. Gleicht das Haus, das er bewohnt, einem Bild, so ist auch das Leben, das er lebt, einem Bilde ähnlich. Wortlos und einflußlos lebt er seinen Tag dahin. Tag und Nacht sind in der stillen Einsiedelei wie Bruder und Schwester. Die Woche fließt dahin, wie ein stiller, kleiner, tiefer Bach, die Monate kennen und grüßen und lieben einander wie alte, gute Freunde, und das Jahr ist ein langer und ein kurzer Traum. O wie beneidenswert, wie schön, wie reich ist dieses einsamen Mannes Leben, der sein Gebet und seine tägliche, gesunde Arbeit gleich schön und ruhig verrichtet. Wenn er am frühen Morgen erwacht, so schmettert das heilige und fröhliche Konzert, das die Waldvögel unaufgefordert anstimmen, in sein Ohr, und die ersten, süßen Sonnenstrahlen hüpfen in sein Zim-

»Zwischen Felsen eingeklemmt und vom Tannenwald umgeben...«:
Die Einsiedelei in der Verenaschlucht bei Solothurn

mer. Beglückter Mann. Sein bedächtiger Schritt ist sein gutes Recht, und Natur umgibt ihn, wohin er mit den Augen schauen mag. Ein Millionär mit all dem Aufwand, den er treibt, erscheint wie ein Bettler, verglichen mit dem Bewohner dieser Lieblichkeit und Heimlichkeit. Jede Bewegung ist hier ein Gedanke, und jede Verrichtung umkleidet die Hoheit; doch der Einsiedler braucht an nichts zu denken, denn der, zu dem er betet, denkt für ihn. Wie aus weiter Ferne Königssöhne geheimnisvoll und graziös daherkommen, so kommen, um dem lieben Tag einen Kuß zu geben und ihn einzuschläfern, die Abende heran, und ihnen nach folgen, mit Schleier und Sternen und wundersamer Dunkelheit, die Nächte. Wie gerne möchte ich der Einsiedler sein und in der Einsiedelei leben.

(1913)

»Das Glockengeläute tönt, träumt wie aus alten Zeiten her...«:
Altstadt von Solothurn mit Kathedrale

Eindruck einer Stadt

Ein Wald war braun, durch den ich gegangen bin. Eine Gastwirtin schaute mir schmollend nach. Sie stand in stattlichen Kleidern vor ihrer Haustüre. »Du könntest wohl einkehren«, schien sie mir zu sagen. Ich lief in eine Küche, erkundigte mich nach einem Dorfnamen. Ein Mädchen, das am Wegrand stand, trug ein Veilchen im Mund, und ein Denkmal trug eine Inschrift, die ich schnell las, und hier schauen mich nun seltsam-bedeutende Häuser historisch an. Die Gassen sehen aus, als wenn sie zu verstehen geben wollten, sie seien einstmals voll Leben gewesen. Der Fluß, der um die Stadt schleicht, scheint über sich zu lächeln, von so leiser Art ist seine Strömung, es ist, als sinne, denke er; das Glockengeläute tönt, träumt wie aus alten Zeiten her, d. h. aus Zeiten, die vergangen sind. Keine Zeit ist jünger oder älter als die andere, d. h. es kann vorkommen, daß einstige Zeiten jünger gewesen sind als gegenwärtige. Diese Stadt erzählt mit ihren Gebäulichkeiten, die aus dem Ehemals stammen, daß sie damals jung, kraftstrotzend war. Über Prunktreppen herab, die voll Gewühl von Menschen gewesen sind, steigt heute kaum noch eine einzelne Gestalt. Die Kathedrale macht den Eindruck der Verlassenheit. Sie scheint das Große ihres Zweckes verloren zu haben. Merkwürdige Fassaden scheinen den Wert von historischen Romanen zu haben. Paläste dienen zu Geschäftszwecken. Diese Stadt hatte einst politische, diplomatische Bedeutung. Hier hielten sich die Ambassadoren der benachbarten Staaten auf. Militär- und andere Verträge von Wichtigkeit wurden in diesen imposanten Zimmern unterzeichnet, deren Fenster so zierlich und hochoffiziös aussehen, die eine Sprache reden, die das Volk von heute nicht mehr versteht, die aber das Volk von früher verehrte. Die Sinnesart der Völker ändert sich, jung jedoch bleiben die delikaten Kapitäle und Gesimse, die dezent angedeuteten Säulen. Ein ehemaliges Bischofspalais beherbergt jetzt Mädchen, die zu Lehrerinnen erzogen werden, damit sie ihrerseits Kinder unterrichten würden. Spielend spazieren die Kinder in den Straßen, von deren Schicksalen sie nichts ahnen und die das ja auch nicht nötig haben, Gärten gibt's da, die etwas Dornröschenhaftes an sich haben; ihre Vernachlässigtheit wirkt rührend, mindestens interessant. Halt, hier hat der Polenheld Kościuszko seinen Lebensabend verbracht. Das Haus ist hoch, von schlichter Großheit, und das Zeughaus redet von längst in den Abgrund des Zeitlichen hinuntergestürzten, epochemachenden Schlachten, und der Fluß murmelt zu all diesem Monumentalen, Schönen nicht einmal, als sei er zu bequem dazu, er schweigt, und die Brücke ist von einer feinen Schmäle wie ein Seidenband, und das Gebirge hinter der Stadt sieht wie eine Bühnendekoration aus in einem Stück, das von allen diesen heutigen kleinbürgerlichen Tagen gespielt wird, die gleichsam von glänzenden Abgeschiedenheiten zehren. In dieser Stadt zu wohnen muß für einen Historiker ein Genuß sein. Steinerne Heilige und die graziös figurierten Könige aus dem Morgenland schauen als eine vielleicht schon fast zu vornehme Versammlung in die spärlichen Interessen hinab, die aus größerem Interessenkreis hier übrig blieben. Manches gigantische Gebäude ruft dem Vorübergehenden zu: »Beuge dich«, oder es ruft ihm zu: »Schau an meiner schwindligen Höhe empor«, und ich tu's, und ein verständnisvolles Gruseln packt mich, und ich komme mir vor wie in einer Unwirklichkeit, die mich einengt, übrigens sehe ich hier doch auch schon einige Kinos vertreten, es will mich weitertreiben, und indem mich nichts hält, beweg' ich mich fort, es geschieht unwillkürlich. Seltsames Stadtbild, das!

(1926)

»Ich stieg zu der alten, zierlich-ehrwürdigen Kirche hinauf...«:
Die Kirche von Ligerz am Bielersee. Der beschriebene Spaziergang
führte von dort über Prêles und Orvin zurück nach Biel

Ein Nachmittag

Ich ging den sonnigen Hang des langgestreckten, hohen Berges entlang auf einem hübschen Weg unter niederhängenden Tannenzweigen, an vereinzelten Bauernhöfen vorbei, bis ich zu einem Schlößchen kam, in welchem ehedem ein adliger Sonderling wohnte. Oftmals schaute ich zu den hohen weißen Felsen hinauf. Der Tag war so mild, es war Ende Dezember. Eine feine, sozusagen sorgsame, zarte Kälte vereinigte sich mit der nachmittäglichen Sonnenwärme. In der Luft lag es wie etwas Süßes, die ganze waldige Gegend schien wie aus sich selber heraus schön und wie für sich selber still-glücklich. Ich kam in das weite, breite, imposante und behagliche Dorf. Die Häuser sahen aus, wie wenn sie stolz auf sich seien, so alt und so schön waren sie. Frauen und spielende Kinder begegneten mir. Da in dem Dorf die Uhrmacherkunst heimisch ist, so traf ich auch einen Uhrmacher an. Ich stieg zu der alten, zierlich-ehrwürdigen Kirche hinauf, die auf dicht mit dunkelgrünem Buchs besetzter kühner Anhöhe, hart über dem Dorfe steht. Sinnend schaute ich mir die alten Gräber mit ihren Inschriften an. Die Kirchuhr zeigte halb fünf, es fing an, Abend zu werden. Da beeilte ich mich, den Berg hinaufzusteigen. Oben auf der winterlichen Bergweide lag Schnee, der wunderbar glänzte, die Schneefläche so silbern, und unten in der Tiefe so abendsonnig-dunkel das weite, graugrüne Land, und in der Ferne das göttlich-schöne, kühne, zarte Hochgebirge. Es war mir, als wolle meine Seele in die Seele der Landschaft, die ich da so groß vor mir sah, hineintauchen. Ein Abendrot, wie ich es so schön und so reich noch nie glaubte gesehen zu haben, kam nun noch über die Welt und machte sie zur bezaubernden Rätselerscheinung. Die Welt war ein Gedicht, und der Abend war ein Traum. Der kalte, glänzendweiße Silberschnee und das glühende Rot befreundeten sich miteinander, es war, als liebe der Abendhimmel den bleichen Freund, den Schnee, und sinke in ein süßes, phantastisches und überglückliches Erröten darüber. Schnee und Abendrot schienen sich getraut zu haben, und es war, als küßten und liebkosten sie einander. Herrlich standen auf der Winterweide die großen, kahlen Buchen, einst so grün, so grün im vergangenen heißen Sommer. Ich kam ins Dorf, alles war verschneit, es war schon dunkel geworden, eine Bauernfrau stand in der Dorfstraße. Ich ging ins einsame Tal hinunter, es kam eine Kirche und ein zweites Dorf. Es war Nacht, und ein prächtiger, wundersamer Sternenhimmel schimmerte auf die dunkle, liebe, stille Welt herab.

(1914)

So ein Dörfchen

Wie nett und freundlich so ein Dörfchen aussieht,
dem städtelig Spazierenden erscheint es
wie ein Gedichtchen oder ein Gemälde.
Ähnlich dem Kind im Bettchen liegt das Dorf
in heimeliger Landschaft eingebettet.
Die Häuser scheinen beinah etwas wie
ein liebenswürdiges Bouquet zu bilden.
Hell glänzt der Sonnenschein auf jedem Dach,
die Bauten scheinen dem empfänglichen
Wanderer des Schmuckes eher als des
Gebrauches wegen zierlich dazustehen.
Als wenn ein Dorf aus eitel Lebensfreude
bestehe, blickt er's an, und seine Zunge
lispelt: »Entzückend!« Kaum denkt er daran,
daß hier auch was existiert wie Arbeit,
daß Menschen hier so leicht wie anderwärts
müd' und verdrießlich werden können, seine
spazierliche Wohlaufgelegtheit will eher
voraussetzen, so ein hübsches Dörflein
sei nicht ein ständ'ger Kampf um Mein und Dein,
und wer drin wohnte, müßte glücklich sein.

(1928)

»Ich vergaß ein Museum zu erwähnen, das an einem Punkt
vorhanden ist, wo sich die Allee in eine linke und in eine rechte
abzweigt...«: Das Museum Schwab in Biel

Der See

Geht man zum See hinaus, so freut man sich während der Schritte, die man macht, auf den Augenblick, wo man ihn zu sehen bekommt. Man stellt sich seinen Anblick wundersam vor. Eine Allee, die von hohen, schattenspendenden Bäumen gebildet wird, führt zu ihm hinaus, der nach und nach sichtbar wird. Längs der Allee stehen in Gärten allerlei beachtenswerte Gebäude wie z.B. das zierliche Besitztum eines wohlhabenden, alleinstehenden Fräuleins. Wenige Meter davon entfernt befindet sich die Villa eines angesehenen Uhrenfabrikanten, dessen geistreiche, Zuverlässigkeit vergegenwärtigende Gestalt den erforderlichen guten Ruf genießt. Ich vergaß, ein Museum zu erwähnen, das gewinnend, ich meine, nicht unimposant an einem Punkt vorhanden ist, wo sich die Allee in eine linke und in eine rechte abzweigt. In diesem freilich nicht gar großen, aber elegant anmutenden Haus erblickt man neben einigen alten Bildern von verschiedener Art, aufmerksamkeitfesselnden Münzen aus vergangenen Tagen, eine Anzahl Speere, die von einem historischen Schlachtfeld herrühren. Im Zustand der Ausgestopftheit schwimmt in der Scheinbarkeit ein Fisch und reitet ein bemäntelter, bärtiger, unwirklicher Reiter. Des weitern fällt in der Allee ein feines, ältliches Repräsentationshaus auf, zu dem man über ein Brücklein gelangt, unter dem ein Flüßchen vorüberplätschert. Am klassisch wirkenden Bau ist eine Tafel befestigt, die an den Lebensgang einer markanten, charaktervollen Persönlichkeit mahnt. Die Fassade eines Spitals läßt sich erblicken, in dessen Nachbarschaft ein Landhaus aus der Zopfzeit rokokohaft hervorragt. Nun bin ich am Ufer des Sees angekommen, der mir mit seinem schönen Aussehen das Herz lächeln macht. Was für eine freie Ferne, reiche, reinliche Weite sich vor mir ausdehnt, vermag mein bescheidener Mund kaum anzudeuten, geschweige zu schildern. Ein Dichter müßte man sein, wenn einem gelingen sollte, das, was der Blick umfaßt, das Gemüt erquickt, in schicklichen und zugleich überzeugenden Worten darzustellen. Der See liegt unbehelligt da wie eine ruhende Figur. Ginge ein Wind, so sähe man Wellen. Da dies jedoch nicht der Fall ist, gleicht er einem Spiegel oder ausgespannten Stück Seide. Es ist Morgen, und ich schreite jetzt an einem Tennisplatz langsam oder rasch vorbei, ebenso an einem Steinbruch. Die Straße entlang, die sich wie ein Band dem Ufer anschmiegt, liegen Eisenbahnschienen, die in der Sonne verlockend schimmern. Zarte Bäume bekränzen den Rand, der das Wasser begrenzt. Dicht neben der Straße erhebt sich ein den See begleitender Gebirgszug. Bis zu einer gewissen Höhe hinauf erstrecken sich Reben, die von Gäßchen durchschnitten sind. Wenn ich Lust und Zeit hätte, könnte ich nun das Unternehmen riskieren, rund um den See herumzugehen, was eine Anstrengung wäre, die zehn bis zwölf Stunden beanspruchen würde. Man käme da unter anderm bei Gelegenheit zu diesem oder jenem, wenn nicht romantisch so doch mindestens artig, d.h. idyllisch plazierten, verandaversehenen Wirtshaus, um eine halbe Stunde lang beim Glas Wein zu sein. Der Wein, der am See wächst, duftet sozusagen schon von weitem, und schmeckt, wenn er jung ist, süß und büßt beim Altern an Schmackhaftigkeit naturgemäß ein. Mit den Kräften der Menschen dürfte es sich ähnlich verhalten. Die Errungenschaften werden während der Jugendzeit bewerkstelligt. Im Lauf der Jahre verläßt oder entschlüpft uns manche Fähigkeit, worüber man sich kaum verwundert. An Dörfern, die am See liegen, könnten zwanzig zu zählen sein. Eins dieser gleichsam von Farbe bräunlichen Dörfer besitzt in seiner hoch oben am Abhang situierten Kirche ein gotisches Architekturjuwel mit mauerbelebenden Fenstern und einer den Glauben fröhlich versinnbildlichenden Turmspitze. Mancher Gebildete sang auf dies christliche Kunstwerk schon ein Loblied, das in einem Sonntagsblatt zum Abdruck kam. O, wem doch das Glück blühte, hier oben im kleinen, lieben Friedhof beerdigt zu sein, möchte man anspruchsvoll ausrufen, damit Lebende das Grab des Gestorbenen schön fänden. Ferner böte mir ein Gang um den See Anlaß dar, ein Schloß ausfindig zu machen, worin im Mittelalter ein respektgebietender Graf wohnte, der gravitätisch einherging, und dessen Gemahlin eine frauliche Perle genannt zu werden verdiente. Während er, in Verhandlungen mit allerhand Beistandheischenden vertieft, in einem der zahlreichen Zimmer der Burg stand oder saß und Notwendigkeiten erwog und Geschäfte einleiten und zustande kommen half, ging sie, in sommerliche Kleider gehüllt, im Park hin und her, sich an ihrer hübschen Erscheinung weidend, von der sie wußte, daß sie sehenswert sei. Auf dem Feld wurde geackert; im Städtchen lagen die Handwerker ihrer täglichen beruflichen Beschäftigung ob. Die Glocken, die nur sonntags ihren Schall vernehmen ließen, verhielten sich schweigsam. Im Wald, der das Schloß streifte, spähte ein Jäger aufmerksam umher.

Ich will mit diesem Essay zunächst zufrieden sein.

(1932)

»Hier gibt es, unter alten Eichen stehend,
ein Tanzhaus noch aus ehemal'ger Zeit...«:
Der Pavillon auf der St. Petersinsel im Bielersee

Die Insel

Hier gibt es, unter alten Eichen stehend,
ein Tanzhaus noch aus ehemal'ger Zeit.
Noch heute drehen sich die Paare bei
Gelegenheit umher, bis sie ermüden
und Flöten oder Geigen eine Pause machen.
O, wie die Blätter auf der Insel glücklich
sind, daß sie hier gedeihen dürfen. Wellen
umkräuseln und umtänzeln das bald höh're,
bald niedrigere Ufer, und in einem
Gebäude, das in früh'rer Zeit ein Kloster
war, wird wirtshäuselig gegessen,
und alte, säuberlich gehaune Steine,
die man im wundervollen Walde findet,
deuten auf einst'ge ems'ge Menschen hin.
Die Insel selber scheint vergnügt zu atmen,
sich ihres Daseins frauenhaft zu freun.

(um 1930)

»Diese Stadt, die so heiter, so groß in einem Hügelland liegt...«:
Blick auf die Berner Altstadt

Bern

Und nicht einmal zu wissen, wie viele Einwohner diese Stadt hat, die so heiter, so groß in einem Hügelland liegt, das von einem aus dem Hochgebirge rieselnden und fallenden Fluß, sich in die Behaglichkeit ausweitend, durchzogen wird. Diese Stadt lautet wie der Kanton, dessen Hauptstadt sie ist, und es ist dieser Kanton der größte oder zweitgrößte unseres Landes, und nun tritt auch noch das dazu: Diese unsere Kantonshauptstadt stellt sich zugleich auch als allgemeine oder Landeshauptstadt hehr und bedeutungsvoll dar, und es gibt nicht wenige, vielleicht sogar sehr viele Landsleute, die nicht zögern, sie die schönste unter unseren Städten zu nennen, gleichsam die eindrucksreichste. In den hiesigen Straßen und auf den Plätzen dieser unserer Großen, wie sie sich gewiß gern genannt hört, trifft man Leute aus allen übrigen Kantonen an, die alle ihre besondere eigene heimatliche Sprache reden. Unser Land weist ja bekanntlich drei hauptsächliche Spracharten auf: deutsch, französisch und italienisch. Nicht außer acht gelassen darf bei einer Beschreibung werden, daß dies hier der Ort ist, wo sich die fremdländischen Gesandtschaften sozusagen Rendezvous geben, was natürlich allerlei zur Belebung, zur Verfeinerung der Stadt beiträgt. Meine Wenigkeit zog vor ungefähr vier Jahren hierher, dadurch, daß ich auf einen sehr schlichten Posten beordert worden bin, der mir erlaubte oder mir befahl, für eine Dame Spaziergänge, will sagen Kommissionen zu machen oder besorgen, wobei ich z.B. unter allen Türmen hindurcheilte, deren es hier, man möchte sagen, zum Glück einige sehr hohe und interessante gibt. Einer dieser aus frühen Zeiten stammenden Türme nennt sich Käfigturm und ist ein imposantes Gebäude, der andere trägt den Namen Zeitglockenturm, dieser ist mit einem figurenreichen Uhrwerk geschmückt, vor dem sich allemal mittags um zwölf Leute ansammeln, um seine Zierlichkeiten eine Weile zu bestaunen. Unter diesen Leuten gibt es natürlich immer, wenigstens zur Reise- und Sommerszeit, eine Anzahl Fremde, wie denn ja unsere Stadt zu nicht geringem Grad als Fremdenstadt angesprochen werden und gelten darf. Wüßtet ihr, wie schön sie sich von gewissen Aussichtspunkten aus gibt, ihr würdet sie liebhaben. Eine Dame, mit der ich mich eines Abends in einem unserer Kaffeehäuser mit nicht unerheblichem Vergnügen unterhielt, gab ihrer Meinung über sie, von der ich hier rede, dahin Ausdruck, daß sie sagte, sie halte sie für eine Sommerstadt. In der Tat ist es hier im Sommer verhältnismäßig angenehm, d.h. immer ein wenig kühl, denn die Nähe der Alpen, die mit immerwährendem Schnee bedeckt sind, macht sich da während der warmen Jahreszeit auf's Willkommenste bemerkbar, und vielleicht übt diese Nähe, die etwas Seltsames an sich hat, auch auf die Bevölkerung irgendwelchen Einfluß aus, einen Einfluß vielleicht des Kräftigenden und in gewissem Sinn Belustigenden, und einen Einfluß womöglich auch insofern, als der Anblick der Berge uns nicht ohne eine Mahnung und darum nicht ohne eine Ehrfurcht läßt, aus welcher man gern hier so wenig Wesens wie möglich macht, da es meist unserer Art nicht paßt oder entspricht, uns gebärdenhaft zu benehmen. Es gibt nun ja viele Städte, und jede Stadt besitzt ihre Art von Schönheit. Wir haben hier aber immerhin das Bundeshaus, das die Verwaltung und Regierung unseres Staates in seinen Räumen, in denen ich übrigens noch nie war, enthält, aber was behaupte ich da, was nicht wahr ist? Ich wohnte doch eines Tages einer Sitzung unserer Bundesversammlung als Zuhörer still bei. Wie man doch leicht etwas sagt, was mit der Wirklichkeit nicht übereinstimmt. Zum Glück kann man sich aber nachher korrigieren. Mit gewisser Berechtigung läßt sich sicher sagen, unsere Stadt sei eine Beamtenstadt, weil sich ja selbstverständlich alle diese Gehülfen hier aufhalten, deren eine Landesverwaltung bedarf, und die nun einmal so nötig sind wie die Handelsleute und Bodenbearbeiter oder Landwirte. Sollte ich hintanstellen dürfen, daß wir auch eine freilich noch nicht sehr alte Universität haben, die sich sehr günstig auf einem ehemaligen Befestigungswerk erhebt? Eine der Anlagen, die gleichsam die Stadt umkränzen, heißt Röseligarten, wo es sich prächtig promeniert. Dieser Röseligarten wird hie und da zu Gartenspielen benützt. Was unser Theater betrifft, so ging das alte, aus dem achtzehnten Jahrhundert stammende ein, weil es den Anforderungen nicht mehr so recht genügte. Dafür steht unfern von dem überholten das stattliche neue, das doch auch wieder leider nicht immer besetzt ist, obschon man da in der Tat sehr Nettes, mitunter Ausgezeichnetes sieht. Auch ich bin, wie ich gestehen muß, kein allzu fleißiger Theaterbesucher, indem ich mich pro Saison zu ungefähr drei, höchstens vier Vorstellungen aufschwinge. Dafür lese ich dann eine Menge Büchelchen und Bücher, wovon ich überzeugt bin, es sei eine denkbar intelligente Beschäftigung. Mich bemühend, Ihnen ein richtiges Bild von der Lage unserer Stadt zu verschaffen, zeige ich Ihnen gerne an, daß sie sich über einen Hügel erstreckt, den der Fluß gleichsam umarmt, so als wäre die Stadt samt dem Hügel des sorglichen Flusses schöne, liebe und kostbare Frau, was natürlich beinah etwas zu schönrednerisch klingt. Die eng zusammenhängende Altstadt ähnelt in ihrer Gestalt und in ihrem Zusammenhang einem großen Haus mit vielen Wohnungen und ist miteinander häuslich und höflich durch Gänge oder Arkaden verbunden, die etwas Italienisches haben. Nun ragt mitten aus dieser Verbundenheit von Häusern ein gewaltiges, hohes Gebäude, die Kirche, die man gegen eine kleine Entschädigung zu seiner Lust besteigen kann, bis man angelangt sein mag, von wo aus man sich dem Vergnügen und der Unterrichtsamkeit der denkbar reichlichsten Rundsicht anheimgibt. Darf ich nun auch von der Gründung der Stadt sprechen; dieselbe fand zu einer Zeit statt, wo unser Land wohl erdhaft, geographisch, räumlich, aber noch nicht politisch existierte, zu einer Zeit, wo es Land- und Markgrafen gab, Herzöge und Fürsten, und ein Herzog von Zähringen ist es gewesen, der den Befehl erteilte, den Grundstein zu dem Gebilde zu legen, das sich im Laufe der Zeit wacker entwickelte. Das Denkmal dieses Erbauers steht auf einem kastanienbaumgeschmückten, architektonisch ungemein gefälligen, markanten Platz. Gegenwärtig ist es Winter und an dem Kastanienbaum, von dem ich soeben sprach, hängt kein einziges Blatt mehr, aber wenn es frühlingeln wird, werden sie wieder hervortreten, wie ja der Frühling auch in den Herzen so manches scheinbar schon Erledigte zu neuem Wachstum bringen kann. An Denkmalen seien fernerhin erwähnt die Reiterstatue des Grafen Rudolf von Erlach, die auf dem Münsterplatz steht und alljährlich zur Erinnerung an das, was dieser Mann leistete, mit einem Kranz geziert wird, wobei es ohne eine muntere Festlichkeit kaum abgeht. Festlichkeiten usw. nehmen sich im Rahmen unserer Stadt, die einem Gemälde gleicht, überaus schön aus. Das zweite bedeutende Denkmal ist die Figuration von Adrian von Bubenberg, ein sehr kriegerisches, gebietendes Standbild. Der Umpanzerte steht mit ausgestreckter Hand einfach und doch auch gleichsam heldenhaft da. Er war in Zeiten, die für unser

Land schwierige gewesen sind, der mutigste und ausharrlichste Verteidiger, wessen man sich meiner Meinung nach zu allen, auch zu Friedenszeiten, wie die jetzigen sind, mit Nutzen erinnern darf, denn irgend etwas, das uns lieb und teuer und hoch ist, das wir uns nicht gern, oder das wir uns unmöglich nehmen lassen können, etwas worauf wir fußen und das auch seinerseits auf uns fußen möchte, gilt es immer wieder zu beschützen, was ich bitte, so zu verstehen, daß, was ich da sage, auf etwas Vernünftiges herauskommt. Länder oder Menschen, die Frieden untereinander haben wollen, dürfen sich doch nie und nimmermehr gegenseitig geringschätzen, sondern haben das Bedürfnis und den Wunsch und gewissermaßen auch den Zwang, sich zu achten.

(1925)

»Alljährlich gibt es hier in dieser Stadt...«:
Der Berner Zwiebelmarkt

Zwiebelmarktvergnügen

Alljährlich gibt es hier in dieser Stadt, worin ich mich nachgerade zu einer Art Journalist ausgewachsen zu haben scheine, einen sogenannten Zwiebelmarkt, der sich mit allerlei Kurzweil verknüpft sieht. Zu früheren Zeiten sei dieses Zwiebelmarktvergnügen viel launiger, stimmungsreicher, lustvoller und farbiger gewesen, hört man jedes Jahr jetzt quasi klagen, aber solches Klagen, Möggen, Unzufriedenheitsbezeigen ist weiter nichts als eine Gewohnheit. Geklagt, genörgelt ist doch wohl immer worden, es gehört dies auch so zu den Alltäglichkeiten, wie z. B. ein Glas Bier oder ein Trambillet zu den Alltäglichkeiten gehört. Ich sprang von einer sehr seriösen Arbeit fort mitten ins fünfuhrabendliche Volkstreiben. Vieler Leute Schultern sahen wie beschneit aus, es waren aber bloß angeworfene Papierfetzchen. Das Anwerfen solcher Schnitzelchen bildet das Zeugnis, den Abdruck, die ausstreuende Wiedergabe einer Art flüchtiger Brüderlichkeit, also Menschenfreundlichkeit. Weil man fröhlich ist, wirft man seinen Nebenmenschen über's Gesicht und über's Kleid, was nicht schaden, verletzen, verunreinigen kann, weil es sauber ansitzt und weil es klebt, ohne sich anzuhängen. Man braucht sich dann bloß leicht zu schütteln, und was auf dir liegt, fällt anstandslos herunter. Es hatten sich also zahlreiche mit solcher Papierflockenzärtlichkeit bedacht, und man erblickte unter den Gesichtern der Menge seufzende sowohl wie gefällige und dem Augenblick hingegebene. Aus geschlossenen Fenstern schauten durch die durchblickgewährenden Gardinen Zuschauer auf's Gedränge und Geknäuel herab, worin hübsche Mädchen schwarzäugig loderten und rehäugig und komisch um Beistand flehten oder worin helle Stimmchen ein Entzücktheitskichern vernehmen ließen. Wie mir erzählt worden ist, pflegt der Zwiebelmarkt für die eine oder andere unserer Zierlichen und mitunter wohl auch vielleicht Gezierten eine Sorte von Befreundungs- oder gar Verlobungsgelegenheit zu sein. Um einen Menschen, der etwas entdeckt zu haben schien und eingehend betrachtete, bildete sich ein großer, reger, andächtiger Kreis von Anteilnehmern, die nun alle auf dieses etwas schauten, was das Original erblickte, das aber bloß zu seinem Vergnügen den Löl machte und dieses Rudel rund um ihn irreführte. Den Löl machen solche, von denen es heißt, sie seien ein bißchen närrisch, aber wie gern gebärdet sich die Allgemeinheit narrhaft. Den Narr oder den Löl zu machen ist ja ein allen gleichsam tief heimeliges, aus Vater- und Mutterstuben mitbekommenes Bedürfnis. Schauspielern, das bedeutet ja gegenüber diesem nieaufhörenden Lebensernst für die bürgerliche Gemeinde, auf der er lastet, dieser blasse Freund mit den besorgten Augen, eine Erlösung. Und so begriff ich auch mich sehr gut, wenn ich nun meine Schritte nach der Schützenmatte lenkte, die seit langer Zeit zum Vergnügungsplatz unseres Gemeindewesens erhoben worden ist. Bevor ich jedoch dort anlangte, von wo mir elektrisches Licht bunt und glühend entgegenleuchtete, hielt mich eine Sammlung von Öldruckbildern auf. Diese Sammlung befand sich, an eine Stützmauer angeheftet, unter einer Eisenbahnbrücke, also in einer sogenannten Unterführung oder Passerelle. Hing da nicht unter anderen Betrachtenswertigkeiten die liebe sanfte Gestalt unseres Herrn Jesus und in seiner nächsten Nachbarschaft nicht der uns, was das Aussehen betrifft, so wohlbekannte Napoleon der Erste, wie er in weißen Hosen und hohen Kanonenstiefeln steckt und mit seinem weltbekannten Schlachtenlenkerantlitz in die

Grausigkeiten einer Schlacht blickt? Hatten sie irgend etwas Charakterverwandtes, Geistesverwandtes, diese beiden Seltsamen und Großen? Waren sie Menschen, waren sie Übermenschen? Wozu sind sie zur Welt gekommen, und sind sie von Zeitgenossen und Nachkommen je begriffen worden? Vielleicht hatte der Harte hie und da Sanftheitsanwandlungen, sogar sehr wahrscheinlich, dagegen der Milde, Freundliche dann und wann Zornigkeiten, die ihm weh, vielleicht unsagbar weh taten, und nun hing da nicht allzuweit davon entfernt der »Abendsegen« von Millet, ein Bild, das zwei betende Landleute auf weitem, abendsonnenbeglühtem Felde in der Stille der Abendlandschaft darstellt und das in vielen Wirtshäusern hängt, und von demselben Maler auch noch die »Ährenleserinnen«, eine ebenso bedeutende Lebensillustration wie die soeben erwähnte. Der Bilderverkäufer schien sich über die Aufmerksamkeit, die ich seinen Objekten widmete, zu wundern, und ich begriff ihn. Neben anderen Sehenswürdigkeiten hing da auch noch eine Mondlandschaft mit silberübergossenem Märchenfluß, den hohe spitzige Tannen beränderten, zudem einige zarte Schritte weiter eine Dame, die ein Federhut schmückte und ein Kleid im Stil der Bismarckzeit umschloß. Die Farbe ihrer Taille war blau und die Engheit derselben überwältigend. Die Brust glich einem Kindchen in der denkbar besten Entwicklungslustigkeit. Hier zog mich die Schönheit von Pferdeköpfen für einen Moment an, dort die Unschuld und Wolligkeit weidender Schäfchen. Ein übriges Bild ließ in die Entfesseltheit eines sich in der Wüste abspielenden Kampfes mit Tigern blicken. Ein [...] leuchtete rot. Mir nicht verbietend, zu mir zu sagen, daß die Jahrmarktsgemäldegalerie eine Art Poesie ausatme, begab ich mich in die Budenstadt. Kuchen wurde da gebacken, Tirolermagenbrot in Düten zum

Verkauf angeboten. Vor Schießbuden standen schußbereit einige Teilhaber der Schießkunst und zielten mit einem eigentümlichen Fleiß auf Pfeifen und auf- und abtanzende Kügelchen. Ein Schuß kostete zwanzig Centimes, und das Gewehr wurde vom Fräulein jeweilen schußfertig gemacht und artig überreicht. Nun kamen Karussells und eine geradezu ungeheure Berg- und Talbahn. Ich entschloß mich, ins Hippodrom zu gehen, welches von Ausrufern als der Treffpunkt der Eleganz und des Weltbenehmens laut bezeichnet wurde. Nachdem ich mich hier eine Weile der Reitkunst überliefert, dem Vergnügen der Sattelfestigkeit anheimgegeben hatte, wobei ich mich von einigen Mitgliedern unserer Weiblichkeit durfte bewundern lassen, die uns nie so lieb hat und so gern sieht, als wenn wir ihr Anlaß geben, zu uns emporzustaunen, glitt ich wieder an die Luft hinaus, stieg und kletterte in einen Schwan aus weißangestrichenem Holz hinein und ließ mich gegen Bezahlung eines Eintrittsgeldes einige Male rundherumschwenken. Ich hatte einen etwas alten, aus der Mode gekommenen Mantel an, und mit diesem Mantel bedeckt erlaubte ich mir, eine der jüngsten, hübschesten Damen, die mir je zu Gesicht gekommen sein mögen, zu einer Fahrt einzuladen. Ich bekam aber folgendermaßen lautende Weigerung, auf mein Angebot einzugehen: »Nein danke, Sie sehen mir zu wenig genial aus. Ich bin verwöhnt, müssen Sie wissen.« Um mich wieder vor mir selber gleichsam aufzufinden, da ich mir durch die anmutige Absage wie verloren vorkam, beehrte ich die Festhalle durch einen Besuch. Oh, hier war es nett, das darf ich sagen. Eine wie eine Zigeunerin ausschauende, prächtig gebaute Kellnerin empfahl mir mit appetitweckender Zutraulichkeit, Lambrusco zu trinken. Derselbe mundete recht angenehm, beinah schon nur zu sehr. Indem ich die Beobachtung machte, daß sich durch

*»Eine Abbildung an der Wand, die den Übertritt der Armee
Bourbakis auf Schweizergebiet sehr wirkungsvoll darstellte...«*

die Lokallänge ein Ofenrohr ziehe, um den Raum mit der nötigen Wärme zu versehen, und daß aus Kistchen und Körbchen Pflanzen naiv herauswuchsen, was eine leise Phantastik abgab, führte ich mit zwei Fingern ein bis zwei Mokkatörtchen zu niemand anderes Mund als zum meinigen. Eine vornehme Dame, die sehr niedliche Füße und ein Gesicht ihr eigen nannte, worin sich eine gewisse Festigkeit, aber auch eine gewisse Verlassenheit widerspruchsvoll abspiegelten, tauchte plötzlich schwarzangetan dicht vor mir auf. Ich fragte sie mit nicht so viel Sicherheit, wie es wahrscheinlich unbedingt nötig gewesen wäre, ob's ihr passe, sich zu mir zu setzen. Ihre Antwort bestand im wunderbarsten kalten Blick voll Wegwerfung und Schmerz, so kann man sagen. Immerhin gefiel es ihr, bei mir stehenzubleiben. Diese Gelegenheit wurde von mir benutzt, ihr mitzuteilen: »Draußen rufen jetzt rotbäckige Marktfrauen aus: ›Schöne große Zwiebeln, Madame!‹, und soeben hat hier in dieser Weinstube einer der Trinker gesagt: ›Ich muß vorsichtig saufen‹, während Sie, meine Gnädige, Sie werden verzeihen, wenn ich Sie allzu höflich anrede, was so leicht als unzart und unfein empfunden werden kann, mir wie eine Mahnung erscheinen. Die Zigeunerin sieht mich gern hier, sie sieht mich gern trinken, sie wärmt mir den Wein mit der Bemerkung und indem sie mir ihre Hand auf die Schultern legt: ›Du darfst nicht Bäuchliweh bekommen. Der Wein muß so etwas wie Stubenwärme haben.‹« Da war aber die Angesprochene schon weg. Auch ich erhob mich. Beim Verlassen des Lokals beobachtete ich noch flüchtig eine Abbildung an der Wand, die den Übertritt der Armee Bourbakis auf Schweizergebiet sehr wirkungsvoll darstellte. Die ganze Flut armer, zerfetzter Kämpfer rollte da heran, um die Menschlichkeit wiederzufinden. Diese Episode aus dem Kriege von 1870 ist eine der denkwürdigsten der neueren Geschichte, und sie existiert noch heute in der Schweiz und im Ausland in schier ungezählten Abbildungen. Wieder draußen in der Menge stehend, wurde gerade derselben eine Puppe vorgeführt, die mich an manches denken ließ. Ein Eisenbahnzug ratterte unfern vorüber mit gelblich-rötlichen Scheiben. Aus einem Fenster der Häuserreihe, die dem Platz gegenüberlag, auf dem ich stand, schaute eine Gestalt. Es hätte sie sein können, doch es war sie nicht, an die ich mich mit einmal erinnerte.

(1925)

»Der Bärengraben, der das Wanderziel von Ungezählten bildet...«

Bärengrabenaufsatz

Die, die ihn bewohnen, die ihm seine Bezeichnung geben, haben etwas Zottiges, indes die, die ihn umstehen und in ihn hinabschauen, etwas Verweilendes, Müßiges aufweisen. Das Hinabschauen bedeutet ja etwas wie ein Fest, denn die, die im Graben sind, benehmen sich lustig, drollig, täppisch, komisch, wunderbar. Sie stellen etwas wie Prachtexemplare, Einzigartigkeiten dar. Unmöglich wird man ihnen Originalität abstreiten können. Wie sie klettern können! Mit den Zweigen der Bäume, die man ihnen zur Auswirkung ihrer Kletterlust zur Verfügung gestellt hat, gehen sie schonungslos um, indem sie sie zu zerbrechen, verwüsten trachten. Selbstredend werden sie von einem Wärter überwacht, der hauptsächlich dafür sorgt, daß sie artig bleiben, und in der Regel sind sie das ja auch. Liegt im Verhältnis ihrer Kraft zu ihrer im allgemeinen ausgezeichneten Aufführung irgendein Widerspruch? Man sollte es beinahe meinen. Wie schnell sie sich übrigens vermehren. Zuerst sind sie klein und dumm und jung. Allmählich werden sie größer, gescheiter und älter, und sie bekommen auch Krankheiten. In diesem Fall muß ein Arzt zurate gezogen werden. Sie heilen sich jedoch vielfach selber, indem sie sich vertrauensvoll auf ihre Natur berufen, die robust genannt werden darf. Tanzen können sie unvergleichlich. Hiebei tritt eine starke Eigenart ans Tageslicht, die durchweg auf Anerkennung stößt, da es ihr nicht an Augenfälligkeit fehlt. Der Bärengraben, der unsere Stadt schmückt, der das Wanderziel von Ungezählten bildet, lag nicht immer da, wo er sich heute befindet, er hat im Lauf der Zeit gleichsam schon einigemal sein Domizil gewechselt. Stadtpläne geben hierüber jedem Aufschluß, der sich für Veränderlichkeiten usw. interessiert. Seit wann existiert er überhaupt? Wie man mir gesagt hat, und ich stütze mich allzeit gern auf Gehörtes und Vernommenes, wurde er im sechzehnten Jahrhundert gegründet. Ein fremder Fürst war's, der den damaligen Häuptern unserer Stadt einige Bären zum Zeichen der Hochachtung schenkte. Seither haben sie sich wacker weitergepflanzt. Scheinbar fiel es ihnen nicht schwer, nicht gänzlich zu verschwinden, sondern sie blieben mit spielender Leichtigkeit am Leben, und nun leben sie also schon so und so lang mitten unter uns, und man kann sagen, daß sie sehr gut zu leben haben, d. h. sie leiden keinen Nahrungsmangel, indem sie Rübli usw. in Menge zu verzehren bekommen, denn es gilt als ein Spaß ersten Ranges, sie essen zu sehen. Sie tun das einfältig und zugleich überaus kunstvoll, man möchte beinahe sagen, graziös, aber ich denke diesen Bärenaufsatz kurz zu halten. In einem Zimmerchen, das sich an einer schmalen Gasse befand, las ich einst in einem Fauteuil, der sich als die Bequemlichkeit selbst präsentierte, eine Novelle, die sich in den Karpaten zutrug, und worin die stärksten Bären im Freiheitszustand vorkamen. Man kennt ja übrigens unser Wappen, das an Prächtigkeit nichts zu wünschen übrig läßt, da es ein Bär gemächlich durchschreitet, aufwärts, als zottle, marschiere er einen Wald empor. Zur Stunde bin ich mit der Lektüre eines sehr feinen, eleganten Buches beschäftigt, seine Heldin heißt Annerösli Zötteli oder Göbeli, ich meine, es käme nicht so sehr auf Genauigkeit der Angabe an. Jedenfalls bin ich vom Inhalt ganz begeistert, und das genügt mir ja. »In den Bärengraben hinab mit der Idee!« hab' ich neulich in einem Lokal befehlshaberisch reden gehört. Natürlich war nicht der wirkliche Bärengraben gemeint. Wer wird so unbarmherzig sein und eine Idee dorthin abkommandieren, wo es nicht so gemütlich ist, wie man einen Aufenthaltsort wünscht. Ich nehme an, daß bewußte Idee in die [...] hinabzugehen hatte, die man humorhalber in der Berufs- und Alltagssprache als Bärengraben zu bezeichnen beliebt. Der berühmte Lenin soll sich, bevor er nach Rußland übersiedelte, um daselbst sein Werk der Neugestaltung seines Heimatlandes zu beginnen, zum Bärengraben verfügt haben, und es kann sein, daß er sich dort, in tiefe Gedanken versunken, von der Langsamkeit und Zielsicherheit, die den mehrmals Erwähnten eigen ist, anregen ließ und daß ihm eine Beeinflußtheit Dienste leistete, die von der Gelassenheit, man möchte sagen, Pomadigkeit selbst herkam. Nun ist er dahin, dieser so viel von sich reden gemacht habende Lenin. Immerhin hat er Nachfolger gefunden. Niemand aber kann sagen, welchen Lauf die russische Entwicklung nehmen wird und damit vielleicht die Weltentwicklung überhaupt. Seien wir einstweilen froh, daß wir's nicht wissen. Mit dieser humanitätgetränkten Bemerkung willige ich darin ein, auf diesen Artikel die Falltüre herabfallen zu lassen, der Kreaturen enthält, die wertvoll genug zu sein scheinen, daß man gehörig auf sie acht gibt. Hoffentlich hat er Erfolg, dieser mein Bärengrabenaufsatz.

(1926)

Der alte Bernermarsch

Ich will ihm ein Artikelchen widmen. Expreß, weil er allgemein so von der Höhe des Geschmackes herab belächelt wird. Ob die Belächelei begründet sei, untersuche ich wohl lieber nicht. Oder doch? Soll ich's riskieren? Soll ich mich wirklich nicht genieren? Wie er hüpfelig, züpfelig klingt! Etwas Jugendliches, Munteres steckt in ihm. Ist gegenüber etwas Fröhlichem Verlächelei am Platz? Er ist eine Art Kind, und wenn Sie ihn spielen hören, so meinen Sie fast, es sei dies unter Ihrer Würde. Die Musiker, die ihn in Behandlung nehmen, setzen eine gnädige Miene auf, als wollten sie sagen: furchtbar simpel. Aber es gibt immer auch Leute, die ihm ihren Beifall spontan zollen. Gestern hörte ich ihn vortragen, da sah ich, wie einige dem Vortrag entflohen, als wäre er langweilig. Ich behaupte aber frisch: Nein, er ist es nicht. Er ist noch lange nicht langweilig, er berauscht, betört nur nicht, das ist aber an ihm eine gute, nicht eine schlechte Eigenschaft. Er klingt architektonisch, ich meinerseits halte das von ihm für sehr nett. Er verspricht dem Ohr nicht viel, aber er hält, was er verspricht, das ist an sich immerhin etwas. Und dann gebärdet er sich riesig drollig, das finde ich anständig. Ein ganz bestimmter hörbarer Anstand tönt in ihm, und daß er ganz und gar nicht gefangennimmt, nicht sogleich fesselt, sich nicht einschmeichelt, macht ihn interessant. Ob ich mich irre, wenn ich glaube, er sei seiner Herkunft nach gotisch? Ich meine, er stammt natürlich nicht aus dem Mittelalter, aber er duftet noch so danach, wie ja alle ländliche, völkische Kunst bis in die neuere Zeit ihr Urtümliches bewahrt hat. Hör' ich ihn, so steig' ich irgendwie herauf und herab, er bildet etwas wie Treppen. Etwas Zickzackiges. Nun, er interessiert mich. Er stellt eine Musik dar, die den Hörer in der Umgebung, in der Gegenwart, in der Realität läßt. Er umnebelt nicht, hat nichts Erinnerndes, Romantisches. Er gleicht einem gediegenen Gesellschafter. Ist er gar so leicht zu verstehen? Nein, gar nicht. Sie sehen, wie ich mich hier um ihn mühe, wie ich ihn zu umfassen versuche. Daß er so ruhig weiterlebt und daß ihm eine Art Tanz eigen ist, macht mich ihn schätzen. Die ihn erfanden, haben auch manches sonstige Schöne gebaut. Lassen Sie uns ihn um seines gesunden Wesens willen fortleben. Was die Stimmung betrifft, die in ihm liegt oder die er hervorruft, so bin ich der Ansicht, daß ihm dieselbe nicht abgeht. Er hat sie, wenn man auch vielleicht meinen möchte, sie fehle ihm. Nein, sie fehlt ihm nicht, er hat sie. Glauben Sie mir, er hat sie. Ich versichere Sie, daß er sie hat. Er stimmt ausgezeichnet mit sich überein.

(1924)

»Da es früher Tag und zudem Sonntag war, so beschloß ich,
ins Emmental zu wandern...«

Reise ins Emmental

Da es früher Tag und zudem Sonntag war, so beschloß ich, ins Emmental zu wandern. Das Gehen ließ sich gut an; mich freute es, mich leistungsfähig zu sehen. Mit dem schimmernd hellen Wetter war ich überdies sehr zufrieden.

Leute begegneten mir, die zur Kirche gingen; ich hatte in einem fort zu grüßen und tat es gern. Auch ich ging in die Kirche oder war wandernd schon darin, denn die Natur war für mich ja göttlich.

Im Gehen aß ich ein Stück Schokolade. Einer, der nicht recht reden konnte, fragte mich um Auskunft; ich sprach mit dem Armen wie ein Vater. Wie hübsch ist's, einmal so recht herablassend zu tun; man kommt sich dabei groß vor.

Vor mir ging ein Braut- oder Ehepaar, der Mann trug einen Rucksack, der voll Nahrungsmittel sein mochte. Bald grüßte ich einen Menschen, bald ein Haus, bald ein Stückchen Wald. Ich liebe nie bloß ein einzelnes; bei mir ist's womöglich immer ein Mannigfaltiges.

Autos fuhren heran, ferner Velos und Fuhrwerke; ich will aber *en gros* verfahren und derlei *détail* weglassen.

Immerhin sei mitgeteilt, daß ich in einer Gegend ging, wo ein Tal ins andere führt, viele schöne Bauernhöfe abseits auf luftiger Anhöhe liegen. Die Erde stellte sich hier in aller Eigentümlichkeit dar, nahm die ungezwungensten Formen an. Red' ich nicht schier im Hochschulton?

Um so zuversichtlicher fahr' ich fort und berichte von einem Mädchen mit Goldlocken und blauen Augen, das dem Wanderer von einem geschnitzten Balkönchen herab gute Reise wünschte; sowie von einem Schloß mit bemalter Fassade. Wie schön ist ein solches vom sinnenden, bildenden Kunstfleiß belebtes Gebäude.

Ich kam ins Dorf Lützelflüh, wo Jeremias Gotthelfs Denkmal steht. Fast hatte ich Lust, den Hut zu lüften, ließ es aber lieber bleiben.

Eine Schar junger Mädchen stand um das Monument; die wurden samt dem Landschaftshintergrund und dem Mahnen an einen großen Geist friedlich photographiert. Auf der Straße spazierten Menschen, und über das warme, sonnige Land tönten die Glocken.

Ein junger Herr ging neben mir, der einen Kuchen trug. Ich ließ den Träger sanft hinter mir; dachte nicht, daß ich ihn bald wiedersähe. Aus Ortsunkenntnis machte ich einen Umweg und traf daher zum zweiten Mal mit dem Zuckerbäckerprodukt zusammen.

Zwischenhindurch könnte ein Blumenmätteli erwähnt sein, ich tue es nur flüchtig. Dafür schlägt es jetzt zwölf Uhr; der Ausflügler langte in Sumiswald an und trat in den »Bären«, um zu speisen. Es gab Forelle, dann eine Bernerplatte, worauf Crème folgte. Das ganze begleitete ein vortrefflicher Wein.

Die Tischgesellschaft bestand aus zwei Herren, wovon einer nach Schluß der Tafel mit mir weiterzog, indem es zu zweien unterhaltender wäre, womit ich übereinstimmte.

Mein neuer Bekannter war Bauführer, der zu Huttwil wohnte, auf das auch ich hinzielte. Unter allerhand Gespräch kamen wir zu einem Berggasthaus. Die Stube war dicht voll Gäste. Einer rühmte den Wirt Weiermann in Affoltern. Derselbe stehe weithin im besten Ruf.

Abends kamen uns in einem Walde Mädchen entgegen, die so gut sangen, daß auf ihre Lieder lauter Loblieder hätten erklingen sollen. Dann wäre die Gegend ein einziges freudiges Tönen gewesen.

Sollte es nicht mit allem Menschlichen so sein? Freude und Vergnügen gingen dann miteinander. Jede Zufriedenheit sähe sich mit jeder andern verbunden, alles Handeln gewänne den Beifall aller – Phantasien, die auf einem anheimelnden Spaziergang und an wohlig vorbeistreichendem Sonntagabend erlaubt sein mögen.

Inzwischen erreichten beide Fußgänger obgenanntes Städtchen, suchten einige Restaurants ab und traten hernach in den »Mohren«, um zu soupieren.

Im Schlafgemach, das mir angewiesen wurde, erblickte ich eine Kollektion Bilder. Eines hieß »Treue«, das andere »Unschuld«, ein drittes »Die Blumen der Tugend« usw.

»Unschuld« hielt ihr Fingerchen am Mund. Was für allerliebste Lippen! Welch reizender Blick! Unwillkürlich vernahm ich Musik, doch spielte niemand.

Ich ging ins Bett und schlief prächtig; folgenden Tags trat ich den Rückweg an. Ach, herrlicher Morgen! Mehr will ich nicht ausrufen, darf aber vielleicht beifügen, daß mich die goldig-blaue Luft, der Sonnenschein, der Wind und die Wolken entzückten.

Das Glück ging mir mit Tänzerschritten voran. Solch schönen Tag dachte ich nie erlebt zu haben. Sind wir guter Dinge, so ist's uns, als wären wir es nie zuvor so sehr gewesen. Liebenswürdige und schöne Täuschung!

Fleißig schritt ich hin und kam nach Affoltern, wo ich bedauerte, auf Weiermann verzichten zu müssen, da es noch zu früh war, doch spräch' ich gewiß später einmal gern vor.

In Windungen ging es sachte den Berg hinauf; in den Äckern arbeiteten Männer und Frauen. Schön sah es aus, wie einer auf erhobenem Felde Samen auswarf, die Gestalt sich von der hellen Luft anschaulich abhob.

Unten im Lande lagen Dörfer und Städte. Einige Zeit

nachher war ich in Burgdorf. Auf dem dortigen Schloß herrschte einst das Geschlecht der Kyburger.

Der Nachmittag verlief gelinde und angenehm, und wie schön war daraufhin die gestirnte Nacht.

(1921)

Ostermundingen

Neulich spazierte ich in der Umgebung, stieg auf die nahegelegene Anhöhe, kam an einigen Bauernhöfen vorbei und langte gegen Abend bei den bekannten Steinbrüchen an, stand dicht am Rande der Felswand, stieg hinab und trat in das Bergwerk, in das eigentümliche Gebäude, wo seit Jahrhunderten Baumaterial erbeutet wird.

Bedeutsam schien es mir hier, mit großem Interesse ging ich durch die seltsamen Hallen, setzte den Fuß bedächtig, beinahe andächtig aufs ringsumliegende Gestein, auf Blöcke und Platten. Sah es nicht schier wie in einem Monumente aus?

Im Archiv, wo ich zur Zeit aushilfsweise arbeite, fand ich in einem Urkundenbuch diese Steingrube als »Kilchenbank« bezeichnet, eine Benennung, die auf die hiesige, große Kirche hindeutet. Nachher ging ich ins freundliche Dorf, wo es mir so gefiel, daß ich unwillkürlich zu mir sagte: wie traulich!

In der Ferne der Münsterturm, ringsumher zarte Waldränder, belebende Höhenzüge, in der Nähe einer, der vor seinem Heimwesen stand, und ein anderer, der über die Frühjahrsmatte ging.

Nachdem auch ich eine Weile gegangen war und mich umbog, war alles Gewölk fort, der Mond mitten in klarer Abendsphäre, sonnige Wölkchen fröhlich darin fliegend. Zufrieden kam ich nach Hause und schrieb an jemand, der mir im Leben wert und lieb ist: Gewiß erinnerst du dich noch. Schon das Erinnern muß dich ja erheitern. Um eine redliche Prüfung kann es nicht anders als hell sein, und ein Insichgehen und Abwägen ist immer sonnig. Da entsteht ein liebenswürdiges Lösen, ein reizvoller, lichter Ausgleich, es leuchtet um dich, und alles ist schön.

Du weißt, wie es war, und so wie es war, wird's auch bleiben, daran ändert Gegenwärtiges nichts. Du warst ernst, alles Fröhliche kam erst immer hinterher, wie eine Belohnung für arbeitsame Stunden.

Du suchtest die Freude nicht, gingest ihr eher aus dem Weg, aber sie lächelte dich an, und du ließest dich gerne hinziehen. Du warst weder nüchtern noch ausgelassen, weder geschäftlich noch das Gegenteil davon. Übermut scheint mir so übel zu sein wie Unmut.

Wer das Erlebte nicht empfindet, nicht bedenkt, dem entflieht es, und er erlebt es nie. Fröhlicher wie jetzt warest du nie, aber auch nicht ernsthafter; du gingest bewußt und unbewußt jene Linie entlang, die man den Mittelweg nennt, spürtest das Ewige, jenes Hereinscheinen eines Schimmers aus anderer Welt, sahest am Tag den Himmel und nachts träumtest du.

(1921)

Freiburg

Zwei gleichnamige Städte gibt's, die ungefähr zur selben Zeit gegründet worden sein mögen. Ein unwiderleglicher Gelehrter bin ich nicht und will daher jedenfalls behutsam sein.

Beide Städte heißen Freiburg. Eine liegt im Üchtland, innerhalb schweizerischer Eidgenossenschaft. Die andere liegt im Breisgau, d.h. im Badischen.

Die Bezeichnungen Alemannien, Helvetien fallen mir hier ein. Ebenso Burgund usw. Alles dies führt ins Mittelalter, dessen Leistungen ich *incroyablement* hochachte.

Es französelt hier ein bißchen; darf das aber füglich. Ich bin ja Schweizer und folglich sanft berechtigt, einige Brocken Französisch zu riskieren. Genf und Lausanne liegen ja ganz in der Nähe. – Ursprünglich war Freiburg eine deutsche, heute jedoch ist's eine französische Stadt.

Macht das etwas? Geniert uns das? Mich absolut nicht! Ich kann welsch und deutsch reden hören und finde beides ganz appetitlich. Ich will aber ernstlich aufpassen, daß ich nicht in ein Schwabulieren gerate.

Die Sache ist, daß ich gut aufgelegt bin, erstens, weil ich statt mit scharfer Stahlfeder bloß mit Bleistift schreibe, zweitens, weil ich mich erinnere, daß ich eines Sonntags in Gesellschaft einer jungen Dame von Bern abglitt, um nach Freiburg zu fahren.

Ich spitze hier den Stift neu, da die Spitze im allzu harten Schreib- und Denkeifer brüsk abbrach, wovor ich erschrak. Nebenbemerkungen werden übrigens keine mehr geduldet. Der Fabrikant von Skizzen wird das verstanden haben. Besser wäre, wenn er Nützlicheres wie Würste, Bürsten und dergleichen fabrizierte.

Sehr im Zweifel bin ich, ob die Dame in meiner, oder ob ich in Begleitung der Dame ging. O Federfuchser, willst du immer ein schwerlich ernstzunehmender, kleinlicher Parleur bleiben? Sei doch lieber ein gewaltiger Taktiker, unerbittlicher Politikus, damit du endlich die gebührliche Achtung einkassierst und man dich allgemein ästimiert, bis man dich totschießt, indem du nämlich leicht im Wege sein könntest.

Wir fahren also von Bern ab. Es war höchste Zeit, in den Wagen zu springen, da der Zug schon *doucement* abfuhr. Ich wollte dem Zugführer rasch noch meinen Dank abstatten gehen, darum, daß er die Güte besaß, einigermaßen Rücksicht zu nehmen, dachte aber, daß es für derartige Höflichkeiten, ehrlich empfundene Gerührtheit wesentlich zu spät sei. Kurz, wir saßen im Abteil dritter Klasse, die uns gut genug zu sein schien.

Es sei gut, daß der Tag nicht so sonnig, sondern etwas regnerisch wäre. Städte sähen im Sonnenglanz nur fast zu schimmerig aus, sagte die Dame, und ich pflichtete ihr folgsam bei, indem ich ihr sowohl innerlich wie mündlich durchaus recht gab.

Während der Fahrt versprachen wir uns, nicht über jedes Schöne, sei's ein Gitter, ein Schild, ein Schloß, ein Standbild, ein Rathaus, ein Turm oder eine Nonne im Klostergarten gar so üppig zu staunen oder übermäßig und ohnmachtmäßig zu schwärmen. Sich so heftig begeistern zeuge kaum von gutem Geschmack. Vieles Hui- und Ui-Ausrufen vor Entzücken pflege Kopfweh zu verursachen. Schier umfallen vor Kunst- und Altertumsgenuß sei ziemlich ridikül. Vornehmes wolle kühl, Artiges ganz artig in Augenschein genommen sein. Eine Stadtansicht sei kein Biskuit zum In-den-Mund-stecken und Darob-fast-zerfließen.

Dermaßen rüsteten wir uns mit den besten Vorsätzen

aus, sahen dann die Stadt, gingen in ihr herum, schauten all ihr Sehenswertes an, mußten hie und da lachen, weil eins oder das andere trotz strikter Abmachung sich zu einem Hui oder Ui hinreißen ließ.

Köstliches gab es zu sehen. Ein Rokokopalais sah aus, als schlafe Dornröschen darin. Herrlich war's, in ein wahres Ninon de Lenclos-*Chambre* bewundernde Blicke zu werfen.

In der »Grande Rue« wimmelte es von baulicher Zierlichkeit. Sie ist ganz achtzehnjahrhunderthaft. Auch vom Directoire und Empire hat sie einiges. Ich habe ziemlich viel Achtung vor mir, daß ich so hübsch mit Kenntnis und Wunderweißwas ausstaffiert bin.

Sans Spaß, die Stadt ist schön! Oben hat sie das elegante, unten das derbe Gepräge. Es gibt da reizende kleine Plätze und langgestreckte Klöster. Angesichts eines solchen lebte ich unwillkürlich im »Don Quijote« von Cervantes.

Ich sah den unglücklichen Cardenio, der um Lucinde willen ins zerklüftete Gebirge flieht, wo er sich seiner Kleider und seiner Gesittung entäußert, halbnackt und toll vor Gram von Fels zu Fels springt, die Hirten anfällt, sich selbst schlägt und über die schnöde Welt in wilde Klagen ausbricht, bis es sich fügt, daß er wieder glücklich wird, weil er die angebetete Frau durch liebliche und seltsame Zufälle wiederfindet.

Da gerade in der Kirche gesungen wurde, so traten wir herein und wohnten eine Weile dem Gottesdienste bei. In heimeliger Wirtsstube wurde zu Mittag gegessen und über Literatur geplaudert.

Unten in der sogenannten »Kleinstadt« sah es ganz mittelalterlich aus. Hier war der Stil gotisch. Man tappte bei jedem Schritt im Sagenhaften. Kleists Novellen schienen hier zu leben.

Über den Fluß wölbt sich eine alte Brücke. Der Wald

»Unten in der sogenannten ›Kleinstadt‹ sah es
mittelalterlich aus. Hier war der Stil gotisch...«:
Blick in die Altstadt von Fribourg

berührt mit seinen Ästen die wankenden und dennoch festen Häuser. Menschengeschichte ist hier greifbar.

Wir kehrten heim. In Bern gab es einen Tee- und Plauderabend, das stand fest auf dem Programm. Letzteres ist kein urwüchsiges Wort. Ich weiß nicht, woher es stammt. Wörter gibt's, die dich augenblicklich um klanglicher Bedeutung willen anheimeln. Andere haben etwas Ärmliches in üblem Sinne an sich.

Aber ich habe ja noch von Freiburg im Breisgau etwas zu sagen. Ich ging nur einmal in einer Winternacht durch seine Gassen und glaubte im Dunkel einen Dom zu sehen oder zu empfinden. Die altväterischen Häuser kamen mir alsobald vertraut vor.

Indem ich um die Stadt herumging, sagte ich mir, sie sähe sicher am Tag, bei Sonnenschein, anmutig aus. Ich trat in ein Gasthaus und fand in hellerleuchteter Stube eine lebhafte Gesellschaft.

»Sie können sich ruhig zu uns hinsetzen und ungezwungen sein. Wir sind ja auch so. Ihre Fremdheit ist kein Hindernis, zusammen gemütlich zu sein. Sie sollen nicht glauben, daß Sie uns stören.«

So oder ähnlich sprachen die Leute, und ich hatte gegen die Art, wie sie mich ermunterten, an der Geselligkeit teilzunehmen, gewiß nichts einzuwenden.

(1919)

Genf

Von Bern bis Freiburg sind es zu Fuß sechs Stunden. In letzterer Stadt kaufte ich für alle Fälle Strümpfe und strich mit dem Paketchen über Kinderköpfchen. Samstagabends sind Mädchen glücklich, weil alle Leute mit Einkaufsabsichten in den Straßen gehen und stehen, sich gleichsam Türen öffnen in die Ruhe und Freude des Sonntags.

Einen Burschen fragte ich nach dem Weg nach Romont; er schaute mir auf die Schuhe, wie wenn er hätte prüfen wollen, ob sie marschtüchtig seien.

»Es ist weit bis dorthin«, sagte er.

»Tut nichts«, erwiderte ich und gewann den Platz in vier Stunden, aß Käse, trank etwas Wein und legte mich schlafen. Bevor ich die Augen zudrückte, dachte ich an die Geliebte, woran ich Spaß hatte.

Die Strecke bis Lausanne nahm acht Stunden in Anspruch. Es begegnet einem da vielleicht ein Priester, vor dem man den Hut lüftet, im Bewußtsein, es schicke sich, geistlichen Stand freundlich zu achten. Ein hochgelegenes Städtchen nennt sich Rue.

Vor Lausanne trat mir spazierendes Sonntagspublikum entgegen. Weiter geht's, und in zwei Stunden bin ich in Morges, dessen Kirche mir angenehm auffällt, dessen Wirtschaften mir reizend scheinen.

Zwei weitere Stunden brauch' ich bis Rolle; hier dreh' ich mir unter einer Wölbung, bei einem Kastanienhändler und einer Knabenschar, eine Zigarette, trete in den »Tête noir«, ein aus dem Jahr 1628 stammendes Gasthaus, finde es reinlich und ehrbar.

Acht Uhr früh rückte ich fort. Nyon nebst verschiedenen Landschlössern streifend, gelangte ich um elf nach Coppet, wo ich mir Salat und Fleisch gönnte. Der Wirt, ein Südamerikaner, richtete allerlei Fragen an mich.

Eine Elegante stand am Büfett; ich fand innert drei Minuten genügend Augenschmaus an ihr, sie fühlte es, rieb sich den Rücken.

Drei Uhr nachmittags zog ich in Genf ein, verfügte mich in ein Café und stoße dann auf einen Alten, der hier bei seinen Kindern wohnt und nicht glücklich dabei ist.

»Unstimmigkeiten kommen vor«, such' ich ihn zu beruhigen. Ein Plakat läßt in weithin sichtbarer Schrift lesen: Borgia s'amuse. Dies weist auf eine Kinovorstellung hin.

Was kann man in Genf tun? Allerlei! Zum Beispiel in eine Konditorei gehen und fragen, ob's erlaubt sei, sogleich sich an süßen Stücken zu erquicken.

Hierauf die Altstadt aufsuchen, an Kirchen emporstaunen und an Calvin denken. Eine Marmortafel mahnt an den hier einst predigenden Schotten John Knox.

Man kann eine Tafel Schokolade einem Schulkind schenken, das eben in eine Türe treten will, hierauf eine Kunsthandlung besichtigen, etlichen Wirtschäftchen die Ehre antun, eine Appenzellerin antreffen und sie fragen, wo das Theater liege.

Unter Denkmälern ragen hervor die Statuen von General Dufour und dem Herzog von Braunschweig. Ein Monument lautet auf den Eintritt Genfs in die Schweizerische Eidgenossenschaft.

Man merkt sich Museen, vornehme Privathäuser, findet daneben manches Mädchen hübsch, kommt vor das Hôtel de ville, geht in dessen Vorhof, findet denselben auffallend schön.

Einer jurassischen Kellnerin Artigkeiten zu sagen

»Drei Uhr nachmittags zog ich in Genf ein...«

schien mir am Platz, und einen jungen Aargauer anzutreffen nahm ich als ein Spiel des Zufalls. Wir gehen durch ein riesiges Warenhaus, setzen uns in frischer Abendluft großstädtisch vor ein Café.

Genfs Einwohner scheinen weltgewandt und freundlich. Ich kaufe Mandeln, gebe sie Knaben, entzieh' mich meiner Begleitung, da ich mich jedesmal in neuer Umgebung schnell einlebe, saß dann im »Petit Casino«, wo Komödie gespielt wurde, stöbere eine Bar auf, worin getanzt wird.

Beim nächtlichen Herumpromenieren kam ich auf die kleine Rhône-Insel, die das Denkmal Rousseaus schmückt, zog den Hut vor dem Unbeweglichen, der viel Bewegung hervorrief.

Ihre Lage am See gibt der Stadt etwas Sanftes, Stilles. Vornehme Hotels stehen an den Quais. Die Brücken, über die du schreitest, erheitern dich. Einer Schlanken schaut' ich lange nach, sie glich jemand.

Im Schweizerhof fand ich spät noch zu mäßigem Preis erwünschte Unterkunft. Die Rückreise geschah per Eisenbahn, die den Weg, für den ich zwei Tage brauchte, in viereinhalb Stunden zurücklegte.

(1924)

»*Im Schloß besichtigte ich den sehenswürdigkeitenenthaltenden Rittersaal...*«: *Das Burgdorfer Schloß*

Reise in eine Kleinstadt

In mir ist eine anscheinend immer noch wackere Menge von Unermüdetheiten vorrätig. Indem ich mit mehr oder weniger Entschlossenheit auf eine Kleinstadtbeschreibung losgehe, erlaube ich mir anzumerken, angesehene Witwen mit Söhnen und Töchtern kämen in kleinen Städten leicht vor, und wenn man vom Bahnhof aus gegen eine solche Art von Stadtbild hinzumarschiere, komme man womöglich an einem Dichterdenkstein vorbei, der mit seinen Poesieumwobenheiten eine Gartenanlage verziert.

Jedes Inland ist stets zugleich auch Ausland, da jeder Einheimische, sobald er sich in fremder Leute Heimatland einheimisch machen will, als Ansiedler oder Ausländer dasteht. Eine Heimat ist für einen Fremden fremdes Gebiet. Fort jedoch mit Gedanklichkeiten. Ihr, Räumlichkeiten, kommt, bitte, dafür in meine Nähe! Häuser mit Arkaden aus dem ausklingenden sechzehnten und antönenden siebzehnten Jahrhundert zum Beispiel. Wie bisher, möchte ich mich auch hier mit geographischen und jahreszeitlichen Angaben nicht befassen, eher mit Würsten und Schlössern.

Nach langer Zeit des Stillgebliebenseins fuhr ich gestern wieder einmal Eisenbahn. Nur schon die Fahrkarte am Schalter einzulösen, gewährte mir Genugtuung. Mit ungemein viel Vergnügen schwang ich mich in den Schnellzug.

Indem mein Prosastück solid, will sagen, mittelmäßig zu werden verspricht, vertraue ich mich ihm an. Ich zähle zur Sorte tapferer Tatmenschen, die man Aktivisten nennt, und für die es keinen fröhlichkeitweckenderen Anblick gibt als den, den Furchtsame oder Zögernde unwillkürlich darbieten. Die Kleinstadt, die ich mir zur Zeit vorstelle, in die ich Blicke zu werfen Gelegenheit bekam, besaß ein reizend gelegenes, angenehmen Baustil aufweisendes Kasino. Im Schloß besichtigte ich gegen Aushändigung einer Eintrittstaxe den sehenswürdigkeitenenthaltenden Rittersaal. Aussicht, herrliche, pracht- oder wundervolle, die ich von hier oben herab genoß, Dir möchte ich mindestens mit der Erlaubnis deines Landschaftsmundes eine flüchtige Zeile widmen. Mit ihrer Glänzigkeit und straffen Rundlichkeit bestachen mich die Würste, die sich im Schaufenster einer Schweinemetzgerei aufhielten, lebhaft. In einer anderen Schaustellung von allerlei Waren lagen Schokolade und sorgfältig in Silberpapier gewickelter Käse in friedlichem Beisammensein nebeneinander. Hierüber zuckt vielleicht irgendein Leser seine Achseln, während sich ein zweiter durchaus nicht abhalten läßt, ruhig weiterzulesen. Im übrigen findet der Hersteller vorliegender Notiz seine Lebensaufgabe, die darin besteht, die Mitwelt und Jetztzeit stets von neuem zu überzeugen, daß er, wenn er schriftstellert, dies tatsächlich tut und nicht nur flunkert oder faselt, manchmal fad, mühselig und undankbar genug, und er ruft aus: »Wie beneide ich Menschen, die nicht kurzweilig zu sein verpflichtet sind.«

Ich vernachlässige absichtlich, d. h. instinktiv seit einiger Zeit den sogenannten Elegantismus hinsichtlich der Schreib- und Denkweise, um ihn mir einigermaßen zu erhalten, da sich besonders alles Feine schnell abnutzt.

Ich eile nun ins Haus eines kleinstädtischen Kaufmannes hinein, nehme den Vieruhrtee ein und benehme mich artig, manierlich, gutmütig, als sei ich nie etwas anderes als ein biederer, zuverlässiger, anstelliger, brauchbarer Bezirksbewohner gewesen. Nebenbei betont, bekam ich während der Fahrt in die Kleinstadt einen Europäer zu Gesicht, dem ich den Europäismus lediglich an einer gleichsam behaglich sprudelnden Sprachgewandtheit anmerkte. Gekleidet war er wie ein gewöhnlicher, ich meine, unehrgeiziger Mensch. Eine kleine Stadt liegt ja ebenso gut und unverkennbar in Europa wie jede große und größte. Ich zittere ab und zu vor mir, weil ich eigentlich schon zu oft gezeigt habe, ich könne dies und das, doch ich komme nun, mich meines Schloßbesuches erinnernd, aufs Mittelalter zu sprechen. Indem meine Geschichtskenntnisse unzulänglich sind, sage ich das kleinlaut.

So eine mittelalterliche Burg rührt mich, wie wenn sie ein schönes Mädchenantlitz sei. Burgen wurden nicht um des Stolzes, sondern um der Nützlichkeit willen errichtet. Einmal, vor bereits vielen Jahren, stand ich vor dem Grabmal einer Gräfin. Ich erwähne das einstweilen, um den sich vor mir auftürmenden Schwierigkeiten zunächst auszuweichen. Wie heiter machen mich die Zinnen und Wimpern eines Schlosses, das mich anschaut, als habe es große, sprechende Augen. Den zweifellos an sich feudalen Damenschuhabsatzianismus berücksichtige ich in Bälde oder Kürze herzlich gern. Im Kaufmannshaus beherrsche ich den Salonton, wie ich annehmen zu können glaube, spielend. Jetzt aber nehme ich einen Anlauf ins Ritterlichkeitszeitalter, indem mir einleuchtet, daß um die Zeit, da die meisten mittelalterlichen Burgen aufgerichtet worden sind, Venedig vielleicht die hervorragendste Stadt gewesen sein mag, die weit und breit vorhanden war. Worms, Ravenna, Byzanz scheinen mir weitere erwähnenswerte Städtenamen in Bezug auf mein Thema zu sein. Die Frage macht sich geltend: Wie sah das Leben in den damaligen Kreisen aus? Zahlreiche Städte, die heute groß sind, standen überhaupt noch gar nicht da, glänzten durch totales

Nochnichtvorhandensein, waren noch ungegründet. Immens reiche Herren schienen um jene Zeit Einfluß ausgeübt zu haben, Herren herrlicher, großartiger Art, wie man sie sich in unsern abgeklärten Tagen kaum noch vorzustellen vermag, Herrschende, die nie und nimmermehr irgend etwas Salonhaftes, ich meine dies im Sinne des Literarischen, an sich hatten, eine Aussage oder Annahme, worin ich mich freilich irren kann, da alles moderne Literatentum auf sicher sehr alter Tradition beruht; veritable Herren immerhin, nicht um Höflichkeitsbeabsichtigungen willen. Ferner beschäftigt mich die gewiß an sich nicht uninteressante Frage, was man zu Hause oder auf der Wanderung, zu Land und zu Wasser, in Zelten oder auf Schiffen aß, Gesottenes oder Gebratenes? Wie mag das tägliche Brot beschaffen gewesen sein? Bezüglich der Bekleidungsweise liegen eher nachrichtliche Beglaubigtheiten vor. Die fragwürdige Frage taucht nun vor mir auf, welcher Sprechweise bedienten sich beispielsweise Schloßfrauen um jenen Zeitpunkt? Sprachen sie eine Sprache kraus wie Locken, wirr und dennoch begründet und graziös geordnet wie eine Schar Wachteln und dunkel, wie's im Inwendigen ausgedehnter Waldungen ist? Die Schuhe schienen zeitweise Schnabelform besessen zu haben, wofür wir verständigen Heutigen uns in jeder Hinsicht bedankt hätten. Mir scheint, in kleinen Städten seien die Mädchen mädchenhafter, die Spielsachen spielerischer, die Theatervorstellungen theatralischer als anderswo.

Ich wohnte einem Stück bei, das sich anschauen und -hören ließ, als sei es während der Sturm- und Drangperiode geschrieben worden, stamme mithin aus der Genieepoche, wo die Dichter noch ausgesprochene Dichtergesichter aufweisen und sich unvorbehältlicher, vollständiger, mit reiferer, reinerer Leidenschaftlichkeit, als sich dies heute bei den Dichtenden verhalten mag, den Bezauberungen ihres Berufes hingaben. Irre ich mich nicht, so betitelte sich die Dichtung: »Die Rivalen«. Falls ich von Schauspielkunst nur das mindeste verstehe, verdiente die Aufführung die Note »prachtvoll«, indem sie, was Kostümierung anbelangt, in Samt und Seide glänzte und zum Teil hoch zu Roß einherritt. Das Stück war zwar arm an glanzvollen Frauenrollen, strotzte dagegen von wackern, beherzten, tapfern, charaktervollen, zielbewußten Männern. Die Heldin, eine Hausfrauengestalt von außerordentlicher Manierlichkeit, erquickte die Anwesenden durch Gediegenheit, womit ich nachgiebige Standhaftigkeit und unerschütterliches Anpassungstalent meine. Ein intelligenter Spitzbärtiger verfuhr gegenüber einem sich auf seine Kraft stützenden Vollbärtigen hart und hatte keinen erheblicheren Grund hiezu, als weil er ihn benied. Er haßte ihn, weil er ihn schätzte, und er verfolgte ihn, weil der günstige Eindruck, den der Verfolgte auf den Verfolger machte, Folgen haben zu sollen schien. Als die Abrechnung erfolgt war, der Herausfordernde besiegt am Boden lag, der Sieger oder Unterdrückersüberwinder jubelnd und glückstrahlend zu Hause bei seiner Ehehälfte anlangte, gestand ihm diese, sie traue seinem Glück keineswegs, ihr sei es bang um ihn. Der Freiheitsheld erbleichte, denn er fühlte mit einmal tief, seine Gattin gebe etwas Wahrem geziemenden Ausdruck. In der Tat sehen sich Helden lieber in der Mühsamkeit, bei ihrer Arbeit, wenn, was sie bezwecken, noch nicht vollführt ist, als auf dem Gipfel der Zielerreichtheit, wo sie sich nicht allzu wohlaufgehoben vorkommen. In obenerwähntem Kaufmannshaus wohnte ich einem beinahe dramatisch anmutenden Auftritt mit Vergnügen bei. Dem Kaufherrn dienten nämlich seit nun schon anscheinend langer Zeit zwei Frauen, eine Haushälterin sowohl wie eine Geschäftsvorsteherin. Erstere war hübsch; letztere ragte mehr durch Tüchtigkeit als durch Vorzüge des Äußeren hervor. Am Tag meines Aufenthaltes im Städtchen sagte die kommerzielle Leiterin der Direktorin des Hauswesens, sie sei ihr längst einen Denkzettel schuldig, wobei sie eine ohrfeigelige Handbewegung machte. Der Hausherr wurde in die weibliche Affäre hineingezogen. »Ereifere dich nicht«, befahl er der Schönen, erwägend, daß die Schönheit kommandiert sein will. »Ich hoffe, du werdest dich zu mäßigen wissen«, wandte er sich gewandt an die andere. Indem sich beide Verfeindete hier vertraulich zurechtgewiesen, dort jedoch auf eine heitere, gewinnende Art aufgemuntert sahen, schienen sie wieder zufrieden miteinander zu sein.

(1928)

Wohnungswechsel

Ich schlug soeben ein neues Zelt auf. Im Völkermuseum in Berlin studierte ich seinerzeit die Indianerabteilung, worin sich farbenfeine, spitzdachige Wohnungen befanden. Auch altmexikanische Kunst war in der Nachmittagsdämmerung vertreten. Indem ich zu meinem Bedauern fand, daß meine bisherige Mansarde zwar recht nett, aber auch recht eng sei, erlaubte ich mir, ordnungsmäßig aufzukünden. Diverse meiner Mitmenschen unternehmen weite Reisen, per Eisenbahn und zu Schiff, und können hiebei natürlich stattliche Bekanntschaften machen und zu allerlei nützlichen Weltanschauungen kommen. Ich begnüge mich, innerhalb der Grenzen unserer Stadt zu nomadisieren, eine Wanderart, die mir überaus bekömmlich zu sein scheint, denn ich sehe, wie ich sagen kann, verhältnismäßig gesund aus, d. h. es scheint mir, daß ich blühe. Demnach gedeihe ich also sozusagen getreidehaft. Es gibt hier Leute, die sich beklagen, sie imponierten mir nicht, aber du liebe Zeit, man kann sich unmöglich in einem fort beimponieren lassen, das würde ja eintönig werden. Ich liebe Abwechslung im Wohnen sowohl wie speziell auch im Essen sehr. Unterdessen wohne ich also jetzt in einem in nächster Umgebung der Stadt gelegenen ehemaligen Landsitz, den lange Zeit eine sehr angesehene gleichsam ehrwürdige Familie bewohnt hat. Die Tapete meines Wohnraumes scheint mir von recht anmutiger, gefälliger Art. Ich bin mit der Wandeinkleidung durchaus zufrieden. Der Fußboden ist quadratiert; seine Zeichnung freut mich. Da es Winter ist, lasse ich täglich für 60 Centimes einheizen. Der große alte Garten, der den Titel Park verdient, ist mit Schnee bedeckt, was wie

»Ein in nächster Umgebung der Stadt gelegener,
ehemaliger Landsitz...«: Das Haus Elfenauweg 41 in Bern,
wo Walser vom Dezember 1925 bis April 1926 wohnte.

eine Pelzbemäntelung aussieht. Es hat so etwas Hermelinhaftes. Im neuen Bett schläft sich's gut. Eine Luft umgibt das Haus, die von einer Gesundheit ist, und das Haus steht auf einer zarten Anhöhe, zu deren Füßen die Aare gelassen vorbeizieht, die ein Zweigfluß des Rheines ist, an dessen Gestade der Rheinwein wächst. Früher gab es am Ufer der Aare ebenfalls Reben, die jedoch längst wegen Erträgnismangel eingingen. Mein Teeservice erwartet, daß ich es demnächst brauche. Eine kleine, aber scheinbar ganz feine Bibliothek befindet sich auf einer Konsole, und soeben habe ich eine vortragabzuhaltenbeabsichtigende Schriftstellerin brieflich gebeten, mich zu besuchen, falls sie Lust habe, mir das Vergnügen ihres Erscheinens zu schenken. Ob sie kommen wird, wird sich herausstellen. Zwei Fenster spenden mir in genügendem Maße Licht, und was zieren den Garten für hohe, schöne, schlanke Bäume. Wie ich mich soeben bemüßigt gesehen habe nachzuschauen, enthält die Bibliothek, die nicht mir, sondern meiner Wirtin gehört, eine Weltgeschichte in drei starken Bänden, und ich zweifle nicht, daß ich von Zeit zu Zeit in dem bildenden Werke lesen werde, denn es gibt immer Minuten, die mit etwas ausgefüllt sein wollen.

Ich glaube schon, daß mir ein wichtiges Papier abhanden gekommen sei, nämlich die Aufenthaltsbewilligung, die sich aber seither zum Glück wieder vorfand. Und nun hängt mir da im Zimmer eine Abbildung des durch Lord Byrons Gedicht »Der Gefangene von Chillon« weltbekannten Schlosses eben angegebenen Namens, das mit seinen Mittelalterlichkeiten, seiner Romantik den Genfersee ziert, von dem jeder Gebildete wissen muß, wo er liegt, gewann doch in diesen Tagen die Stadt Genf hohe Bedeutung.

Vielleicht dürfte mein Sessel etwas rauh sein, aber ich werde diesbezüglich allen Ansprüchen einfach Schweigen gebieten. »Du arbeitest nur deshalb so eifrig für die Presse, um den Lohn in allerlei Restaurants zu tragen«, redete mich dieser Tage eine Dame an, die mir die Respektabilität selbst zu sein schien. Ich warf auf die Bemerkung hin bloß einen bittenden Blick in den Himmel. Wieder begegnete mir jene so unsäglich sympathische Lehrerin, und wieder verbrachte ich eine Stunde bis zwei im Kreise jüngerer Sänger und Schauspieler. Diskutiert wurde über nichts Unwichtigeres als über das Leben. Jeder gab mir seinen Namen an. Einem Beisitzenden beliebte es, mich »Kleiner« zu nennen. Da er's aber denkbar anerkennend meinte, ließ ich's mir gefallen. Letzten Sonntag trat ich, einem Schneegestöber ausweichend, in eine gangbare Wirtschaft. Arbeiter und Bürger pflegen dieses Lokal zu frequentieren. Das Bier ist dort sehr süffig, mit anderen Worten wohlschmeckend. Ich kam mitten in ein Lottospiel, dessen Gewinnste in Enten, Zuckerdüten, Würsten, Rippli, Konserven, Käse, Schokolade, also in lauter Wünschenswertigkeiten bestanden. Was meine Persönlichkeit anbelangt, so verzichtete sie aufs Mitspielen, indem ich auf die Freude hinwies, die für mich im Zuschauertum enthalten sei. Ein freundlicher Herr mittleren Alters errang eine Prachtsfleischwurst. Ein junger Mann machte sich nach kürzerer oder längerer Zeit eine elegante Zungenwurst zu eigen. Der Spielarrangeur rief hellstimmig Zahlen aus. Die Spieler hatten Kartons vor sich liegen, und gewonnen hatte jeweilen der, dem es glückte, mit Glasplättchen eine Zahlenreihe zu decken. Gespielt wurde sowohl zu ebener Erde wie im ersten Stockwerk. Ein Telephon diente zur Übermittlung, also zur Herstellung einheitlichen Ganges der Geschäfte. Gerne würde der Wurstansichreißer noch eine Zuckerdüte umarmt haben, um sie vors Antlitz seiner Gemahlin zu bringen, aber die letztere Erwerbung gelang ihm nicht, dafür gelang sie einem andern, und dieser andere war ja sein Mitmensch, und wir sollen heute mehr als je menschenfreundlich sein. Gespielt wurde zwei Nachmittage lang, und ich ließ mir erzählen, daß die Veranstalter des Kurzweils an die Behörde je vierzig Franken Erlaubnisgeld zu zahlen hätten.

Über die Besitzung, worin ich wohne, verfügt die Gemeinde.

(1926)

»Die Stadt ist wie eine oft und heiß umworbene Schöne...«:
Die Kramgasse in der Berner Altstadt

Die märchenhafte Stadt

Ich bin in dieser Schoßhündchenstadt zum wedelnden Hundeli geworden. Dichter werden hier von feinen Leuten zum Nachtessen eingeladen. Hausfrauen schenken ihnen Rosen, und die Gatten haben nichts dagegen einzuwenden. Abends schimmert noch bis in die späte Nacht Licht in den eleganten Konditoreien. Kühlende Bäume erheben ihre graziösen Wipfel; und aus den blätterumlispelten Gärten säuselt Musik. Die Stadt ist wie eine oft und heiß umworbene Schöne, die zum Glück nicht nachgibt, damit sie immer begehrt, geliebt und umworben werde. Viele Gymnasiasten flanieren in den Arkaden; die Mädchen sind mit Federn und lustigen Einfällen geschmückt. Sie tanzen eher, als daß sie bloß gehen. Herrlich treibt es mich frühmorgens herum, treppauf und -ab. Neulich trank ich in einem Hotel von allen Sorten Likör, was mich Geld kostete, aber ich finde, daß etwas Gutes gar nicht billig sein sollte. Kein Wunder, daß ich in solcher Umgebung jung werde. Im Bett mache ich eine Weile den Dummkopf, eh' ich aufstehe. Gesichterchen gibt es hier, daß man stirbt und augenblicklich aus entzückungsvollem Tod aufwacht. Die funkelnden Gläser, die beängstigend hübschen Bouquets, die glitzernden Ringe und die Unmasse unerfüllter Aufgaben: Bedauern, beneiden Sie mich, mein Herr. Ich lernte hier spielend Flöte blasen. Ein Berg erhebt sich gutmütig in der Nähe, abends steigt man auf zartgewundenen Wegen hinauf und schaut auf die Heiterkeit und Pracht hinab, winkt mit der Hand, streckt grüßend den Arm aus. Diese Stadt meiner Liebe, meines vielen, vielen Bittens, diese Schoßhündeli- und Bändelistadt ist mein Eigentum. Noch nie im Leben fühlte ich mich so sicher. Oft schüttelt mich ein Lachen und perlt und rieselt mir durch die Glieder. Wunderbar schmöllelen und zürnelen hier die Frauen. Die wollen behöfelt und bemokiert sein, aber das klingt unartig. Ich habe hier mein Herz entdeckt, und geh ich von hier fort, was ich mir nicht auszudenken vermag, so wird es bluten, denn ich werde mich gewaltsam losreißen müssen; aber ich weiß es noch nicht, ich mag's nicht wissen. Ich langweilte mich hier noch keine Stunde, komme nicht zum Dichten, ach was, dichten! Wer verlangt von einem Schoßhündchen, daß es dichtet? Was würde aus mir? Ich bin glücklich, und ist denn das ein Unglück? Wie die Stadt sich nennt, sag ich nicht, das ist ja auch nicht nötig, wenn sie nur schön ist, man sie gern hat.

(1925)

*Hoch über der Frage, was taktvoll
oder taktlos sei...*

Bericht vom Ersten August

Obschon ich vielleicht heute ein bißchen matt bin, weil ich gestern bis in die späte Nacht hinein aufblieb, da ja gestern Erster August war, raffe ich mich dennoch auf und greife zur Berichtabstatterfeder, um Ihnen vom gestrigen Erlebten ergeben Mitteilung zu machen. Einst hatte ich eine Herrin namens Auguste, die mir die Kunst, zärtlich zu sein, in kürzester Zeit beibrachte. O, wie gern erinnere ich mich ihrer von Zeit zu Zeit, obgleich mich selbstverständlich dabei eine Art Lachen ankommt. Ihre Lippen waren von der dunkelroten Farbe des Saftes der Kirschen. Heute strahlt es um die Kirche, die vor meinem großen Fenster hochaufragt, hellblau, und gestern war es auch so. Aha, da leuchtet's mir ein, ich richtete gestern vormittag an irgend jemand ein in der Tonart der Diplomatie verfaßtes Schreiben. Das Mittagessen nahm ich im Zimmer ein, es bestand aus drei Tomaten, einer Büchse Sardinen, hundert Gramm Rohschinken, Käse und Tee. Gegen drei Uhr schrieb ich ein Gedicht auf meine Geliebte, das sich zu einem wahren Wunder der Beredsamkeit auswuchs und mir die Formvollendetheit selbst zu sein schien, als ich den Mut fand, es zu überlesen. Sie wissen vielleicht, daß die Erste-August-Feier alljährlich stattfindet und eine hohe Bedeutung für unser Volk hat, wurde doch an einem einstigen ersten August die Formalität erfüllt, die zur Gründung der Eidgenossenschaft führte. Indem ich gestehe, daß ich zuerst die Absicht nährte, gleichgültig in der Stube zu sitzen, deren Wand mit Nachbildungen Freudenberger'scher Schöpfungen geziert ist, darf ich zugleich sagen, daß ich in einem alten abgetragenen Anzug zunächst ein Glas Helles trinken ging. Um vier

Der Rütlischwur – »*die Formalität, die zur Gründung der Schweizer Eidgenossenschaft führte*«

Uhr nachmittags, also um eine Zeit, da viele Leute damit beschäftigt gewesen sein mochten, Berggipfel zu erklimmen, trat ich in eine zweite Wirtschaft hinein, um hier den Beweis abzulegen, daß ich es ebensogut mit einem dunklen als mit einem hellen Bier aufzunehmen verstehe. Ich trinke meist mit feierlicher und stattlicher Langsamkeit. Nachdem ich dem Bier gleichsam den Abschied gegeben hatte, ging ich, man kann sagen, mit der größten Bedächtigkeit zum Wein über, indem ich mich zunächst für Weißwein entschied, von welcher Sorte ich mir von der Kellnerin, die das Glück hatte, mich bedienen zu dürfen, ein Glas voll vor's Gesicht hinstellen ließ. Väter, Mütter und Kinder und Erwachsene aller Art bildeten den Rahmen, innerhalb dessen sich mein Dasitzen abspielte. Ich stellte mir übrigens eine Zeitlang sämtliche zweiundzwanzig Kantone unseres Landes vor, im Geist eine Ferienreise absolvierend, was mir eine schnelle und billige Art zu sein schien, vergnügt im Vaterland herumzureisen. Ich verlor hiebei bloß etwa fünf Minuten und erlebte keine einzige Wander- oder Reiseunannehmlichkeit, übernachtete nirgends und schwebte doch an Städten und Gegenden voll Reiz vorbei, wie z. B. am Bodensee und über die Graubündnerberge. Unter anderem sprach ich zu mir, daß zur Zeit in Luzern eine Gemäldeausstellung sei. Plakate hatten mich nämlich kurz vorher darauf aufmerksam gemacht. Nun rede ich von etwas [...], nämlich von einer Bestellung, die ich ausrichtete und die sich auf eine Portion Leberli mit Bratkartoffeln bezog, die ich, da es inzwischen etwa sechs Uhr geworden war, zu essen wünschte. »So und nicht poetischer, nicht ehrenhafter feierst du den Ersten August?« fragte ich mich, mich aber nichtsdestoweniger auf die Berner Rösti freuend, zu deren Herstellung ich Weisung gegeben hatte. Unter Berner Rösti ist eine Spezialbratkartoffelplatte zu verstehen. Solange ich sie noch nicht vor mir hatte, unterhielt ich mich mit einem älteren Mitbürger, der mir auf die Frage, wo er wohne, zur Antwort gab: »Momentan nirgends.« Er wies mir die Photographie seines Sohnes vor, der es in französischen Fremdendiensten zum Wachtmeister gebracht hatte. »Vielleicht kann er Offizier werden«, fügte er der Schilderung von seines Sprößlings Eigenschaften fast stolz bei. Wie würde ich zu beschreiben imstande sein, in welch hohem Grad mir nun Leberli und Rösti schmeckten, deren beendeter Genuß mich antrieb, nach Hause zu gehen, mich dort umzukleiden, um zuletzt in die Kreise der schönen Welt einzutreten. Hier gebe ich zu, daß ich sozusagen ein wenig ›billig‹ ausgesehen habe. Meine Eleganz mag eine etwas flatterige, lockere gewesen sein, aber der neue Anzug, den ich trug, ob er nun auch nur aus der Konfektion stammte, hob mich beinah über mich hinaus, er elektrisierte, erleuchtete mich, und ihm verdanke ich, daß ich in einem sehr feinen Restaurant einen verhältnismäßig ganz guten Eindruck hinterließ. Ich gleite natürlich nun aus Geschmacksgründen über die Aufzählung jeweilig getrunkener Gläser Bier hinweg. Vorsichtshalber beliebte es mir, etwa zu einem Täßchen Kaffee Zuflucht zu nehmen. Auf dem Platz, über den ich in Lebensbeherrscherschritten hinschritt, sah ich hauptsächlich wen? Ei, mich, und hörte ich was? Abendglocken, die vom Kirchturm herunterflogen und über die Stadt flogen und sich tanzend und schallend verflogen, verloren. Geh und fange Glockenklänge ein, hoffentlich gelingt's dir. Du kannst sie zu einem hübschen Kleid einschmelzen. Eine schöne Frau, die mir die Ehre erwies, sich mit mir bekannt zu machen, trug einmal ein solches Kleid, und es stand ihr entzückend, indem man nämlich fast gar nichts davon sah. Kultur und Höflichkeit gebieten uns zu glauben, daß das unmerklichste

Frauengewand das vorteilhafteste sei, was gewiß etwas übertrieben gesprochen ist. In einem Lokal, durch das ich flüchtig segelte, wurde mir ein Medaillon zum Preis von Fr. 1.- zugunsten notleidender Mütter dringlich, d. h. freundlich und zugleich seriös zum Kauf angeboten. »Lassen Sie es sich gleich anheften.« Und das Geschäft war abgemacht. Inzwischen war die schönste Neutralitätsnacht über die Oberfläche, die Häuser, die Menschen und die Gassen herabgekommen. Ganz fein, kaum sichtbar blinzelten, zitterten in göttlichriesiger Höhe die Sterne. Gebäude von Gewicht standen still und reich mit Beleuchtungskörpern geschmückt da, und vom Bundeshaus hingen Fahnen in einer Weise hinab, die sehr seriös zu sein schien. Kinder, die sich von Eltern sorgsam begleiten ließen, hielten Lampions in den Händen, die noch klein waren und sich seidenfein und -weich haben anrühren lassen. Jeder kindliche Wert spiegelt sich am Gefühl dieses Feinen ab, das den überkommt, der solch Junges anrührt. Doch ich will nicht allzu zart reden und werden, sondern lieber jetzt rasch noch ausführen, wie ich in einen Garten trat, der dadurch schön, farbenprächtig war, daß vor dem dunklen Grün Rötlichkeiten in Form von Papierlaternen herunterhingen, die dieses ansangen und es zum Leben erweckten, es aus der Unsichtbarkeit der Nacht heraushoben. Der Garten war voll von sitzenden, musiklauschenden Menschen, und durch alle diese Menschen leicht und gewandt mir einen Weg gebahnt zu haben, war für mich eine Augenblicksangelegenheit, deren ich mich talentiert entledigte. Drei Stufen gestatteten mir, die Terrasse zu betreten, wo ich jemand, den ich nicht kannte und für den auch ich fremd war, fragte, ob ich Platz nehmen dürfte. »Ihre Anwesenheit«, wurde erwidert, »kann unmöglich eine unerwünschte sein.« Ich setzte mich, und Angesehenheiten schienen sich rund um mich niedergelassen zu haben, und indem sich bald darauf eine Schale duftender Bräune vor mir in einem eleganten Gefäß ausbreitete und ich mich in Gespräche verflocht, die mir und denen, die mir ihr Ohr und Wort gönnten, geziemend vorkamen, und ein allerliebstes Blumensträußchen aus dem Plafond zu der jungen Frau, mit der ich redete, niederzustürzen gekommen war, sich dennoch in keinem Sinn am Tisch hart anschlagend, sondern sich bezaubernd leicht hinlegte, sah es aus, als ob nähere und fernere Verhältnisse nun doch schon einigermaßen geordnet wären, und im Land, in der Nacht, die sich wie ein folgsames, gesittetes Wesen gebärdete, lagen die Seen, umgeben von den wundervoll hingelagerten oder aufgetürmten Granitgestalten der Berge, die jetzt gewiß nicht schliefen, wie ich beinah, einer Denkbequemlichkeit unterliegend, gesagt hätte, auf deren Stirnen aber die Feuer flammten, die daran erinnerten, daß das Gewesene, sich der Brücke der Gegenwart bedienend, mit dem Kommenden eins sein will.

(1926)

Die schönen Augen

Von elegantem Pianospiel gleichsam begleitet, das den Weg aus dem Salon, worin es sozusagen seinen Ursprung hat, in den Sonntagvormittag hinaus findet, schreibe ich wieder so eine Art Aufsatz, worin ich zuerst sage oder zur Kenntnis gelangen lasse, daß ich drei Briefe empfing, wovon ich einen deshalb zunächst unbeantwortet ließ, weil es mir nicht als sehr einfach erschien, einer Einladung, mich zu äußern, die er enthielt, Folge zu leisten, während mich an der sofortigen, also raschen Beantwortung der beiden anderen nichts hindern konnte.

Apropos, schreibe ich etwa auch diesen Aufsatz oder Essay, wie scheinbar schon so manchen vorausgegangenen, wieder lediglich für nichts anderes als für Geld? Ich will diese Frage, ähnlich wie ich es mit sonstigen getan habe, der Bequemlichkeit halber offen stehen lassen und mitteilen, daß ich in einem von den besagten Briefen die Meinung aussprach, daß das Böse im Leben zu zahlreichen fördernden Ereiferungen Veranlassung gebe, daß die Bösen den Guten also in gewisser Hinsicht nützten, ihnen dienlich seien, ohne daß sie es freilich irgendwie zu beabsichtigen brauchen. Ich äußerte, daß es den Fehlerhaften, Bemängelnswürdigen gegeben sei, die Tugendhaften in Schwung zu bringen.

Übrigens scheint mir dieser brave, wackere Novellino da und dort im Verlauf seines Lebenswandels mit nichts anderem als seinen wundervollen Augen Seelenschaden angestiftet zu haben, wobei ich selbstverständlich an Damenseelen denke, die von zarter, empfänglicher Art zu sein pflegen. Novellino kann lieb und treu und schuldlos dreinblicken wie ein Kind.

Einmal sagte ihm ein anscheinend dezidiertes Mädchen: »Wenn Sie fortfahren, mich anzuschauen, wie Sie's jetzt tun, so werde ich mich genötigt sehen, Maßregeln gegen Sie zu ergreifen«, was gewiß das Schmeichelhafteste war, was je einem Augenpaar zum Vorwurf hätte gemacht werden können.

In einem Kaffeehaus hauchte eines Abends eine Grisette um Novellinos Augen willen, mit denen er sie anschmachtete, ihr graziöses Leben aus, was natürlich womöglich etwas übertrieben gesprochen sein könnte, wie ich gern zugebe.

Dieser Novellino scheint zu irgendwelcher Stunde in einem sehr schönen ehemaligen Rittersaal oder Zunftzimmer aus eigenen Werken vorgelesen und verhältnismäßig starken Beifall hierbei ausgelöst zu haben, inwiefern es auf Wahrheit beruhen würde, daß er eine Art Dichter sei.

Gelegentlich dieses Vortrages geschah es, daß sich eine Frau in den Schmelz und Glanz seiner Augen verliebte, die den Vorzug genoß, anwesend zu sein.

»Weil du so schöne Augen hast«, sprach ihn einst mitten im Gewühl einer Millionenstadt eine Passantin an, »erlaube ich dir, mich nach Hause zu begleiten.«

Im zweiten der obenerwähnten Briefe bat ich einen Freund, er möge einsehen, wie es für ihn äußerst vorteilhaft sei, sich der Geringfügigkeiten seines Berufes möglichst intensiv zu erfreuen. Ich machte ihn sozusagen darauf aufmerksam, wie Kleine dadurch erst recht klein werden, daß sie mit ihrer Interessiertheit über den Rahmen ihrer Existenz hinauszielen, sich an fruchtloser und darum unschicklicher Anteilnahme zersplitternd.

Am lebhaftesten freute mich eigentlich der Brief, auf den ich noch gar nicht in die Lage gekommen bin, Antwort zu geben, dessen Beantwortung mich vor gewisse Schwierigkeiten stellt.

An den dichtenden Novellino anknüpfend, gestehe ich, daß ich letzthin die Idee nährte, es könnte sehr vorteilhaft sowohl für die Dichter oder Schriftsteller wie für die Gesellschaft sein, wenn erstere in gewissem Sinne organisiert, das heißt in einer Art Anstalt oder Institut untergebracht würden, worin sie, sagen wir, unter staatlicher Aufsicht, gemeinschaftlich zu arbeiten hätten. Lyrischen, epischen und dramatischen Begabtheiten würde ein kluges, umsichtiges Direktorium jeweilige passende Aufgaben zuweisen. Meiner Ansicht nach würde es zweckmäßig sein, die Schriftsteller acht bis neun Stunden arbeiten zu lassen, länger nicht, damit sie die wünschenswerte Munterkeitsmenge nicht einbüßten, die für eine gute Produktion unerläßlich ist. Daß die Dichter ganze Nächte hindurch zu dichten haben, eine solche Auffassung gehört doch wohl ganz einfach sozusagen der Vergangenheit an. In der Nationalschriftstelleranstalt müßte mir lebhaft, wenn auch nicht übermäßig, geschafft werden, und die Geistesarbeiter besäßen etwas wie Beamtengeltung im Lande.

Ich weiß natürlich sehr wohl, daß eine Möglichkeit vorliegt, die Idee, der ich hier Leben einzuhauchen bemüht bin, komisch finden zu können, was aber mit noch vielen anderen neuen Ideen der Fall sein kann.

Ich bitte sodann um zweierlei, erstens um die Güte, Novellinos schöne Augen im Auge, das heißt in freundlicher Erinnerung zu behalten, zweitens aber diesen Bösen nicht zu vergessen, von dem ich Ihnen vors Bewußtsein tragen zu dürfen geglaubt habe, er sei dadurch von indirektem Nutzen, daß er sich ja aufs scharmanteste bekämpfen lasse, was so und so viel Kräften irgend etwas zu tun gibt, die vielleicht sonst keine Beschäftigung hätten.

Nun las ich wieder einmal so einen Zeitungsartikel, worin von der »kleinen« Schweiz die Rede war. Der Artikelschreiber verstieg sich in den Ausruf hinauf: »Arme Schweiz!« Weshalb rief er das aus? Er tat es wegen ihrer Kleinheit. Obschon ich es keineswegs zu meiner Lebensaufgabe rechne, Kollegen usw. anzutasten, was an sich gar keinen Zweck hätte, muß ich von ihm, der den Artikel schrieb, den ich las, sagen, daß er riesig gern schreibt, seine liebe, kleine Schweiz betrübe, bekümmere ihn, verursache ihm Sorgen, indes ich dies, wenn nicht für völlig, so doch für ziemlich unbegründet halte. Der Artikelverfasser pflegt wegen der Schweiz in einem fort zu seufzen, weil sie »bloß« die ist, die sie ist. Ich meinerseits finde sie so, wie sie ist, erfreulich, indem ich ihr Gemälde, Gebilde schätze, das mir ein genügend bedeutendes zu sein scheint. Ihm ist nämlich die Schweiz nie bedeutend genug; er hat an ihr immer dies oder das auszusetzen; und weil er das tut, kommt er sich womöglich verdienstreich vor, und ich gönne ihm selbstverständlich diese Einbildung herzlich. Beispielsweise weiß er ganz genau, daß die Schweiz auf ihrer Neutralität fußt, aber er meint, er müsse wegen dieser Neutralität geächzt haben, weil sie nach seinem Gefühl einengend ist. Aber nach meinem Gefühl scheint sie dies nicht zu sein. Diese einengende schweizerische Neutralität hat ja höchst bedeutende Menschen hervorgebracht, was bekannt sein dürfte. Äußerlich ist die Schweiz klein, aber dafür kann sie gleichsam innerlich groß sein, wenn sie Lust dazu hat. Hierauf kommt es eben an: daß sie Lust hat, Lust innerhalb ihrer Kleinheit, Leben zu gestalten. Lust zu irgend etwas haben, ist an sich etwas Schönes, Großes. Ihm kommt die Schweiz arm vor; auf mich macht sie aber nicht diesen unangenehmen Eindruck. Er ist der Ansicht, sie leide unter einem Mangel an Bewegungsmöglichkeiten, sie könne nicht leben, sehe sich eingeschränkt, sie müsse sich, was Bildung betreffe, vom Ausland beeinflussen lassen. Sich bis zu einem gewissen Grad beeinflussen lassen, ist nun doch aber ganz natürlich, schließt allerlei Ersprießliches in sich ein. Ich würde also wegen dieses Umstandes meinen Kopf nicht hängen lassen. Nach mir findet jedes staatliche oder persönliche Leben seine Beschränkung. Ich würde also deswegen keinen Augenblick unwillig sein können. Derjenige, der gern Artikel über die Schweiz schreibt, hält z.B. die Angehörigen anderer Nationen für klüger und glücklicher als die Schweizer. Ich frage mich: Wie kommt er dazu, so etwas zu glauben? Glaubt er nicht in genügendem Maß an die Schweiz? Es scheint fast so. Er besitzt eben diesbezüglich nicht das fröhliche, feste Zutrauen, das schon an und für sich schön ist. Ich aber entdecke dieses Zutrauen täglich in mir, nämlich, wenn ich frühmorgens aus dem Möbel steige, das unter der Bezeichnung Bett weltbekannt ist.

Ich erhielt also drei Briefe und machte darauf aufmerksam, daß ich nicht für durchaus nötig halte, Grenzen als etwas Unglücklichmachendes zu empfinden. Für die Schweiz hat die Neutralität eben etwas sowohl Fröhliches wie auch Ernstes, etwas das sowohl erleichtert wie vielleicht ein wenig bemüht; sie stellt etwas wie ein beständiges Problem für sie dar, womit sie sich abgibt. Sie ordnet sich, diesem Problem gemäß, immer wieder, so gut sie kann, ein, freut sich dieses Problemes, leidet wohl auch mitunter darunter. Dieses Problem ist ihr Leben; in ihrer Neutralität findet die Schweiz ihre Ein- und Ausatmung, sie besitzt um dieser Einrichtung willen manches und verzichtet aus Rücksicht auf dasselbe Wichtige auf manches, stützt sich auf etwas, womit sie sich einverstanden erklärt, auf etwas, was sie befriedigt, wenn sie sich dieses Befriedigtsein dann und wann vielleicht – diktiert. Ist denn nicht gerade letzteres interessant für sie, und daß sie Zuschauerin ist, wo andere Länder auf ihre Art, so, wie es ihnen zukommt, aktiv sind, erfordert Haltung, und mir leuchtet nicht ein, daß sie deshalb zu bedauern wäre. Was mir empfohlen worden ist, zu haben, zu tragen, zu begrüßen, zu beklagen, mein zu nennen und zu missen, das ist's ja, was mein Leben ausmacht.

Wer gern mit sich selbst geht und gut aussieht, wenn er's tut, der geht gern auch in Gesellschaft und sieht darin gut aus, inwiefern er mit sich übereinstimmt.

Wenn ich mich nicht täusche, so gefallen Novellinos Augen besonders darum, daß ein gewisses feines Weh in ihnen schimmert, so unbefangen, so fröhlich sie blicken mögen. Ähnlich blickt vielleicht die schweizerische Neutralität, die immer wieder um eines Verhaltenen willen, das sie zum Ausdruck brachte, gefallen konnte. Sollte Gefallenfinden so leicht sein?

(1927)

Kaffeehausauftritt

Ich wurde wegen angeblicher Schwäche heftig angegriffen. Heftiges Angreifen ist aber selber schwach. Ich nenne ihn selbstverständlich nicht, der mich mit einer Heftigkeit angegriffen hat, die von einer nicht ganz passenden Besorgnis zeugt. Ich verstand den Angreifer, der dies aus Besorgtheit war, sehr gut, weshalb ich seine Heftigkeit sogleich entschuldigte. Ich fand hierzu die nötige Kraft. Er besorgte nämlich, ich sei jetzt keine Kraft mehr. Seine Besorgnis setzte das Geständnis eines sozialen Bekümmertseins ab, indem er die Ansicht gleichsam vor mir auseinanderarbeitete, ich bedeute heute dem Vaterland nichts mehr, während ich ihm einst etwas bedeutet hätte. Eigentlich merkte ich hiervon nicht viel. Solche Sachen merken und konstatieren andere immer eher als das Ich, das so etwas aus Bescheidenheit nicht wahrnimmt. Versteht man mich? Er versetzte mir, bildlich gesagt, einen Stoß aus Furcht, ich möchte verkommen, gelinder gesprochen, gegenüber gewissen kulturellen Forderungen gleichgültig werden. Ganz bestimmt trat er da also mit einer Forderung an mich heran. Früher sei ich eine hochinteressante Nummer gewesen, indes ich seiner Meinung nach heute nur noch vegetierte, vor mich hinliebte und -lebte. Ich muß zugeben, daß ihn meine Ruhe sehr empörte; für ihn und seine geistigen Regsamkeiten besaß sie etwas Unfaßbares. Er begriff gar nicht, wie ich überhaupt noch zu atmen, um mich zu blicken wagte. Er saß so da, und ich saß auch so da. Wir behaupteten beide, wie soll ich sagen, unsere Plätze und beschäftigten uns damit, uns unsere Meinung ins Gesicht hineinzusagen, weshalb wir eine Art Schauspiel bildeten. Wir bildeten beide einen

Auftritt in einem Bildungsdrama. Seiner Auffassungsweise nach stand ich einst als Kapabilität da. Jetzt aber schaute er mich ganz einfach als eine Art Unbrauchbarkeit an. Einst diente ich meinem Vaterland aufs feinste, trefflichste dadurch, daß ich ein schön gedrucktes und möbliertes, pardon!, beumschlagtes Gedichtbuch herausgab. Welch eine imposante Leistung das war! Heute leistete ich nichts, rein gar nichts, und deswegen war er mir böse, woran ich ihn nicht zu verhindern vermochte, schon deshalb nicht, weil ich seinen Zustand durchaus begriff. Der nicht sehr wünschenswerte Auftritt fand in einer Kaffeehalle statt, wo Angehörige guter Kreise, Leute von nettem Äußeren ein und aus zu gehen pflegen.

»Weshalb zürnt er mir?« fragte ich mich, und ich gab mir folgende Antwort: »Weil ich keine Kolossalität bin. Er glaubt, das Vaterland bedürfe vieler in jeder Hinsicht ungewöhnlicher, hervorragender Erscheinungen, um fähig zu sein, zu gedeihen. Er hält mich für einen Feind der Gesellschaft, weil ich eine ziemlich glückliche, ruhige Haut bin.« So oder ähnlich versuchte ich mir seine Haltung zu erklären. Es gibt Menschen, die grimmige Gegner alles Mittelmäßigen sind, und das Unglück will, daß ich mich seit einigen Jahren sorgfältig, das heißt vorsichtig aufführe. Sorgfalt und Vorsicht sind aber der Gipfel der Mittelmäßigkeit.

Ich gebe nun ein folgendermaßen lautendes Resümee: Meine Freunde werden von mir gebeten, sich möglichst zu fassen, das heißt Überblick über ihre eigenen Mängel zu gewinnen. Er, der mir Mangelhaftigkeit zum Vorwurf macht, befindet sich nämlich in ähnlichen Umständen; er verfügt so gut über Mängel wie ich. Er vergaß das in dem Auseinandersetzungsaugenblick total.

Ich teile den Fall der Öffentlichkeit mit, weil ich ihn an sich für interessant halte.

Wenn ich seiner Meinung nach früher dies und das fertigbrachte, so freut mich dies fraglos. Ich arbeite weiter. Das darf er ebenfalls. Wer arbeitet, setzt sich der Möglichkeit aus, Fehler zu begehen, Unzulänglichkeiten zu offenbaren. Wir tun alle gut, Geduld mit uns und denen zu haben, die uns umgeben. Auch ihm gelang nicht jedes Werk, worüber ich mich um seiner Seele willen aufrichtig freue, denn eine Seele nimmt Schaden, wenn sie die allzu schmeichelhafte Erfahrung macht, daß ihr alles Beginnen spielend gelingt. Meine christlichen Gesinntheiten freuen sich, daß auch er gleichsam anfechtbar dasitzt oder steht.

Ich spazierte neulich mit einem Mädchen, die Geist besitzt, und die ein Buch von ihm las. Kam ihr das Buch als etwas wie ein Meisterwurf vor? Nein, sie sagte, sie finde es weitschweifig. Sein Gegenstand käme ihr, mit der Ausgedehntheit, Seitenzahl usw. verglichen, unbedeutend vor. Ich rief aus: »Da haben wir's.«

Ich hätte von Holz sein müssen, wenn ich mich nicht bewogen gefühlt hätte zu lachen. Ich lachte über mich, über ihn, über unsere gehabte Aussprache, über den heftigen Angriff aus nichts als Besorgtheit, über seinen Irrtum bezüglich meiner und seiner eigenen Fähigkeit und im allgemeinen über den launenhaften Lauf der Welt.

(1926)

Plauderei

Einer, mit dem ich mich duze, und mit dem ich eine Zufallsbegegnung hatte, sagte mir: »Komme zu mir ins Dorf und schreibe Dorfgeschichten voll Ursprünglichkeit, wofür ja die heutige, kräftebedürftige Menschheit eine nicht in Abrede zu stellende Eingenommenheit hat.« Dabei lächelte er beinahe geringschätzig. Zwar merkte ich sogleich, daß die Geringschätzigkeit lediglich gespielt war, und diese sicher sehr feine Beobachtung mußte mich natürlich »wieder einmal« freuen. Die Wahrheit war, daß er ganz einfach bloß eine Zeitlang in meiner Gesellschaft zu sein wünschte.

Daher sollte ich zu ihm ins Dorf ziehen, eigenhändig Suppe kochen und mir einbilden, schlichte Gerichte mundeten mir besser als die kultivierteste Küche. »Dorfgeschichten sind nun nicht gerade meine Spezialität«, wich ich seiner Beständigkeitsaufforderung aus. Und nun dachte ich, wie ich wohl offenbaren darf, kürzlich, d. h. gestern, um wieviel Uhr, spielt keine Rolle, ans Schweizervolk und seine Literatur und kam zu allerlei gedanklichen Ergebnissen, die ja nicht unbedingt richtig zu sein brauchten. »Die Schweiz«, so kam mir in den Sinn, zu mir zu sagen, »hat im Weltkrieg Glück gehabt, indem sie mit Angriffen auf ihren Kräftebestand verschont blieb, und sie wurde um dieses Erfolges willen vom gesamten Ausland beneidet, beinahe bewundert. Um ihrer Hilfstätigkeit willen wurde sie geliebt, vielleicht, falls man das denken darf, ein bißchen über Gebühr gelobt. Es ging der Schweiz gut, und denen es schlecht ging, stand es an, über die Heiterkeit einer seltenen Ausnahme zu staunen.«

Nach solcher und ähnlicher Richtung hin bewegten

sich die verhältnismäßig sauberen und blanken Wellen meines Gedankenflusses oder, wenn man will, bloß Flüßchens. Was ich mir gegenüber ausführte, stellte ein Plauderbächlein dar, wie ich ja bisweilen überhaupt anscheinend gern »reklamiere«, »aufbegehre«, mit anderen Worten, mit mir selber rede, was ich geneigt bin, für einen Fehler zu halten, der mir korrekturbedürftig scheint. »Die schweizerische Literatur«, sprach ich gewissermaßen mit großartiger Gelassenheit zu mir, »weist zur Zeit keine Werke hinreißender Art auf, wie dies zu früheren Zeiten vorkam.« Selbstverständlich bin ich nicht der einzige, der zu solcher Einleuchtung fähig ist. Übrigens scheine ich einer schönen, zweifellos bedeutenden Frau einen auf vollkommenem Mißverständnis beruhenden Brief geschrieben zu haben, dem es immerhin an Eleganz des Stiles nicht gemangelt haben dürfte. Dieser »imponierenden« Frau beliebt es nun, mir sozusagenermaßen »den Kopf zu machen«, was mich natürlich bis zu einer gewissen Grenze spaßhaft berührt, obwohl ich mir sage, daß es nicht sehr schön ist, über fremde Verstimmtheit vergnügt zu sein.

Nun halte ich es für »europäisch«, für »westlerisch«, d.h. für eine der westlichen Kultur angehörende Eigenschaft, still in sich hineinzuzürnen, wenn eine Mißliebigkeit vorliegt, und ich gebe meiner Meinung dahin Ausdruck, daß ich sage, ich wünschte, daß bei uns, d.h. in Europa, und besonders in gebildeten Kreisen die Geneigtheit nach und nach zu überwinden sein könnte, bei einem Mißverständnis sogleich und wenn möglich für immer gekränkt zu sein, indem die Fähigkeit aufblühen würde, in solchen Fällen mit der Partei, die den Fehler beging, freundlich zu sprechen.

Meine bedeutsame Wenigkeit hält dieses hier Geschriebene für nicht unwert, beachtet zu werden, und was Dorfgeschichten betrifft, deren Niederschrift mir anempfohlen wurde, so erkläre ich, daß ich davon abstrahiere, indem ich es Kollegen anheimstelle, für Verbreitung von Urwüchsigem und allzu Urwüchsigem zu sorgen. Ganz allgemein bin ich mir bewußt, die Dorfgeschichte sei keineswegs unanfechtbar. Gute Exemplare dieses Genres sind nichtsdestoweniger denkbar. Bezüglich des Kopfmachens, des jemand schweigend etwas Nachtragens, gelobe ich, mir in Zukunft die größte Umgehungsmühe zu geben. Wenn ich mißverstanden werde, will ich das für begreiflich halten. Es sind dies durchaus Sachen zur Behandlung von humanem Standpunkt aus.

Ob das Schweizervolk etwas wie eine Krisis in literarischer und sonstiger Hinsicht durchmache, bleibe eine zartmahnende Frage. Eine Fraglichkeit bedeutet ja an sich schon irgend etwas. Für mich steht fest, daß der Schweiz gegenwärtig einige sehr aufgeweckte, gewandte Schriftsteller blühen, womit ich weder zu wenig noch zu viel gesagt haben möchte. Geschicklichkeit stellt zweifellos einen Wert dar, wenn gewiß zunächst einen mäßigen. Hiebei bitte ich den Leser dieses Artikels, das Mißverstandenwerdenkönnen zu beachten und auf die Wesentlichkeit und zugleich wohl auch Unwesentlichkeit der Dorfgeschichte das Augenmerk zu lenken.

Meine diesmalige Aufgabe besteht in einer Plauderei, die mir erfüllt scheint.

(1926)

Ich soll arbeiten

Ich halte Unbescheidenheit für so nett wie Genügsamkeit. Es sind dies zwei Gegenden, von denen ich sagen möchte, ich hätte beide kennen gelernt. Aber richtig, da bestieg ich ja zwei Berge. Meine Schultern und Beine zitterten, erbebten ein wenig, als mute man ihnen zu viel zu, aber man muß immer wieder Vertrauen zu sich haben. Ich war nämlich, wie soll ich sagen, bereits etwas fett geworden, was mich beunruhigte. Die beiden Bergbesteigungen taten mir nun schon recht gut, und mir liegt ob, in der Schlankmachung meiner Person fortzufahren.

Eine Frau aus dem Volk ging da so eines Mittags über einen sonnenbeschienenen Platz; ich eilte auf sie zu und reichte ihr die Hand. Nun gibt es Leute, die, wenn sie Zuschauer dieses Beginnens gewesen wären, bestimmt ausgerufen hätten: »Wie albern!« Ich begleitete diese Frau bis vor die Haustüre, wo ich sie nach ihrem Namen fragte. Sie antwortete: »Das bekommen Sie später einmal zu wissen.« Unmittelbar auf dieses gewiß unbedeutende Ereignis ging die Bergebezwingung vor sich. Ich will die Wälder da oben nicht rühmen; sie könnten sonst ihre Unschuld einbüßen, ihr Wunderbares.

Vielleicht sollte von Landschaft so wenig Rühmens gemacht werden wie von Kindern, die leicht innerlich irgendwie zu ermüden anfangen, wenn sie sich geschätzt sehen. Kindern tut es vielleicht recht gut, wenn sie eine gewisse Achtlosigkeit zu spüren bekommen; sie dürfen nicht so von ihrem Wert überzeugt werden. Bewunderung erzeugt ja Übermut, Härte. Ich glaube, daß es so ist.

Als ich vom Berg herabstieg, sah ich eine Schlanke

ihrerseits denselben Berg heraufsteigen. Umflatterten Bänder diese zarte Gestalt? Möglich, daß ich mir das bloß einbilde. Jedenfalls schaute ich ihr nach. Langsam ging sie, als sei sie kränklich, suche auf der Höhe Erholung. Um den Mund schien sie mir einen Leidenszug zu haben. Wie einen so etwas interessiert. Und nun diese ganz andere Erscheinung, diese Dame, die mir heute vormittag plötzlich im Hausflur entgegentrat, wo ich nie für möglich gehalten hätte, ihr zu begegnen. Natürlich verbeugte ich mich vor der Stattlichen, die mich von früher her kannte, und die nun zu mir sagte: »So? Hier wohnen Sie?« Und sie trug Trauer. Wer's wohl sein mochte, um den sie ostentativ klagte? Diese Frau sah mich sozusagen eines Abends anscheinend ein wenig ungezogen, und jetzt war ihr da also jemand gestorben; sie aber zeigte noch dieselbe schöne stille und starke Haltung. An ihrer schmalen, feinen Hand blitzten gleichsam großäugige Steine von sonderbarer Sanftheit, und ich finde es an unserer nicht allzu großen Stadt nett, daß man stets wieder dieselben Menschen erblickt.

Aber man sollte sich wirklich nicht jedesmal so aufs Frühstück freuen, wie ich das an mir konstatiere. Ich nahm mir übrigens eine Übersetzung vor.

»Sie sollen arbeiten«, redete mich ein Mitbürger an, und er fügte bei: »Man sieht Sie häufig flanieren, was sich nicht gut ausnimmt.«

»Ich danke Ihnen«, flocht ich ein, indem ich anmerkte: »Mitunter muten Frauenerscheinungen fast faszinierend an.«

»Sie haben da«, sprach der gutherzige Herr, »sehr zeitvergeuderische, pagenhaft-unbedeutende Interessen, die sozusagen ein Stübchen bilden, das Sie lüften sollten. Scheinbar leben Sie geistig beständig in einer Art Mansarde, während Sie, was Ihren Interessenkreis betrifft, in einem Wohnhaus wohnen könnten. Sie sind eine Journalistennatur.«

Ich fragte, wofür er sich selber halte. Der Mitbürger glaubte meiner Frage dadurch ausweichen zu sollen, daß er sich auf ein ablenkendes ›Hm‹ beschränkte. Dieses Ausweichende enthielt etwas Zurechtweisendes. Ich hielt diesen Herrn ohne weiteres für einen Beamten, den ich schon häufig angetroffen hatte. Nun ging er da so seines Weges. Die Straße schien unter seinen gewichtigen Schritten zu kichern. Manchmal kichern Mädchen über die bedeutendsten Leute, indem sie seidenfeine Witze machen. Aber vielleicht kommt es zum ersten Male in der Geschichte der Belletristik vor, daß ein Schriftsteller sagt, daß eine Straße gekichert habe. Ob womöglich diplomatische Adern in mir schlummern? Also arbeiten soll ich? Aber das sage ich mir ja täglich selbst.

Und nun möchte ich von einem Zimmer sprechen, das ich einige Monate lang bewohnte, und das einem Saal glich, in den von Zeit zu Zeit ein Mädchen hereinschaute und die Frage vorbrachte: »Sollte ich mich etwa verirrt haben?« Ich saß in diesem Gemach an einem sehr erwähnenswerten Tisch, trat etwa ans Fenster, schaute in die Gasse hinaus und rief aus: »Wie hübsch sie ist!« Damit meinte ich die Architektur. Für mich war's herrlich, im Zimmer hin- und herzuspazieren, das mich die Wiesen, Äcker, Felder, Wälder da draußen aufs kompletteste vergessen ließ. Alle acht Tage wurde das Zimmer von der Putzfrau geputzt, daß es nachher glänzte, als wäre es ein Tanzsaal. Ich will weder den schneeweißen Waschtisch, noch die Gardinen, die den Raum mit der Zierlichkeit ihrer Faltenwürfe schmückten, einer Hervorhebung für wert erachten, da dies provinziell wirken würde. Ausstattungsgegenstände nimmt man als selbstverständlich hin. Dagegen sei mir gestattet, zu sagen, daß ich dort prachtvoll schlief. Mich ins Bett zu legen, gestaltete sich mir jeweilen zu einem Vergnügen, dessen Schilderung ganze Seiten einnähme. Ich schlief dort mit grandioser Sorglosigkeit. Mein Schlaf glich einem Parke. Wenn ich aufwachte, schlich sich der Wunsch in meine Inwendigkeit, es möchte sogleich wieder Abend sein, damit ich Grund hätte, nur schnell wieder einzuschlummern. Wie würde mich jener mich zur Tätigkeit auffordernde Herr rügen, wenn er hörte, wie ich hier spreche. Vielleicht erhalte ich eine Anstellung auf irgendeinem Bankinstitut. Vorläufig korrespondiere ich mit einem Mädchen aus ausgezeichnetem Haus, was mich seelisch hebt und geistig ermuntert.

Frauen, die zur Starkheit neigen, nenne ich im stillen, was ja freilich sehr primitiv gesprochen zu sein scheint, Birnen. Jedenfalls weiß ich um eine ganze Reihe herziger Frauen, denen ich den Hof machen kann. Ich habe demnach Aufgaben, die ich um so fleißiger zu erfüllen bestrebt sein will, als mir in einem fort jenes hervorgehobenen Mannes Ausruf: »Sie sollen arbeiten« im Ohr nachtönt.

In hiesiger Stadt starb ein bekannter Verlagsbuchhändler, bei dem auch ich ein Buch verlegt habe. Jemand teilte mir mit, er verreise im Frühling nach Sizilien. Wie ich vor einigen Tagen durch die Straßen sprang. Ich glich einem Ausläufer. Es war eine wahre Lust. So lief ich z.B. mit ausländischen Banknoten auf eine Bank, worauf ich mich zu meiner Waschfrau verfügte. Auf einem kürzlich stattgefundenen Ausgang ließ mich ein kleines Mädchen je einen Streifen von seinen rosigen Beinchen erblicken. An einem Bach lag eine in den Nachmittag hineinphilosophierende, sich im Naß abspiegelnde Mühle. Streckenweise dachte ich an den einstigen venezianischen Feldherrn Colleoni, dessen Statue weltbekannt ist. Wie kamen mir im Sonntagabend zwei Frauen schön und groß vor. Wie weich sie meinen Gruß erwiderten. Mir fehlen übrigens zur Zeit Schuhbändel. Alle diese noch unerledigt in mir ruhenden Aufgaben! Ich habe Manschettenknöpfe gekauft. Schreibpapier lieferte mir eine einladende Papeterie. Soeben ist mir eine Gedichtanthologie übersandt worden, worin sich Proben meiner Sangesfreudigkeit befinden. Wenn ich gestehe, daß ich mit Essays kämpfe, wird niemand an meiner Vielbeschäftigtheit zweifeln. Ein sehr netter Mensch sprach eines Tages zu mir: »Andere Schriftsteller füllen irgendwie Lücken aus, Sie aber schriftstellern bloß zu Ihrem Vergnügen.«

Wie wir alle geschickt sind. Diese ihren Wert um ihres massenhaften Vorkommens willen teilweise einbüßenden Tadellosigkeiten. Diese überall verbreitete »Lebenskunst«. Und auch ich bin nun schon so ein »Techniker« geworden. Einst war ich so naiv. Aber ich meine vielleicht nur, ich sei es nicht mehr.

Diese für die Gesellschaft, fürs Vaterland usw. »Verantwortlichen«. Das Erhaltende, Hebende, das jeder dritte, vierte, zehnte Mensch vertritt. Alle diese »Stützen der Gesellschaft«.

Ich schrieb einem Vorwürfe-an-mich-Richtenden: Ich schrieb schon Allerlei, worüber die einen herzlich lachten, indes andere sich unangenehm berührt fühlten. Was diesen ein Geschenk bedeutet, empfinden jene vielleicht als Ungebührlichkeit. Hoch über der Frage, was taktvoll oder taktlos sei, lebt und wogt das Leben, bewegt sich das mitunter rücksichtslos scheinende Talent.

(1925)

Ein Brief

Du nahmst dir ja, indem du dich brieflich an mich richtetest, recht viel heraus, Liebchen, und du vermagst die allerliebste Wahrheit, die in dieser öffnenden Bemerkung liegt, sicher kaum zu fassen. Du hältst mich für eine Sorte Spieler, glaubtest mich als etwas Puppenhaftes nehmen zu können. Nun schreibst du mir, ich sei grausam, aber ich bin das nicht, ich bin lediglich arbeitsam, und du bist ja keineswegs meine Liebe, meine Leidenschaft. Diese bildet für mich eine ganz andere, eine, von der du keine Ahnung hast, eine, vor der ich innerlich schon deshalb niederknie, weil sie mich mit ihrem Betragen zur lebhaftesten Denktätigkeit zwang. Ich schrieb dir, du tätest gut, deine Empfindsamkeiten nicht ernster zu nehmen, als es sich mit deiner Würde vereinbaren läßt. Du bist deiner bürgerlichen Würde immerhin eine fortlaufende Rechenschaft schuldig, und es muß dich doch zufrieden stimmen, dich zu bemühen, den Anforderungen gerecht zu werden, die dir deine innere und äußerliche Haltung gewährleisten. Schon allein unsere Haltung kann uns ja beinah beglücken. Ich mache dich ergebenst darauf aufmerksam, daß du mich für viel leichtfertiger hieltest und hältst, als wie's in Wirklichkeit mit mir der Fall ist. Gestern ging ich mit einem Gelehrten durch den Wald, der vor Gewaschenheit, Gesäubertheit, Betautheit duftete, blitzte. An einem tief im Dickicht gelegenen, angenehmen Plätzchen legten wir uns hin, genossen zuerst schweigend die Bequemlichkeit, die uns die gute, freundliche Natur darbot, um hernach über einen gewissen Arthur Bitter zu sprechen, der um die Mitte des verflossenen Jahrhunderts hierzulande lebte und dem von seinen Zeitgenossen die Existenz schwierig gemacht worden zu sein scheint, weil er von der Gabe des Witzes einen nicht äußerst vorsichtigen Gebrauch machte. Dieser Arthur Bitter sei ein recht netter Mensch, hauptsächlich aber eine Art von Pavillonbewohner gewesen, sprach mein Freund. »Und nun vergaß man ihn inzwischen«, warf ich ein. Du siehst, mein Mädchen, daß man sich über ganz vergessene, verlorene, geringfügige Angelegenheiten unterhalten kann, wie dieser Arthur Bitter eine ist. Man kann diesen Schriftsteller, von dem man längst nicht mehr spricht, als eine meilenweite Entlegenheit bezeichnen, und über so etwas kaum noch Wahrnehmbares, pünktchenhaft Kleines führten wir beide also da im Grase ein wirklich anheimelndes Gespräch. Man muß unbedingt versuchen, bescheiden zu sein. Ich möchte das allen, allen treuherzig zurufen, denn wir leben in einer zerbrochenen Zeit, die sich nur mit großer Sorgfalt und nur mit viel Treue wieder zusammenleimen und -zimmern läßt. Du und sehr viele deiner Geschlechtsgenossinnen nehmt vielleicht die Tatsache des Zusammengestürztseins der Werte gar nicht wahr, und ihr vermögt daher gewisse Bedenklichkeiten, Sorglichkeiten nicht zu verstehen, um die es denen zu tun ist, die die weitläufige Pracht der Verwüstetheiten sehen. Meistens handelt es sich ja hiebei um Unsichtbarkeiten. Man kann's nicht greifen, und doch ist es da, dieses Beklagenswerte, dies schimmernde mit seinen Augen Herumbettelnde, dieses finstere Eisberghafte, dieses blendende Traurige und höchst traurige Komödienhafte. Ich verabschiedete mich von meinem Freund, indem ich ihn bat, mich so für mich selber durch die Straßen eilen zu lassen. Wenn ich's eilig habe, ziehe ich natürlich dieses Mir-selber-überlassen-Sein jeder, auch der besten Gesellschaft vor. Mit einmal erkannte ich in einem Mann, der freundlich mit einem unscheinbaren Mannli aus dem Volke sprach und daran Vergnügen zu haben schien, einen Bundesrat, also ein Mitglied unserer höchsten Behörde. Sehr belustigte es mich übrigens, daß ich mich in eine Sackgasse verirrte. Eigentlich sollte es zur Erziehung des Geistes der Menschen mehr Sackgassen im Leben geben, als es gibt. Meiner Ansicht nach sollte es hievon in der Öffentlichkeit wimmeln, denn nichts bildet uns ja so kräftig als gewisse Irrtümer, und es gibt auch in der Tat keine größere Freude für uns als das Entrinnen aus Irrtümern. Ich bitte dich um deiner selber willen täglich zu versuchen, dir eines Irrtums bewußt zu werden. Es gibt nichts, was so zu beleben, aufzurichten imstande ist wie eine Belustigtheit wegen uns selber. Ich kam dir ganz bestimmt eine Zeitlang wie ein Stück Butter vor zum auf's Brot Streichen, und jetzt findest du plötzlich, daß dich das Stück Butter plagt, und du irrst dich. Dir ist vor allen Dingen unmöglich, mich dir als Beschäftigten zu denken. Du meinst, jeder sogenannte Schriftsteller, wie ich z. B. einer bin und wie früher jener Arthur Bitter einer gewesen ist, warte bloß so darauf, als Schuhbändel betrachtet zu werden, damit man die Schühlein mit ihm binde. Gestern nahm ich natürlich wieder einmal eine wunderbare junge Frau irgendwo wahr. Dies passiert mir zum Glück häufig. Dachtest du schon je an das Phänomen, daß eine Möglichkeitsausnutzung alle sonstigen Möglichkeiten zunächst unausnutzbar macht und daß das Verschmähen einer Eintrittsmöglichkeit in mir eine Menge anderer lustig offenstehen läßt? Wenn ich jemand befriedige, umgeben mich so und so viele mit mir höchst Unzufriedene. Und nun bist du also unzufrieden mit mir, was mich absolut nicht aus der Fassung bringt. Auf dem Spaziergang dachte ich über Ziele usw. nach und sprach zu mir, sie ließen sich mit konsequenter, schnurgerader Verfolgung nicht gern einfangen. Mit Vorliebe lasse sich ein Ziel gleichsam im Spiel erreichen, wenn es sähe, daß man mit ihm scherze. Das Leben sei ja ein Herz, meinte ich mir sagen zu dürfen, das die Lust und den Schmerz kennenlernen will. Bat ich dich nicht schon ein- bis zweimal, deinen Schmerz als heilig zu erklären, dich in die Fähigkeit hinaufzuschwingen, ihn zu lieben, das Höchste an ihm findend, an ihm erkennend, an ihm herausspürend, was dir blühen kann? Wenn du dich in dir stillst, würdest du mir sehr gefallen und vor allem dir selbst. Krame doch keine Geheimnishaftigkeiten vor dir und mir aus, denn ich kann dir sagen, daß mich das sofort zu einem der schlichtesten Menschen der Welt macht, zu einem Zauberkünsteverachtenden, während du mich, wenn du sehr einfach vor mir erscheinen würdest, bezaubern könntest. Ich schaute die einfachsten Gegenständlichkeiten, z.B. Blätter, wie verliebt an, nein, nicht so, aber mit sehr wohltuender Aufmerksamkeit. Ich sah eine Katze und dachte an ein Treppenhaus, das mit der Aufschrift »Bitte die Schuhe reinigen« versehen war. Vielleicht bist du der Kleinigkeiten überdrüssig. Diese Überdrüssigkeit macht dich unglücklich. Ohne eine Fülle der Beachtung des Kleinen, ja sogar Kleinlichen, ist gerade der großformatige Lebensroman unmöglich. Die Romane, auch der deinige, wollen aufbauenden, nicht wegwerfenden Charakter haben, bejahenden, nicht verneinenden, einsammelnden, danksagenden, kostenden, nicht den Charakter des Übersehens, Vernachlässigens. Warum schätzest du dich nicht in dem Grad, daß du für mich kostbar würdest? Mit der Selbstachtung fängt man das Wohltun an. Wie kannst du ein Glück für mich sein, wenn du mich merken läßt, daß du dich verwünschst? Wer sich nicht selbst zuerst mit Genugtuung empfängt, befindet sich nicht in der Lage, jemand anderes zu empfangen. Der Beginn der Gesellschaft findet im eigenen Ich statt, und derjenige kann zweifellos am besten andere unterhalten, der das mit sich selbst kann. Du sagst mir, dir fehle Arbeit, du fändest dich vor das dringende Bedürfnis gestellt, irgendeine passende Berufsausübung zu finden. Komme mir doch nicht immer mit der Arbeitslust. Wir haben Arbeitslustige im Lande genug, aber es fehlt in jeder Hinsicht an Lebenskünstlern und -künstlerinnen, d. h. an Menschen, die friedlich und glücklich auch ohne tägliche Arbeit zu sein vermögen. Auf Stellenausschreibungen fallen jeweilen zwanzig und mehr Bewerbungen. Beschäftigungsfindende gehören heute zum Rarsten, was es gibt. Die Nachfrage nach Arbeit ist etwas kolossal Kommunes geworden, sie bedeutet eine staatliche Belästigung, und auch du willst deinerseits gleichsam den Staat mit Händen belästigen, die gern arbeiten möchten. Das ist aber von dir eine Talentlosigkeit. Du hast ein Kapitälchen, brauchst dich also nicht unbedingt zu beschäftigen, hast eine Berufsausübung nicht unbedingt nötig. Was dir fehlt, ist nicht Arbeit, sondern das bißchen Geist, mit dessen Hülfe du mit dem schicklichen Mut in deine Gegebenheiten blicktest Leute, die von einem Änderungsdrang gepeitscht werden, finden sich nur zu viele. Die Gesellschaft bedarf solcher Elemente nicht nur nicht, sondern stößt sie notgedrungen ab. Wie monoton das von der Großzahl der Bewohner des Landes ist, keinen freieren Gedanken als ausgerechnet nur immer den einen zu nähren, nämlich diesen in gewissem Sinn ganz abscheulichen Gedanken an weiter nichts als die Arbeit. Das Land braucht heute mehr als je zuvor wieder eine Elite von Begabten, von Freien und Schönen, in sich Abgeklärten, von solchen, die genügend Seelenstärke haben, um auf Arbeit zu verzichten, eine Elite von Menschen, deren Existenz sich auf dem Luxus aufbaut, den sie bezahlen, und die den Luxus, seine Lust und seine Qual, zu ertragen vermögen. Du befindest dich also mit deinen Arbeitswünschen, die du für überaus ersprießlich zu halten scheinst, in einem Irrtum, der geradezu strahlt, glänzt. Was dir fehlt, ist, daß du dich nicht in Schönheit und in Fröhlichkeit sogenanntermaßen zu langweilen vermagst. Wenn du auf Arbeit verzichtest, kannst du nützlicher sein, als wenn du welche übernimmst. Du siehst jedenfalls, wie redlich ich mich mit dir abgebe. Wir haben heute sehr viele Probleme. Auch du bist eines. Nimm ganz kleine, gewählte Schritte, wenn du spazierst. Plage, beschäftige dich mit einer Menge kleiner, sehr strenger Vorschriften. Es gibt hundert Mittel, sich auf undenkbarste Art zu zerstreuen. Viele, und gerade die schmackhaftesten, Vergnügungen liegen beständig in deiner nächsten Nähe. Schau, schon Bücher! Die Bücher werden von solchen, die Zeit haben, sie langsam zu lesen, viel zu rasch heruntergeschluckt. Ob es denn wirklich wahr sei, daß ich einer Mätresse Gehorsam gelobt habe und daß mich diese Folgsamkeit befriedige, fragst du mich. Hierauf antworte ich dir: Ja, es ist so. Lasse bitte nicht außer Betracht, daß mein Interessenkreis groß ist, schließt er doch Winzigkeiten wie den erwähnten Arthur Bitter ungezwungen in sich ein. Du staunst über mich? Lerne lieber über dich selber staunen. Liebe mich, aber sprich nicht davon. Wozu brauche ich das zu wissen? Ich liebe meinerseits viele, die es nie hören, die das wohl auch nicht zu hören begehren. Wenn ich spaziere, liebe ich hübschgelegene Balkone, die in der frischen, freien Luft hängen. Ich liebe vielleicht flüchtig, aber tief den Glanz von Automobilen. Ich liebe Wohnungen, von denen ich alles Schöne annehme. Ich kann irgendein Zimmerchen angeschaut haben, aber zugleich durch irgend etwas verhindert worden sein, es zu beziehen. Gut, dann liebe ich es eben in der Nachhalligkeit. Das Zimmerchen bleibt für mich ein Klang. So umweht, umtönt mich vielerlei. Uneigennützige Liebe ist vielleicht der zuverlässigste Gesundheitsfaktor. Viele Liebende irren im Reich der Liebe unbeglückt herum. Wenn du dich glauben machtest, du würdest durch mich unglücklich, so begingst du einen Fehler im Lieben, denn man kann immer so lieben, daß man glücklich wird.

(1926)

Klassenkampf und Frühlingstraum

Uns kamen zwei Bücher abhanden. Der Klassenkampf hieß das eine. Er war das Lieblingsbuch meiner Frau. Nun scheint er unwiederbringlich verloren. Die Art seines Davonfliegens ist mir rätselhaft. Die Notwendigkeit, für glaubhaft zu halten, wir seien alle in eine neue Phase des Sozialismusses getreten, drängt sich mir als unabwendbar auf. Hat der Klassenkampf wirklich seine Bedeutung, seine Berechtigung eingebüßt? Sind bisherige Gegensätze irgendwie ausgeglichen? Ich gleite über diese eminent umfangreiche Frage hinweg, deren Beantwortung ich einem Fachmann anheimstelle, und freue mich, zur Kenntnis bringen zu können, daß doch wenigstens der Frühlingstraum mir treu blieb. Um den Klassenkampf ist es schade. Noch ist meine Frau wegen seines unvorhergesehenen Verlustes untröstlich. Ob dieser Klassenkampf der Frühlingstraum meiner Frau war? Das mag sein, wie es will, wahrscheinlich kommt er nie wieder, und meiner Frau bleibt nichts übrig, als ihrer Neigung eine andere Richtung zu geben. Ihrer Intelligenz ist zuzutrauen, daß ihr dies gelingen wird. Gibt es ja doch so viele Bücher von anerkannter Qualität. Sie klammere sich auch einmal an einen andern, als an ihren fortwährenden Klassenkampf, aus dem z. B. ich mir nie sehr viel gemacht habe, obwohl dieses Bekenntnis ein Licht auf mich werfen könnte, das wie eine Beleuchtung meines Interessenmangels hinsichtlich des Fortschrittes der Gesellschaft aussähe. Manche Lichteffekte können indessen täuschen; ich nehme an, daß dies hier der Fall sei. Wenn meine Frau ihren Klassenkampf im Alltagsgewühl verlor, so besitze dagegen ich nach wie vor meinen Frühlingstraum, der ein Roman ist, worin

Kämpfe zur Genüge vorkommen. Auch im Frühling kämpfte ja die Menschheit wie zu jeder beliebigen Jahreszeit. Meines Erachtens nach haben sich die Klassen bereits wesentlich genähert. Enthält diese Möglichkeit nicht einen langgehegten sozialen Wunsch? Die Sehnsucht eines Sozialisten zielt nicht auf Kampf, vielmehr auf Verständigung. Der Klassenkampf wäre also bloß ein Mittel zur Herbeiführung der Klassenverbrüderung. Meine Frau wird sicher auch ohnehin kämpferisch gesinnt bleiben, eine Stimmung, die ich an ihr lobe, da sie mir nützt. Eine Frau kämpft ja in der Regel weniger für sich als für ihren Mann, der inzwischen ruhig fortfahren kann, im Frühlingstraum zu lesen, der spannend von A bis Z ist. Ich zweifle nicht, daß meine Frau immer Grund haben wird, speziell von Zeit zu Zeit, gegen mich anzukämpfen. In dieser Beziehung bin ich um Motive der Belebung unbesorgt. Die Männer schlendern gern, wie ja ich z. B. in meinem Frühlingstraum herumschlendere. Würde es nicht zur höchsten Disharmonie führen, wenn unsere beiderseitigen Eigenschaften ähnliche wären? Daß das nicht zutrifft, ist das Werk des Schicksals, das mir um seiner Unverständlichkeit willen sympathisch ist. Übrigens haben sich die Klassenkampfsverflüchtigungsbefürchtungen verflüchtigt. Er ist da: ich weiß es. Er braucht sich um so weniger zu verleugnen, als sein Vorhandensein für uns gesund ist.

So hat sie ihren Liebling also wieder!

Sie ahnt es zwar noch nicht! Oder spielt sie nur mit sich und mit mir, und spiele auch ich nur mit mir und mit ihr, und sind wir alle mit unseren Sorgen, die vollauf berechtigt zu sein scheinen, nur Spieler, und hätte diese Unmoral nicht auch ihre Moral, und wenn mein Traum ein Kampf und ihr Kampf nur ein Traum wäre?

(1926)

Dies unser Zeitalter

Was dies unser Zeitalter vielleicht am besten kennzeichnet, ist die Geringschätzung, womit der heutige Arbeiter verleitet worden ist, sich zu behandeln. Er schätzt, was er tut, keinen Zentimeter hoch ein, sondern bewundert, bestaunt einzig nur noch das Nichtstun, das in Herrlichkeit und Freuden Leben. Er schaut bloß den für einen Menschen an, der sich den uneingeschränktesten Müßiggang herausnehmen kann. Wer diejenigen sind, die dem Arbeiter begreiflich zu machen versucht haben, daß Arbeit nie Annehmlichkeit sei, will vielleicht nicht unbedingt gesagt sein, schon deshalb nicht, weil dies womöglich gar nicht ermittelt, festgestellt werden kann. Vieles trägt am totalen Mangel an Stolz schuld, durch den sich der heutige Arbeiter entweder sehr vorteilhaft oder aber sehr unvorteilhaft hervorhebt. Man hat ihm beizubringen verstanden, daß nur der Besitz des Geldes einen Wert habe, den man nicht leugnen könne. Über Liebe, Treue, Ehrlichkeit usw. bricht er in ein Gelächter aus. Weshalb tut er das? Weil ihm eingeprägt worden ist, daß die Menschen schlecht sind, weil ihm mit allen Mitteln seit Jahrzehnten die Überzeugung eingeflößt wurde, daß jede Überzeugung denkbar fatal, mithin auf alle Fälle zu vermeiden sei. Der Arbeiter hat auf das Vollkommenste aufgehört, an sich zu glauben. Jede Art von Gläubigkeit ist im Arbeiter vollständig ausgerottet worden. In seiner Arbeit erblickt und empfindet er lediglich ein notwendiges Übel. Ist hieran der Arbeiter selbst schuld? Wohl kaum. Man hat ihn seit Jahrzehnten auf weiter nichts als auf's Essen und Trinken, d. h. auf das Materielle aufmerksam gemacht, das er sich angewöhnt hat, entsetzlich wichtig zu nehmen. Für den heutigen Arbeiter existiert nichts Göttliches, infolgedessen auch nichts eigentliches Fröhliches mehr, und weil er keine dem Herzen entstammende Fröhlichkeit kennt, weil für ihn die Religion etwas durchaus Unbekanntes ist, so vermißt er jede Art von Charakter, und man wird sagen dürfen, daß die Menschheit von ihm nicht das geringste Opfer mehr wird erwarten dürfen. Der Arbeiter von heute ist seiner Struktur nach ein sich nicht zum Protzentum hinaufgeschwungen habender Protz. In jedem Arbeiter, so wird es gegeben sein zu denken, steckt ein Emporkömmling. Für ihn existiert, was Anerkennenswertes betrifft, bloß noch der Tageserfolg, und was Schäbiges, Schnödes, Schreckliches und Belachenswertes betrifft, bloß das, was man unter Erfolglosigkeit versteht. Ich erkläre zu meinem Bedauern den Arbeiter von heute für diejenige Sorte von Mitmensch, der den nackten Egoismus und die kleinlichste Kurzsichtigkeit zu vertreten sich endgültig entschlossen zu haben scheint, und ich füge dieser Erklärung bei, daß er zu einer Politik berechtigt scheint, in die ihn die Räder, d.h. der Mechanismus einer sichtlich stürzenden Weltentwicklung hineintrieb. Ihn anzuklagen hat man keine Berechtigung. Man hat keinen Anlaß, ihn irgendwie zu fürchten. Er ist der Narr der Konjunkturen, der millionenfach arbeitende Weltmarktssklave. Was hört er seit Jahrzehnten anderes vorsingen als das Lied von der Lohnsklaverei. Er weiß, was er ist, und er benimmt sich danach. Indem ich solche Worte von ihm brauche, gebe ich gern zu, daß es unter den Scharen der Arbeiter Ausnahmen geben kann. Ich rede hier nicht persönlich von ihm, ich spreche vielmehr von seinem allgemeinen Zustand, der in materieller Hinsicht gesünder, hinsichtlich seines Geistes jedoch im Lauf der Zeit kränker wurde. Sollte der Tolstoi'sche Begriff vom ›lebendigen Leichnam‹ auf ihn angewendet werden können? Sollte der Arbeiter nicht schlechter sein als die übrigen Angehörigen der menschlichen Gesellschaft? Sollte die ausgesprochene Unheiligkeit für uns alle irgendwelche Geltung haben?

(1926)

Basta

Ich kam dann und dann zur Welt, wurde dort und dort erzogen, ging ordentlich zur Schule, bin das und das und heiße so und so und denke nicht viel. Geschlecheswegen bin ich ein Mann, staateswegen bin ich ein guter Bürger und rangeshalber gehöre ich zur besseren Gesellschaft. Ich bin ein säuberliches, stilles nettes Mitglied der menschlichen Gesellschaft, ein sogenannter guter Bürger, trinke gern mein Glas Bier in aller Vernunft und denke nicht viel. Auf der Hand liegt, daß ich mit Vorliebe gut esse, und ebenso liegt auf der Hand, daß mir Ideen fern liegen. Scharfes Denken liegt mir gänzlich fern; Ideen liegen mir vollständig fern, und deshalb bin ich ein guter Bürger, denn ein guter Bürger denkt nicht viel. Ein guter Bürger ißt sein Essen, und damit basta!

Den Kopf strenge ich nicht sonderlich an, ich überlasse das andern Leuten. Wer den Kopf anstrengt, macht sich verhaßt; wer viel denkt, gilt als ungemütlicher Mensch. Schon Julius Cäsar deutete mit dem dicken Finger auf den mageren hohläugigen Cassius, vor dem er sich fürchtete, weil er Ideen bei ihm vermutete. Ein guter Bürger darf nicht Furcht und Verdacht einflößen; vieles Denken ist nicht seine Sache. Wer viel denkt, macht sich unbeliebt, und es ist vollständig überflüssig, sich unbeliebt zu machen. Schnarchen und Schlafen ist besser als Dichten und Denken. Ich kam dann und dann zur Welt, ging dort und dort zur Schule, lese gelegentlich die und die Zeitung, treibe den und den Beruf, bin so und so alt, scheine ein guter Bürger zu sein und scheine gern gut zu essen. Den Kopf strenge ich nicht sonderlich an, da ich das andern Leuten überlasse. Vieles Kopfzerbrechen ist nicht meine Sache, denn wer viel denkt, dem tut der Kopf weh, und Kopfweh ist vollständig überflüssig. Schlafen und Schnarchen ist besser als Kopfzerbrechen, und ein Glas Bier in aller Vernunft ist weitaus besser als Dichten und Denken. Ideen liegen mir vollständig fern, und den Kopf will ich mir unter keinen Umständen zerbrechen, ich überlasse das leitenden Staatsmännern. Dafür bin ich ja ein guter Bürger, damit ich Ruhe habe, damit ich den Kopf nicht anzustrengen brauche, damit mir Ideen völlig fern liegen und damit ich mich vor zu vielem Denken ängstlich fürchten darf. Vor scharfem Denken habe ich Angst. Wenn ich scharf denke, wird es mir ganz blau und grün vor den Augen. Ich trinke lieber ein gutes Glas Bier und überlasse jedwedes scharfes Denken leitenden Staatslenkern. Staatsmänner können meinetwegen so scharf denken, wie sie wollen, und so lang, bis ihnen die Köpfe brechen. Mir wird immer ganz blau und grün vor den Augen, wenn ich den Kopf anstrenge, und das ist nicht gut, und deshalb strenge ich den Kopf so wenig wie möglich an und bleibe hübsch kopflos und gedankenlos. Wenn nur leitende Staatsmänner denken, bis es ihnen grün und blau vor den Augen wird und bis ihnen der Kopf zerspringt, so ist alles in Ordnung, und unsereins kann ruhig sein Glas Bier in aller Vernunft trinken, mit Vorliebe gut essen und nachts sanft schlafen und schnarchen, in der Annahme, daß Schnarchen und Schlafen besser seien als Kopfzerbrechen und besser als Dichten und Denken. Wer den Kopf anstrengt, macht sich nur verhaßt, und wer Absichten und Meinungen bekundet, gilt als ungemütlicher Mensch, aber ein guter Bürger soll kein ungemütlicher, sondern ein gemütlicher Mensch sein. Ich überlasse in aller Seelenruhe scharfes und kopfzerbrechendes Denken leitenden Staatsmännern, denn unsereins ist ja doch nur ein solides und unbedeutendes Mitglied der menschlichen Gesellschaft und ein sogenannter guter Bürger oder Spießbürger, der gern sein Glas Bier in aller Vernunft trinkt und gern sein möglichst gutes fettes nettes Essen ißt und damit basta!

Staatsmänner sollen denken, bis sie gestehen, daß es ihnen grün und blau vor den Augen ist und daß sie Kopfweh haben. Ein guter Bürger soll nie Kopfweh haben, vielmehr soll ihm immer sein gutes Glas Bier in aller gesunden Vernunft schmecken, und er soll des Nachts sanft schnarchen und schlafen. Ich heiße so und so, kam dann und dann zur Welt, wurde dort und dort ordentlich und pflichtgemäß in die Schule gejagt, lese gelegentlich die und die Zeitung, bin von Beruf das und das, zähle so und so viele Jahre und verzichte darauf, viel und angestrengt zu denken, weil ich Kopfanstrengung und Kopfzerbrechen mit Vergnügen leitenden und lenkenden Köpfen überlasse, die sich verantwortlich fühlen. Unsereins fühlt weder hinten noch vorn Verantwortung, denn unsereins trinkt sein Glas Bier in aller Vernunft und denkt nicht viel, sondern überläßt dieses sehr eigenartige Vergnügen Köpfen, die die Verantwortung tragen. Ich ging da und da zur Schule, wo ich genötigt wurde, den Kopf anzustrengen, den ich seither nie mehr wieder einigermaßen angestrengt und in Anspruch genommen habe. Geboren bin ich dann und dann, trage den und den Namen, habe keine Verantwortung und bin keineswegs einzig in meiner Art. Glücklicherweise gibt es recht viele, die sich, wie ich, ihr Glas Bier in aller Vernunft schmecken lassen, die ebenso wenig denken und es ebenso wenig lieben, sich den Kopf zu zerbrechen wie ich, die das lieber andern Leuten, z.B. Staatsmännern, freudig überlassen. Scharfes Denken liegt mir stillem Mitglied der menschlichen Gesellschaft gänzlich fern und glücklicherweise nicht nur mir, sondern Legionen von solchen, die, wie ich, mit Vorliebe gut essen und nicht viel denken, so und so viele Jahre alt sind, dort und dort erzogen worden sind, säuberliche Mitglieder der menschlichen Gesellschaft sind wie ich, und gute Bürger sind wie ich, und denen scharfes Denken ebenso fern liegt wie mir und damit basta!

(1917)

Beim Militär

Beim Militär ist manches ohne Frage riesig nett und hübsch, wie z. B. mit Musik durch friedliche, freundliche Dörfer marschieren, wo Kindergruppen, Gruppen von Frauen und blühende Bäume am Weg stehen. Was denkt ein Soldat viel so den ganzen Tag? Er hat ja überhaupt, damit das Ding klappt, das man Militarismus nennt, gar nichts oder absichtlich wenig zu denken. Er macht gerne von einer Vorschrift Gebrauch, die ihn von Beschwerden befreit; denn das Denken bereitet ja bekanntlich dem Kopf Schwierigkeiten. Reizend, allerliebst und zaubervoll dünkt mich manchmal Gedankenlosigkeit. Nun also, da liegt der Has im Pfeffer. Entzückend sind im Militär die Momente, wo der gemessene Befehl lautet: »Abtreten!« Wie da die Gesellschaft oder Kompagnie malerisch und behaglich aus ihrer Form sich loslöst und jeder ganz, wie es ihm schmeckt, ab- und wegschlendern darf, ohne nach weiterem Zwang und Drill zu fragen, ist höchst ergötzlich und macht bedeutenden Spaß. Sogleich stecken die meisten Kerls oder Leute (um höflicher vom Vaterlandsverteidiger zu reden!) sich recht froh, frech und fröhlich Stumpen oder zierliche, nette weiße Zigaretten in den Mund und zünden an, was angezündet sein will, und rauchen. Das Militär verraucht überhaupt ein Schreckens- und Sündengeld. Um wieder vom menschlichen Denken zu sprechen, so denke man sich und stelle man sich doch einmal vor ein Millionenheer, bestehend aus Kerls oder Leuten (um höflicher zu sein), die darauf verzichten, irgendeinen halben oder ganzen vernünftigen Gedanken zu fassen. Ist diese Vorstellung nicht graueneinflößend? Fast gar! Ich gehöre aber leider selber zu den Kerls, die es hübsch finden, nichts zu denken. Ich bin auch solch ein Verehrer des diensttuenden Prinzips; und daher will ich lieber in Gottes, des Barmherzigen, Namen über diesen peniblen und unabänderlichen Vorfall oder Thema oder ich weiß sonst nicht recht was, schweigen. So ein Soldat weiß zu schreiben, zu schwatzen und trotzdem hübsch proper zu schweigen. Aber im Ernst: Es gibt beim Militär Schönheiten und Freiheiten, die nicht mit Geld zu kaufen sind, und daher möchte ich nicht, daß ich nicht mit dabei wäre. Wo als beim Militär und als schlichter, rechter und schlechter Soldat darf man es wagen und sich herausnehmen, abends so gegen acht Uhr, im angenehmen Abendlicht, auf offener Kleinstadtstraße seelenruhig einen Apfel- oder Pflaumenkuchen mit unbegrenzter Lust zu verzehren? Soldaten sind eine Art Kinder, die auch tatsächlich fast wie Kinder, manchmal streng, manchmal milder, behandelt und geführt werden.

Ja, du liebe Zeit, ich bin auch für das Faulpelzleben, für die Freude und für den Frieden; ich bin aber leider Gottes auch für das Militär. Ich finde den Frieden hübsch und finde das Militär hübsch. Wie finde ich mich in diesem sonderbaren Widerspruch zurecht? Ich kann den Freund des Friedens in mir nicht verleugnen, kann aber auch nicht verleugnen, daß ich ein warmer Freund des Soldatenwesens bin. Doch ich merke, daß dieser Aufsatz zu Ende gehen will, und daher empfehle ich mich aufs beste bis auf eine neue Gelegenheit, wieder die Feder in die Hand zu nehmen.

(1915)

Der Proletarier

Ein junger Proletarier sagte mir: Ich geh' täglich zur Arbeit, man nennt uns Arbeiter, fügt nichts hinzu, aber es fehlt etwas. Die Frage ist: In welchem Sinne arbeiten wir?

Feierabends steh' ich herum, schaue die Leute an, mache mir Gedanken; diese kommen von selbst, ich will sie nicht, aber mit einemmal sind sie da, und ich beschäftige mich mit ihnen. Das kommt und geht. Ich kann mir niemand vorstellen, der nichts denkt. Das tut wohl jeder.

Mein Kamerad fiel im Kampf, er ging in unbeschreiblichem Eifer hin, ich habe das nicht verstanden. Ich bin mit ihm verglichen ein Kind. Er war wild, und ich liebte ihn um seiner starken Natur willen. Nun ist er fort, und ich Lebender, was will ich? Weshalb leb' ich?

Mir scheint manchmal, alle Guten seien gestorben und es gebe nichts Schönes mehr, doch das sind nur Stimmungen. Bin ich nicht oft mutlos, lache aber bald wieder und scherze gern? Es gibt ja so nette Mädchen; die haben lust'ge Gesichter und reden so drollig.

Politisieren mag ich nicht, das dünkt mich fade. Schaffen will ich und mich nebenbei zu belustigen suchen. Die Welt nehm' ich, wie sie ist. Fleißige Hände scheinen mir wichtiger als unordentliches Gerede.

Politik ist eine Kunst, und der einfache Mann gebe sich nicht damit ab, es kommt nichts dabei heraus. Das Volk soll ehrlich, schlicht und freundlich sein, ich will auch so sein.

Sinnen und sich ein Weltbild darzustellen suchen, ist etwas anderes. Das tue ich gern, denn es scheint mir schön. Lebenswürdig ist alles Schöne, sei's ein hübscher

Gedanke, sei's ein Gemälde. Ich bin beständig auf der Suche nach etwas, das mir schön vorkommen und mir das Leben reicher machen könnte; darauf kommt's an.

Zeitungen les' ich wenig, weil ich mir selber eine Meinung bilden will; ich geh' lieber spazieren, da seh' und hör' ich etwas und lese im Buche des Lebens, das gewiß vorzügliche Artikel enthält.

Da steig' ich den Berg hinauf, lege mich ins Moos, unter eine breitästige Tanne, und träume und rauche vielleicht ein wenig dabei, und über mir ist das Ferne, das Ewige, und die Sonne vergoldet mir das Daliegen, und alles Gedachte bekommt einen Glanz, wie soll ich es sagen? Jedenfalls kann ich einen Nachmittag lang so zubringen, ohne mich zu langweilen, was ich überhaupt nicht kenne und auch nicht kennenzulernen begehre.

Mitunter kommt freilich vor, daß ich mich nach mehr sehne, als was das Leben mir bietet. Mir fällt dann allerlei ein, Länder und Meere, Städte! Beim Anblick von Bäumen denke ich: Wie sind sie ruhig und wohlwollend. Warum sind nicht auch Menschen so?

Lieben, viel arbeiten, viel Freudiges empfinden! Ich wünschte, es möchte etwas Göttliches in uns lebendig werden. Ich gehe nie in die Kirche. Lockt es mich nicht? Woran glaube ich? Ich weiß es nicht, ich weiß nur, daß mir viel fehlt, wenn ich nicht gläubig bin.

Könnte nicht unter Menschen ein Glauben neu entstehen; wär' das nicht ein wundersames Ereignis? Danach sehnen sich im Grunde alle, auch wenn sie lächeln, sobald sie sich's vorstellen. Mit Konzert, Theater und allerhand Bildung scheint es mir nicht getan. Aufgeklärt ist längst alles. Was hab' ich davon? Manches erkenne ich. 's ist etwas und nichts.

Dem Menschen fehlt das, wovor er Ehrfurcht, Respekt haben kann. Wenn einer hinknien möchte, so weiß er nicht wo; er sieht nichts Hohes, aber vielleicht kommt es einmal, und dann gibt es wieder etwas Tempelhaftes, vielleicht in Jahrhunderten.

Ich finde das Leben auch schön, wenn es arm ist, freu' mich am Aufstehen und Zubettgehen, an einem Wort, an einem blühenden Zweig, an einem schönen Buch.

Das Gute verschwindet nie; irgendein Bescheidenes bleibt uns immer. Die Kleinen sind zufrieden mit Kleinigkeiten und tun alles, damit sie sich am Unscheinbaren erquicken.

Ich ging weit herum, lief durch Irrtümer und bin nun beim Einfachen, beim Zarten, Sorgsamen angekommen. Von unserem Stolz, unserer Gewinnsucht ist nichts zu erwarten, das werd' ich wohl wissen.

Soll ich beten gehen, oder soll ich tanzen? Wer sagt es mir? Ich will mir alles, was wichtig ist, selber sagen.

Alle sind einsam und wünschen zusammenzuhängen, allerlei Fäden leiten zu Dingen hin, die immer gleich sind. Hat nicht jeder etwas Liebes, beschäftigt nicht jeden etwas, und genügt das nicht?

(1920)

Eine alte Landmagd

Wenn ich still bin, lärmen andere. Es scheint sich dies ganz von selbst zu ergeben. Lärmiere ich, so wird es um mich ruhig. Ich gleiche dann einem Parlamentarier, der sieghaft dasteht mit der Fröhlichkeitsmaske, dessen gesamtes ausgedehntes Innenleben jedoch von einem Meer der Scham überschwemmt zu sein scheint. Ich ging gestern so still. Die Straße hatte eine leise Abwärtsbiegung, deren Hinaufigkeit mich entzückte. Die Straße suchte gleichsam die Wiedergewinnung und -auffindung des Mittelstandes. Also hinsichtlich meines stillen Gehens wäre wenig oder nichts zu sagen, wenn sich nicht ein Gegensatz hiezu eingesetzt hätte in Gestalt eines eilig oder übereilig davonrollenden Totenwagens. Der Kutscher sah aus, als wenn er den Sarg irgendwo gestohlen hätte, als wenn das eine kostbare Beute für ihn gewesen sei. Ich sage rein Gedankenhaftes, wenn ich vortrage und -bringe, daß Weiblichkeit nicht weibisch und Kindlichkeit nicht kindisch und Männlichkeit nicht immer männlich zu sein braucht, und setze mich in ein mir wohlbekanntes Lokal hinein, zu einem Weib aus dem gleichsam untersten, unangesehensten Volk und parliere mit ihr. Sie fängt ihren Disput gleich mit den bedeutsamen Worten an: »Du, hör', mein Sohn, an welchem ich von Zeit zu Zeit so eine Art Wohlgefallen habe, gib einem Kind nie Eier zu essen!« Ich frage: »Warum nicht?« Sie sagt: »Weil das Kind vom Eieressen frühreif wird.« Hier stand sie auf, händigte mir ihre Barschaft zum Aufbewahren ein und sprach: »Behalte das so lange, bis ich biseln gegangen bin.« Ich gab zurück: »Besorge das nur ruhig.« Beruhigt trat sie ab, und nachdem sie, wie sie gesagt hatte, gebiselt hatte, stand sie in all ihrer Höhe wieder vor mir und setzte sich im Zustand des Sicherleichterthabens wieder zu mir an den Tisch. Sie hatte einen Teller voll Sauerkraut vor sich, welches mit der schönsten Wurst der Erde verziert war. Auch vor mir duftete ein ganz ähnliches Essen, und indem wir nun so beide dieses Essen zu uns nahmen, wurde fortgesprochen, und unwillkürlich kam das Kindermachen wieder aus der Tiefe des Gespräches herauf, wobei das Weib, dem ich die Barschaft inzwischen längst wieder ordnungsgemäß zurückerstattet hatte, auf die Meinung gelangte zu glauben, es schicke sich, mir zu sagen: »Du, weißt du, wer die Kinder macht?« Ich wußte es selbstverständlich sehr gut, sagte aber: »Nein, ich weiß es nicht, sage es mir.« »Der Schnaps macht die Kinder«, rief sie hell aus. Welch eine wuchtige Stimmgebung sie besaß. Ich gab ihr recht, indem ich analysierte: »Du meinst damit die armen Leute, denen neben der Arbeit nichts Kostbareres bleibt als die leidige Liebe. Sie essen wenig, weil das gute Essen zu viel Geld kostet, sie saufen Schnaps, weil die besseren Getränke erstens zu wenig stark für sie und zweitens zu teuer für sie sind. Gutes Essen, schöne Wohnung, intelligente Bücher, nette feine Gesellschaft, hübsche Vergnügungen lenken die, die sich das alles leisten können, von der Hauptleistung, die im Kinderhervorbringen besteht, ganz einfach ab.« »Gib einem Kind nie Eier, hörst du, mein Freund, und wenn du einmal eine Rede hältst, dann sage es ihnen, die dir zuhören, daß der Schnaps es ist, der die Kinder macht. Zürn' mir nicht und leb wohl«, und damit war sie von der Tafel, an der sie so lang gesessen, aufgestanden, gab mir ihre knöchrige Hand und empfahl sich mir, wie sich eben eine alte Landmagd einem zu empfehlen versteht, nicht besser, nicht schlechter, wonach auch ich mich erhob, um mich rasch zu einem literarischen Tee zu verfügen, wo ich natürlich mit dem eben gehabten Erlebnis nicht prunkte, sondern dasselbe hübsch für mich behielt. Wenn ich an das Gesagte dachte, das ich von diesem Weib hörte, wie hätte ich da nicht über viele, angesichts der Weitheit und Vielheit des Lebens des Volkes in ihren Wirkungen fragwürdige Bemühungen lächeln müssen, es aufzuklären. In seinen Nöten, die ja doch immer nur der kennt, der sie miterlebt, die also ganz wenigen im Grund bekannt sind, hilft sich das Volk immer wieder still selber. Wesentlich ändert sich wenig. Vielleicht wartet das Volk, kaum daß es sich das gesteht, auf größere Persönlichkeiten, die ihm auf gewisse Art vielleicht den Schnapsersatz bildeten. Wir dürfen uns aber einstweilen unsere Vergnügungen nach Möglichkeit gönnen. Man richtet noch nicht viel aus, wenn man alles auf's Beste eingerichtet haben will. Irgendwo klappt's doch immer nicht. Kann es denn überhaupt aufhören zu hapern?

(1925)

So viel wie möglich sein

Aufrichtigkeit ist banal,
und keiner wird von Wahrheiten satt.
Ich ändere an der Welt nichts,
wenn ich vom Ändern rede.
Ich soll darum erfreulich
sprechen, unterhaltend sein
und liebreich und nachts müd und
am Morgen heiter,
unglücklich und glücklich,
die Last des Lebens, die goldene,
auf mich nehmen und abschütteln,
mich ergeben und mich wehren,
hin- und hersehen und so viel wie möglich
sein.

(1924)

Über die Zukunft der Nationen...

Das Parlament

Damit, daß man sich Opfer, Sündenböcke usw. aussucht, sei es nicht gemacht, dachte ich, indem ich, als ein mich zum Feste des Zuhörens selber Einladender, durch eine Seitentür ins Parlamentshaus eintrat, um als eine Art von Gast mitanzuhören, was in der Bundesversammlung gesprochen werde. Ich habe vor allen Dingen zu bemerken, daß sich das Bundeshaus, dieses Repräsentationsgebäude, an gleichsam hervorragender Lage erhebt. Übrigens hatte ich diesen Artikel längst vom Stapel laufen, das heißt aus meiner Schreibfeder herausfließen lassen wollen. Als ein Fremder eines Tages im Restaurant zum »Pfauen« in Zürich den großen Dichter Keller mit den Worten beehrte: »Sie haben Ihre Erzählungen mit Ihrem Herzblut geschrieben«, soll er trocken erwidert haben: »Nein, mit Tinte.« Indem ich diese Einflechtung dulde, womit ich sage, daß sie mir keineswegs wichtig vorkommt, kündige ich an, daß ich in einem großen Saal Platz genommen habe. Ich sitze auf einer Galerie und schaue auf die Figuren der Herren Räte herab, die sich zum Teil auf ihren Plätzen mit Notieren befassen oder mit Lesen von allerhand beschriebenen oder bedruckten Papieren. Zum Teil scheinen sie tiefgedankenvoll; anderenteils findet es vielleicht der oder jener für üblich oder für vorteilhaft oder für passend und angezeigt, möglichst wenig bei »allem dem« zu denken. Einen Herrn grüßend, der sich gleich mir in die Assemblée einfand, erhebt sich unten die Gestalt eines Herrn vorgerückten Alters, und fängt zu sprechen an, und nach einer Minute belebt mich die Gewißheit, daß er zu verzichten scheint, großen Eindruck zu machen; er verhielt sich rednerisch gewissermaßen so, daß

»Ich sitze auf einer Galerie und schaue auf die
Figuren der Herren Räte herab...«:
Blick von der Tribüne des Berner Nationalratssaals

man beim Aufmerksamsein leise einnickte. Im ganzen Hause machte sich eine nicht zu leugnende Schläfrigkeit geltend. Unwillkürlich reiste ich gedanklich geschichtrückwärts und stattete Rednern von Ruf und Begabung, wie z. B. Mirabeau, geistig einen kurzen Besuch ab. Erwähnter war ja ein vom Schicksal zu Regengüssen des Redens Erkorener. Seine Art zu sprechen besaß jeweilen die größte Platzregenähnlichkeit. Seine Ansprachen glichen Gewittern; er hat oft eher geblitzt und gedonnert als bloß gesäuselt und gesprochen.

Der Tag, an dem ich den Parlamentsbesuch ausführte, war übrigens der denkbar blaueste, schönste. Auf der Kuppel des hohen Hauses flatterte die Landesfahne in ihren zwei anheimelnden Farben. Ich hatte kurz vor Eintritt ins Gebäude eine Dame auffallend artig gegrüßt, und sie hatte sich natürlich bewogen gefühlt, mir zu danken, dadurch, daß sie sich ein wenig verneigte. Ich nahm auf einer Veranda mein Frühstück ein und blickte in ein orangen-, pfirsich-, kirschen- und zitronenleuchtendes, windgeschaukeltes, -gefächeltes Markttreiben hinein. Der Wind tropfte förmlich von blauer Farbe, ohne irgendeinen Gegenstand blau zu färben.

Nun erlaube man mir, zu sagen, daß im Saal ein Fall zur Verhandlung kam, dem äußerst viel Bedeutung beigelegt wurde. Auf einer Separatestrade schrieben die Stenographisten und Zeitungsberichterstatter möglichst alles warm, Wort für Wort, nach dem, was gesprochen wurde, auf die Blätter ab, die sie vor sich liegen hatten. In einem dicht unter mir Stilldasitzenden glaubte ich einen Politiker zu erkennen, den seine ausgesprochen oppositionelle Stellung einen Rang hatte erklimmen lassen, auf dessen Bepolsterung er nun gleichsam ausruhte, was der Natürlichkeit einer Laufbahn entspricht, und was ich so aufgefaßt wünsche: Der Bedeutendheit wird dadurch mit der Zeit ein Ziel gesetzt, daß man sie als solche anerkannt hat. Eine Bergpartie z. B. hört mit Erklettertheit des erstrebten Gipfels auf, was sich gewiß von allerlei bürgerlichen Wirkungsfeldern sagen läßt. Dies ist etwas selbstverständliches; aber von einem gewissen Gesichtspunkt aus gesehen haftet diesem Leichtbegreiflichen etwas Erstaunliches, Vieles-Erklärendes an. Mich interessierte eine stille Gestalt, die ehedem eine sich stürmisch gebärdende gewesen war. »Sieh da, er hat graues Haar, der vor Jahren seine Revolutionslocken zornig-graziös schüttelte.« Dieser Gedanke war einer von denen, die sich von selbst ergaben. Einen anderen von den Herren Räten konnte man auffallend emsig, gleichsam dienend oder verbindend, aushelfend, beistehend, hin- und hergehen sehen. Er gehörte, wie mir mein Nachbar erklärte, der Bauernpartei an. Dieser Nachbar war eine Kaffeehausbekanntschaft.

Ich könnte nun von diesem »Opfer« weitläufig reden. Meiner Ansicht nach stellen wir sozusagen alle etwas wie »Opfer unserer Epoche« dar; denn jeder, von was für einer Art er sein mag, nach welcher Richtung hin sich seine Sendung bewegt, opfert sich irgendwie auf; er bringt sich, seine Persönlichkeit, seine Schaffenskraft auf dem und dem »Altar« ganz einfach zum Opfer, er mag sich hintanhaltend oder vorwärtstreibend verhalten, und aus diesem Allgemeinheitsgrunde sind für mich die »Lämmer«, die geopfert werden, gar nicht vorhanden. Es ist ein verzeihlicher, weil menschlicher Irrtum, anzunehmen, der und der sei zum Opfer bestimmt worden. Es befand sich auch in der Versammlung quasi ein Opfer. Alle anwesenden Insgewichtfallenden gaben sich sichtliche Mühe, ihn zu ignorieren. Ich aber sah mit meinen allzeit guten Augen und war befähigt, herauszufühlen, wie er gutgelaunt in sich hineinlächelte. Genug übrigens hiervon. Nur noch soviel: einem »Opfer« gibt man Gelegenheit, sich menschlich zu sammeln, ruhig sich »Bereicherungen« zuzuführen.

Was jenen obgenannten, als wichtig empfundenen Fall betrifft, so erledigte er sich rechtsgemäß, d. h. mit einer Abfuhr, die die Unbefugtheit erntete, und mit einem geradezu leuchtenden Erfolg seitens der Landesvertretung.

(1926)

Exposé

Wahr ist, ich geh' nicht häufig ins Theater. Ich sehe gern Schauspielerinnen im Kaffeehaus Zigaretten rauchen. Das Schauspiel läßt an Beziehungen zu der Zeit, worin wir leben, zu wünschen übrig. Man führt Dichtungen auf, die längst heruntergespielt sind. Hiebei hat es wenig Zweck, Namen anzuführen. Eine Schülerin von sehr einnehmender Gestalt interessiert mich. Sie begegnet mir hie und da in einer Allee, die früher hochherrschaftliches Gepräge trug. Das Theater besaß einst für alle etwas Hinreißendes. Die Galerien waren von Studenten und Studentinnen besetzt, die spärlich aßen, um sich Billets zu verschaffen. Damals schrieb ein hochaktueller Dramatiker Rührstücke für die gebildete Gesellschaft. Heute läuft die Jugend auf die Sportplätze. Man hat einzusehen begonnen, daß der Genuß eines Theaterabends nicht nur ein Genuß ist, sondern auch Kräfte in Anspruch nimmt. Unsere Epoche ist eine sanitarische. Die Frauen setzen alles Erdenkliche dran, hübsch zu bleiben. Hübsch sein ist ein Glück. Man will so lange wie möglich jung, gesund, schön, elastisch, liebefähig bleiben. Es wurde zu anstrengend, sorgfältig Toilette zu machen, und man zog den Kinobesuch vor. In hiesiger Stadt kenne ich zirka drei Menschen, was mir beweist, daß ich arbeitsam bin. Wer beschäftigt ist, lernt nicht so rasch Menschen kennen, wie wer herumspaziert und aufs Plaudern ausgeht.

Was das Welttheater betrifft, so sieht man klar, wie sich der Westen Europas jahrzehntelang Mühe gegeben hat, den Osten gleichsam aus dem Schlaf zu rütteln. Ich brauche bloß beispielsweise auf Gustave Dorés geistreiche, satirische Zeichnungen hinzuweisen, die auf das zaristisch regierte Rußland zielten. Der Osten ist »vom

Bett« aufgestanden. Noch scheint er schläfrig, reibt sich die Augen. Vielleicht ist es noch verfrüht, zu sagen, er sei erwacht. England fühlt sich vom bloßen Gedanken an eine solche Möglichkeit unangenehm berührt. Man versteht das ja vollkommen. Zwischen China und Rußland gibt es Beziehungen, die man nicht genau kennt. Daß Europa Rußland feindlich gegenübertreten mußte, oder zum Teil wenigstens glaubte, es müsse es tun, ist für Europa peinlicher als für Rußland. Letzteres sah und sieht sich auch noch jetzt angegriffen. Es ist im Verteidigungszustand, der an und für sich vorteilhaft ist. Was geschieht in Indien? Man sieht, ich befasse mich mit großen Fragen. Frankreich hat Sorgen. Das geht noch an. Aber warum bewitzelt der Franzose so leichtsinnig gewisse Unbehilflichkeiten? Nun ist der Osten Europas kein Kind mehr, oder doch nur noch halb. Man muß insofern England loben, als es von sämtlichen westeuropäischen Nationen am wenigsten Lust zeigte, sich über die östliche »Kindlichkeit« zu amüsieren. Wie verhält sich Polen zu gewissen Wünschen betreffend die Änderung der Staatsform in Rußland? Der Westen, der zum Hochmut gegenüber dem Osten neigt, wird schwer zu bewegen sein, Vertrauen zu demselben zu gewinnen. Ich will nicht von »Bildungsdünkel« reden, obwohl ich mir hierzu das »Recht erteilen« könnte. Hochmut kann in gewisser Hinsicht schön sein, aber er ist immer eine sich früher oder später offenbarende Dummheit. Japan wartet klug ab; es ist, als sei es träge. Dem Europäer könnte man wünschen, er lernte ebenfalls etwas von der asiatischen Kunst, sich in die Zeit zu schicken. In Friedenssachen spielen Talent und Instinkt eine erheblichere Rolle als die gute Absicht, die an sich etwas total Charakterloses ist. Es wurden Anspielungen auf die »Friedhofsruhe« gemacht. Mir ist eine solche lieber als überhaupt keine. Die Lage Italiens ist wegen seiner Empfindlichkeit ungünstig.

Warum sind die Italiener empfindlich geworden? Weil sich Deutschland empfindlich gezeigt hat? Das wäre ja sehr natürlich, wenn auch schon ein bißchen zu sehr nach Naturhaftigkeit aussehend. Politik fängt dort an, wo die Empfindlichkeit überwunden ist. Aber ist es denn gesagt, daß gute Politik getrieben werden muß? Schlechte Politik ist ja auch Politik, vor allen Dingen: Leben! In London ist ein Vertreter der Sowjetrepublik »gekränkt« worden. Überall wird denen, die gekränkt worden sind, das Gekränktsein zum Vorwurf gemacht. Frankreich ist »nur ein offizieller« Freund Englands. In der ganzen zivilisierten Welt bilden die hohen Gehälter eine Last. Die Staaten »ächzen«. Ich seh's an mir, wie es im großen ist. Wenn ich guter Laune bin, gelte ich etwas, wie ich mich aber in dieser guten Laune erhalte, hierum kümmert sich begreiflicherweise niemand. In den Völkern zittert es wie in einem epileptischen Körper. Und ich bleibe bei der Überzeugtheit, der Westen habe den Osten derangiert. Deshalb ist nun der Osten ein »Bösewicht«. Als ich eines Tages jemand über den Haufen warf, weil ich ihn lächerlich fand, schaute ich ihn auch noch strafend an. Irre ich mich nicht, so hielt ich ihm eine Rede über die Unverantwortlichkeit des mir an Kräften nicht Gewachsengewesenseins. Ein Witzblatt machte sich über eine hochstehende Persönlichkeit lustig. Dieselbe ohrfeigte dafür denjenigen, der ihr das Blatt überbrachte. Könnte man nicht hamlethaft vom Horizont sagen, er sei von Wolken bedeckt, die wie Kamele aussehen?

Ich gähne über diese Bemerkung.

Ich stehe mit diesem Abriß über die uns interessierenden Zustände wie auf einem Hügel; unten steht die Geliebte, die ich vom Aussichtspunkt aus anlache.

Könnte ich, was ich hier schrieb, Exposé nennen?

(1928)

Tagebuchblatt

Mit kühler Empörtheit, die mich durchtanzt, durchlacht, die mir übrigens ganz und gar paßt, weil sie eine sittliche Höhe darstellt, sage ich, daß in einem kleinen europäischen Land jährlich achtzig Millionen für Militärzwecke verausgabt werden. Schade um so viel Geld! Muß nicht jeder Menschenfreund eine solche Erscheinung einfach beklagen? Anderseits scheint der Verbrauch einer so großen Summe eine Notwendigkeit zu sein, aber es geschieht vielleicht da und dort, daß man sich Notwendigkeiten nur einbildet, daß man sich davon düpieren läßt. Ich für mich finde, daß Staaten anfangen sollten, mehr Vertrauen zu bekunden. Ein Staat ist wie eine Persönlichkeit, und es läßt sich sagen, daß sich Menschen, Personen durch fortgesetztes Mißtrauen erniedrigen. Genau dasselbe läßt sich von Gemeinden, Verbänden, Gesellschaften sagen. Heute sind alle Länder Europas voreinander erniedrigt. Mich dünkt, daß man das in der Öffentlichkeit betonen muß. Nun zu etwas anderem: mir kam da der Gedanke, daß sich in den Künsten zu viel Gebildetheit geltend mache, aber viel zu wenig Gebildetheit im Leben. Hieraus entsteht ein Mißverhältnis. Das Leben ist zu roh geblieben; dagegen ist die Kunst verhältnismäßig zu ästlich, zweiglich, zu zart und zu fein geworden. Nach mir ginge es uns allen besser, wenn sich die Kunst kräftig gäbe, dafür aber das Leben lieb und fein. Ich las, daß in einer großen Stadt acht große Bühnenhäuser geschlossen wurden. Daselbst gehen viele Schauspieler brotlos, unterstützungsbedürftig herum. Man liest heute in den Zeitungen allerlei Klägliches. Gestern konnte ich diese achtzig Millionen gar nicht aus dem Kopf bekommen, hoffe mich aber befähigt, die Vorstellung davon zu verwinden.

In Chicago halten Neger Versammlungen ab, die den Zweck haben, das Niveau aller Schwarzen auf der ganzen Erde zu heben. Auch das ist eine Zeitungsnachricht. Zum Frühstück lasse ich mir gern irgendein Blatt schmecken, wie z. B. das »Journal de Genève«, und hier baue ich ja selber so eine Art Journal auf. Das hat für mich etwas Aufrichtendes. Nebenbei muß ich gestehen, daß ich mich gestern in einem hiesigen bürgerlichen Lokal an böhmischem Bier gütlich tat. Das Glas bezahlt sich mit fünfundvierzig Centimes. Ich enthülle da Geisteskleinlichkeit, aber sie amüsiert mich. Wie von selbst geht es zu, daß ich mir vorrechne, was ich an Barschaft jeweilen ausgab. Sitzt oder steckt etwa ein Ökonom in mir? Jemand verspottete mich, und ich verspottete den Betreffenden wieder, und zwar auf so derbe Art, daß er mir gestand, ich hätte ihm wehgetan. Warum muß das immer so weitergehen? Könnten wir einander nicht das leichte Maß von Achtung entgegenbringen, dessen wir bedürfen? Und dann saß ich wie »eine goldstrotzende Kosakin« da. Was ich da sage, läuft mir so aus dem Mund. Lustige Leute umtanzten mich, und ich klatschte ihnen Beifall und lachte noch auf der Straße und zu Hause über die Tänzer, die mit ihren Bewegungen der Musik, deren Takte sie rhythmisch begleiteten, ihre Hochachtung und Ergebenheit erzeigten. Was das für Drolligkeiten waren. Einer legte sich an den Boden und erstand wieder langsam. Das war furchtbar komisch, und mir war, als ich das alles so sah, als tanze ganz Europa, als tanze die ganze, glänzende, arme Menschheit, Hoch und Niedrig, Klug und Unintelligent, Wissendes und Ahnungsloses bunt durcheinander, von der Macht der Kunst brüderlich und schwesterlich verbunden. Ich bildete mir ein, etwas entfernt scharre und stampfe mein Pferdchen mit den braunen Beinen. Wie mir diese Illusion Spaß machte!

Plötzlich durchblitzten mich wieder diese achtzig Millionen zu Verteidigungszwecken. Wie wir uns voreinander fürchten! Haben wir wirklich so gewichtigen Grund dazu? Es scheint so. Aber da sieht man, was uns unsere Habsucht, unsere Eigenliebe, unsere Unduldsamkeiten für ein Heidengeld kosten. Und überall ist das so, und wie soll es sich ändern können, wenn sich dieses Leben, die Seelen, die Nerven, die Menschen nicht ändern wollen oder nicht können? Ich bin überzeugt, daß die Kriege aus dem Schoß der Gesellschaft selbst emporkeimen mit bleichem, großem, verständnislosem, aufgedunsenem Gesicht. Der Krieg ist eine Mißgeburt, halb Mädchen, halb Mann, halb Störender und halb Gestörter, und er läuft erschrocken unter uns herum, über sich selber entsetzt wie ein hunderttausend Jahre altes Schmerzenskind. Ich glaube meinerseits nicht an die Grenzlichkeits- und Nationalkriege; vielmehr glaube ich, daß sich die Kriege stets die Grenzlichkeiten und Zugehörigkeiten zu den Nationen so zum Vorwand genommen haben, daß sie aber weiter nichts als Geschöpfe unserer Unvorsichtigkeiten sind, Unzufriedenheitentstiegene, denn auch in Friedenszeiten »bekämpfen« wir uns ja immer: Junge wollen von Alten nichts wissen, Gesunde von Kränklichen nichts, Mutige von Zaghaften nichts, und eins fürchtet und verachtet und bewundert und mißversteht das andere, und wie wird überall die Bildung vernachlässigt, die, wenn es richtig zuginge, maßgebend zu sein hätte. Wir geben nicht acht auf uns, und weil wir dazu nicht in die Lage kommen zu können scheinen, geben wir jährlich für die Abwehr eines eventuellen Feindes achtzig Millionen aus.

Ich erscheine mir da etwas nachdenklich, aber ich

habe mich gewöhnen lernen, zu glauben, daß an der Nachdenklichkeit etwas Schönes ist, daß ich sie brauche, daß sie mir nützt, daß sie mich festigt.

(1925)

Minotauros

Bin ich schriftstellerisch wach, so gehe ich achtlos am Leben vorbei, schlafe als Mensch, vernachlässige vielleicht den Mitbürger in mir, der mich sowohl am Zigarettenrauchen und Schriftstellern verhindern würde, falls ich ihm Gestalt gäbe. Gestern aß ich Speck mit Bohnen und dachte dabei an die Zukunft der Nationen, welches Denken mir nach kurzer Zeit deshalb mißfiel, weil es mir den Appetit beeinträchtigte. Daß dies hier kein Seidenstrumpfaufsatz wird, freut mich und wird, wie ich mir vorstelle, vielleicht einem Teil meiner geneigten Leser ausnahmsweise angenehm sein, da dieses beständige Mädelmiteinbeziehen, dieses unaufhörliche Frauennichtaußerbetrachtlassen einer Eingeschlafenheit ähnlich sein kann, was von jedem lebhaft Denkenden wird zugegeben werden können. Beschäftigt mich nunmehr die Frage, ob Langobarden usw. irgend etwas wie Bildung besaßen oder nicht, so bewege ich mich vielleicht auf Wegen, für die nicht jedermann sofort Augen hat, indem ja kaum eine Weltgeschichtsphase so befremdend anmutet wie die Völkerwanderungszeit, die mich aufs Nibelungenlied bringt, das uns Übersetzungskunst zugänglich machte. Mit dem Nationenproblem im Kopf herumlaufen, bedeutet das nicht, einer Unverhältnismäßigkeit zur Beute geworden zu sein? Millionen von Menschen so mir nichts dir nichts miteinbeziehen, das muß das Gehirn belasten! Indes ich dasitze und alle diese lebendigen Menschen zahlenmäßig, gleichsam kompagnieweise, in Betracht ziehe, hat vielleicht einer dieser sogenannten vielen insofern geistig geschlafen, als er hemmungslos drauflos lebte. Vielleicht ist's möglich, daß Wachende von Schlafenden für schläfrig gehalten werden.

Im Gewirr, das vorliegende Sätze bilden, meine ich von fern den Minotauros zu hören, der mir weiter nichts als die zottige Schwierigkeit darzustellen scheint, aus dem Nationenproblem klug zu werden, das ich zugunsten des Nibelungenliedes fallenlasse, womit ich gleichsam ein mich belästigendes Etwas kaltstelle. Ebenso denke ich alle Langobarden in Ruhe, will sagen, schlafen zu lassen, denn ich bin in vollkommener Klarheit, daß eine gewisse Sorte von Schlaf nützlich ist, einzig schon, weil er ein spezifisches Leben führt. Um des bißchen Glückes willen scheint es mir um Seidenstrumpfdistanz zu tun zu sein, die ich mit der Distanz zur Nation vergleichen möchte, welch letztere vielleicht mit einer Art von Minotauros Ähnlichkeit aufweist, den ich gewissermaßen meide. In mir bildete sich die Überzeugung aus, daß mich die Nation, die für mich etwas wie ein Wesen ist, das aussieht, als fordere es mancherlei von mir, am besten versteht, d. h. am ehesten billigt, wenn ich sie anscheinend unbeachtet lasse. Brauche ich dem Minotauros Verständnis entgegenzubringen? Weiß ich denn nicht, daß er hiedurch fuchsteufelswild wird? Er bildet sich ein, ich vermöge ohne ihn nicht zu sein; die Sache ist die, daß er Ergebenheit nicht verträgt, wie er z. B. Anhänglichkeit zu mißverstehen geneigt ist. Ich könnte die Nation auch als mysteriösen Langobarden betrachten, der mir um seiner, wie soll ich sagen, Unerforschtheit willen, zweifellos einigen Eindruck macht, was meiner Ansicht nach vollauf genügen dürfte.

Alle diese irgendwie aufgerüttelten Nationen stehen ja wahrscheinlich vor den und den, dank- oder undankbaren Aufgaben, was für sie außerordentlich gut ist. Ich meine, daß man vielleicht nicht allzu sehr sein soll, was man ist, lieber nicht zu stark von Tauglichkeit strotzen. Das auf einen sanftgewölbten Hügel gebettete Taugenichtsproblem ist vielleicht einiger Beachtung wert. Aus dem regelmäßig atmenden Inhalt des Nibelungenliedes ragen Recken empor, und ich kann dem Gedicht, dessen Entstehung eigentümlich ist, meine Achtung nicht versagen.

Wenn ich, was mir hier aus Wissen und Unbewußtheit entstanden ist, für ein Labyrinth halten kann, so tritt ja nun der Leser gleichsam theseushaft daraus hervor.

(1926)

Grausame Bräuche, Sitten, Gewohnheiten usw.

Grausame Bräuche, Sitten, Gewohnheiten usw. haben ja, unsentimental betrachtet, etwas Naives, Drolliges, vielleicht beinah etwas Puppenhaftes, als wenn körperlicher Schmerz im Grund gar nicht so schlimm wäre. Ich gestehe, daß mich der Gedanke an manche Grobheiten, wie beispielsweise das Nasenabschneiden, womit etwa im Mittelalter, bei Kämpfen und Gefechten zwischen Germanen und Slawen, Sieger ihre wahrlich nicht gerade beneidenswerten Besiegten beehrt haben, auf eine gewisse Art und Weise lachen mache. Sollte ich der einzige sein, dem es als etwas Pompöskomisches vorkommt, wenn durch Jahrhunderte hindurch indische Witwen lebend, mit den hochkostbaren Leichen ihrer verstorbenen Eheherren verbrannt worden sind? Wie doch solche Fraueli, die zuweilen jung und hübsch waren, eine Möglichkeit, an der man nicht zu zweifeln Anlaß hat, gewinselt haben müssen, als wenn's arme Hundchen oder Käuzchen oder Täubchen oder Spätzchen gewesen wären. Jedem halbwegs Gebildeten ist nun ja bekannt, welchen Grad von Unerbittlichkeit und Strenge in der Beurteilung von Religions- und Sittsamkeitsangelegenheiten die einstige Inquisition aufwies. Erinnert man sich hier nicht unwillkürlich des Mönches Torquemada oder gewisser sonstiger von hervorragenden Malern porträtierter Großinquisitoren? Viele solcher Richtenden, Urteilenden mögen entweder bereits seit ›längerer Zeit‹ krank gewesen sein oder sind es dann im Verlauf ihres sie ziemlich sicher sehr anstrengenden Lebens und während ihrer doch wohl ziemlich peinlichen Berufsausübung geworden, so daß sie nicht umhin konnten, sich für krank zu halten. Die Geschichte der bei den verschiedenen Völkerschaften oder Nationen und zu verschiedenen Zeiten vorgekommenen Grausamkeiten ist natürlich vorwiegend ernsthafter Art. Ertränkungen sind, man kann sagen, massenhaft vorgekommen, wobei jeder Einsichtsvolle zugeben muß, daß solche Tötungsart gelinde genannt zu werden verdient. Auf langsame Weise in einer Bratpfanne wie ein Fisch oder ein Stück saftiges Fleisch geröstet, geschmort, gleichsam auf das Sorgsamste himmelreichsaufnahmefähig gemacht worden zu sein, mag diejenigen, die es anging, Überwindung genug gekostet haben. Die Gesichter, die sie in ihren Pfannen oder erhitzten Kübeln geschnitten haben mögen! Gott bewahre mich davor, daß ich jene Grimassen schneiden müßte, wie es bei vielen armen Sündern von ehemals der Fall war. Schon der nasenflügelbeklemmende Geruch bei solch einem Autodafé! Ich wage am gewaltigen Eindruck solch eines höchst eigenartigen Schauspieles nicht zu zweifeln. Unzähligen Verbrechern sind, wie man wissen wird, von Rädern, an welche man sie aufzubinden für schicklich oder für unerläßlich halten mochte, mit Eisenwerkzeugen die Glieder zerschlagen worden. So hart zu strafen, ha, welch ein hervorragender moralischer Mut das bei den Vollziehern voraussetzte! Die Guillotinen der großen Revolution verfuhren, früheren Strafarten gegenübergehalten, wesentlich humaner, das leuchtet augenblicklich ein. Bereits schien das Zersägen oder Pfählen bei vollständiger leiblicher Gesundheit aus der Mode gekommen zu sein, wie es noch zu Luthers Zeiten, also im Bauernkrieg, da und dort geübt wurde, wovon einen gewisse Abbildungen, die in Zeitschriften reproduziert werden, überzeugen können. Beim Zersägen von Schuldigbefundenen bedienten sich die Vollstrecker des anscheinend etwas derben Zurechtweisungsverfahrens großzahniger Baumsägen. Zur Zersägung eines Einzelnen waren stets zwei kräftige, korpulente Sägende dringend nötig, ansonst das Werk unmöglich hätte vollbracht werden können, das ja auf den ersten Blick Schwierigkeiten in sich einschloß. Wie ich mir vorstelle, band man so einen Burschen, der halbiert werden sollte, zwischen zwei Brettern fest. Wie sich so einer in solcher Lage vorgekommen sein muß! So etwas vermögen sich Leute von heute kaum auszudenken. Gehängt sind während des Entwicklungsganges der Zivilisation Unzählige worden, die diese Maßnahme durch ein entsprechendes Betragen herausforderten. Einer erheblichen Anzahl von Dieben, d.h. von solchen Menschen, die bezüglich mein und dein nicht allzu genau Bescheid wissen mochten, wurde kurzerhand die Hand als warnendes Exempel abgehauen. Blenden oder Augenausstechen scheint geraume Zeit lang eine recht sehr beliebte Methode gewesen zu sein, hiezu Auserwählte daran zu mahnen, daß, wenn es unbedingt sein muß, man das Licht auch anderswie erblicken zu lernen fähig sei als mittels des materiellen Sehvermögens. Diente nicht der greise Gloster in Shakespeares wundervollem »König Lear« hinsichtlich dessen, was ich soeben sagte, als vortreffliches Beispiel? Als Knabe las ich im Elternhaus gern und infolgedessen viel, und so erinnere ich mich denn noch recht genau, abgebildet gesehen und gelesen zu haben, wie schwarze Sklaven, als es in Afrika noch Sklavenhandel usw. gab, für das blöde und einfältige Gelüste, sich Bewegung verschaffen und ausreißen zu wollen, mit der größten vernichtenden Gemütlichkeit zu Tode gepeitscht worden sind. Oder letztere mußten sich der Länge nach auf dem Boden ausstrekken, worauf man ihnen die Rippen zusammentrat. Im Zustand der Zerbrochenheit wurde ihnen erlaubt, liegen zu bleiben, bis sie von Hyänen sauber aufgegessen worden waren, jede Überbleibsel durchweg verschwinden machend. In einem andern Buche las und sah ich, wie auf einem Meerschiff, das Sklaven enthielt, der Unternehmer, ohne daß er dabei zu zielen brauchte, in den Raum hineinschoß, wo vielleicht im Negergewühle ein Murren der Unzufriedenheit entstanden sein konnte. Auf was ich hier hindeuten will, ist, daß sich die Grausamkeiten Gott Lob und Dank überaus verfeinert haben. Beim bekannten Grausamkeitsautor Sacher-Masoch finden sich bloß noch von Schloßfrauen ihren sie anhimmelnden Kammerzofen zuteil werden lassende sanfte, zarte, intelligente Ohrfeigen. Mit diesem Hinblick auf den Beweis, daß sich unsere Anschauungen und unsere Handlungsweisen von Jahr zu Jahr oder vielleicht sogar von Stunde zu Stunde ausglätten und -gleichen, ziehe ich mich aus dem Gemach der Ausführungen, womit ich mich Ihnen hier präsentiert habe, achtungsvoll zurück.

(1926)

Schwarzblitzende Fragen

Vorkommen kann, daß z. B. Pferde über Gebühr in Arbeitsanspruch genommen werden, weil sie nicht reden, also auch nicht befragt werden können. Sie sind verhandlungsunfähig. Man kann sich nach keines Pferdes Meinung erkundigen, weil ihm die Natur versagt hat, sie kundzugeben. Eigentlich ist es abscheulich von uns Menschen, Delikatessen wie z. B. Froschschenkel nicht zu verschmähen. Unzähligen Hühnern werden Tag um Tag innerhalb der Zivilisation die Köpfe kurzerhand abgeschnitten, was eine Tatsache ist, die zu einiger Bedenklichkeit Anlaß geben sollte. Einer Frau beliebte es, meine Wohltäterin zu sein. Einmal kam sie mit einem lebendigen Aal nach Hause, den sie mir zum Mittagsmahl vorzusetzen wünschte. Nur dem Geschäft der Tötung des Aales unterzog sie sich nicht. »Wollen nicht Sie den Mord vollziehen, lieber Freund?« bat sie mich. Aus Artigkeit übernahm ich denn ja auch meine seltsame Aufgabe, indem ich Gewalt über meine Nerven auszuüben bemüht war, was mir gelang. Hühner legen Eier, und zum Dank für dieses Entgegenkommen schlachtet und verzehrt man sie auch noch. Das heißt wirklich einerseits nützlich und anderseits rücksichtslos sein. Dabei muß aber die Ernährungsfrage in Betracht gezogen werden, die von eminentem Umfang ist. Man sieht bei einigem intelligentem Umsichschauen klar, wie sich die Tiere dem Appetit der Menschen aufopfern müssen. Die Tiere werden zu Vertilgungszwecken künstlich gezüchtet, oder sie werden ernährt, um zu Beschäftigungen herangezogen zu werden. Was haben Gänse, Enten usw. Übles getan, daß man sie umbringen muß? Die Verfehlung dieser Geschöpfe besteht darin, daß sie eßbar sind, teilweise sogar einen Leckerbissen für uns Unersättliche bilden, die wir uns so leicht und so gern mit der Medaille der Humanität und Bildung schmücken. Wenn jeder Fleischsuppenesser, Kalbsbratenvertilger an den Entleibungen mithelfen müßte, die zu seiner Beköstigung erforderlich sind, er verlöre vielleicht hin und wieder die Eßlust. Was wir nicht mitansehen, geschieht fast so gut wie nicht für uns. Hieraus erklären sich manche Gedankenlosigkeiten, wie z. B. die der Daheimgebliebenen im Weltkrieg. Ich komme nun auf die Kriege zu sprechen und bitte um Erlaubnis, sagen zu dürfen, daß kein Krieg wie der andere ist, daß jeder Krieg zwar etwas ist, was man unmöglich herbeiwünschen kann, daß aber z. B. für uns Europäer die Notwendigkeit erwachsen kann, Krieg im Interesse unserer Kultur zu führen, und zwar gegen Kolonialvölker, die, wie sie beschaffen sind und wie unsere Verhältnisse liegen, uns durchaus gehorchen müssen. Es kann Auflehnungen geben, denen gegenüber man sich schonend wird verhalten können, andere aber werden durchaus gedämpft, gebändigt werden müssen. Man darf also nicht alle Kriege blindlings verurteilen, man muß sich vielmehr sehr ernstlich fragen, was ein Krieg für ein Ziel, für einen Zweck hat. Die Kolonialvölker stehen unter europäischer Aufsicht, ihnen wurde die Pflicht auferlegt, sich möglichst exakt und gewandt nach unseren Absichten, Bedürfnissen usw. zu richten. Die Wichtigkeit einer Ordnung zu verkennen, bei der die Naturvölker die untergeordnete Rolle haben übernehmen müssen, würde womöglich an Wahnsinn grenzen. Natürlich kann man das nicht behaupten, und ich behaupte auch nichts, sondern vermute bloß. Wenn sich die Tiere den Menschen aufopfern müssen um des Fortbestandes der Menschheit willen, so wird man das gleiche auch von Menschen verlangen dürfen. Wie Krieg und Krieg nicht dasselbe ist, so ist auch Mensch und Mensch nicht dasselbe. Der Friedenszustand bedarf zu seinem Gedeihen enormer Mittel. Sentimental denkende und redende Leute erwägen dies oft zu wenig intensiv. Ich möchte übrigens im Interesse des Friedens befürworten oder anraten, ihn nicht ausschließlich zum Gebilde und Gegenstand des Denkens zu machen, weil ich glaube, es ergäbe sich aus solcher Gedankenkontinuierlichkeit leicht eine schwüle, mithin friedengefährdende Atmosphäre. Man wird sich erinnern, wie die Persönlichkeit, die einst über das mächtigste Kampfmittel der Welt verfügte, in einem fort, möchte man sagen, von seiner Sendung sprach, den Frieden zu garantieren. Unter den Blumen lauern ja, wie es uns die Sage zu bedenken gibt, die Schlangen. Kann ein Krieg Nutzen für uns zeitigen? Die Konstellationen sind heute so, daß ich eine so unsäglich harte Frage, eine Frage von so unsäglich feingeschliffener Härte, eine solche schwarzblitzende Diamantenfrage gar nicht zu beantworten wage. Nur aufgeworfen haben möchte ich sie. Man muß meiner Meinung, meines Gefühles, meiner Überzeugung nach den Mut haben, sich dieser Frage zu stellen, denn ich halte nichts für so verderbenbringend wie Gewohnheitsphrasen, deren Sinn sich unmerklich langsam, aber mit einer Absolutheit im Lautlosen ihres uhrwerkhaften Ganges in ihre Gegenteiligkeit verwandeln kann. Man soll nicht zittern, zimperliche Abscheu bekunden beim bloßen Worte Krieg, sondern ihm, diesem Wort, diesem Begriff unbeugsam in die Augen schauen wie einem Löwen, der gesonnen ist, uns zu schaden, und den wir bannen, bezähmen müssen. Wunderbare, tiefsinnige Worte, deren Merkwürdigkeit vielleicht mit Abgründen verglichen werden kann, ließ Miguel Cervantes, der den Krieg aus eigener Erfahrung und Anschauung kannte, seinen Don Quijote von der Mancha gelegentlich eines Bankettes über das Wesen des Friedens und des Krieges sprechen. Der närrische, aber überaus gutherzige, menschenliebende Ritter sagte da, der Frieden entstamme dem Krieg, dieser wieder jenem, und er sprach aus, daß der Krieg es sei, der den Frieden herbeiführe, er war aber so taktvoll, nicht auszusprechen, wie dem Liebenden die Unartigkeit aus der Hand rolle wie ein goldenes, gleißendes, schillerndes Kügelchen und ihm zum Mund herauslächle als schlängleinhafte schöne Redensart und ihm zu den Augen herausschaue als Ahnungslosigkeit und Unschuld. Vielleicht lauten die Worte nicht ganz so, und ich dichte hier vielleicht ein bißchen, was man mir verzeihen möge. Jedenfalls aber fordern die Worte des spanischen Dichters, die er einem Irrsinnigen auf die Lippen legte, der sich zeitweise riesig klug benahm, zu tiefem Denken auf. Unschuld, Harmlosigkeit können sich in der Tat mitunter selber belügen. Lassen wir dies nie außer Betracht. Die besten Absichten bedürfen unerschrockener Kontrollierung. Vergessen wir keinen Augenblick, daß wir Mechanismen sind, Bestandteile eines uns in vieler Hinsicht total rätselhaften, göttlichen Gefüges. Hiebei ist nicht nötig zu verzagen. Aber ich halte es gegenüber allem dem, was geschehen ist, für schicklicher und klüger, für vorteilhafter, für ansprechender, hie und da den Glauben, das Vertrauen zu uns zu verlieren, das deswegen noch nicht stirbt. Vertrauen und Mißtrauen bilden gern in den Aufgeweckten eine Identität. Es ist zu raten, daß wir zugeben, wir könnten uns irren in dem Erfassen unseres eigenen sowohl wie des Gesichtes dessen, was uns umgibt. Wenn mit Beten, Bitten das, was wir wünschen, auf uns hingezogen werden könnte, wäre das ja sehr einfach. Aber wie es auch damit nicht getan ist, so ist doch schon die Gebärde schön. Mir ist, als enthalte sie für uns etwas an sich schon Heilendes.

Es kommt ja beim Gebet durchaus nicht auf einen Erfolg an, darauf, ob's etwas nütze oder nicht, sondern zuallererst auf seine Schönheit.

(1926)

»Waffen nieder!« und anderes

Und dann und so kam Bertha von Suttner mit ihrem »Waffen nieder!«. Wie's mir zumute ist, so menschheitsheiß. Aber Anklagen verhallen. Wir konnten unmöglich in einem fort dies Kriegsgetümmel verabscheuen. Eines Tages erschien Max Reinhardt. Wir alle jubelten ihm wie einem Befreier zu. Weshalb taten wir das? Weil er uns Farbigkeiten, Lebhaftigkeiten vorsetzte. Er machte das Publikum auf Shakespeares Helden aufmerksam. Der Jüngling Kleist stieg aus dem Grab hervor. Die Mädchen glühten wieder für Romantik. Wer verargte ihnen das? Schurken und schöne Frauen kamen auf dem Literaturgebiet in Mode. Die Salons glaubten sich genug gelangweilt zu haben. Das Wort war total frei, und wir Schriftsteller machten von uneingeschränkter Erlaubnis behaglich Gebrauch. Hat sich die Gesellschaft seither verändert? Wie könnte ich wagen, das zu beurteilen. Ich glaube bloß zu wissen, daß der »Simplicius«, jenes aus der Zeit des dreißigjährigen Krieges stammende Bekenntnisbuch, ein ausgezeichnetes und anziehendes Buch sei. Was Kriege betrifft, so wünschte ich, sie würden vermieden werden können, aber an ihr Aufhören glaube ich nicht. Bertha von Suttners gutes Buch ärgerte vielfach. Na, da sehen Sie. Können wir die Ärgernisse abschaffen? Max Reinhardt führte auf seiner Bühne Schlägereien, Tumulte usw. mit größtem Erfolg vor. Ich wünsche demnach also, liebe Herren und Damen, es möchte uns in Zukunft gut gehen. Zu glauben wag' ich das nicht. Einstweilen sind wir belehrt, aber werden wir immer dessen eingedenk bleiben? Ich wünsche es auf's Lebhafteste, glaube es aber keineswegs. Ich glaube an die Grausam-

keit und an die Schönheit und an die sehr angenehme
Notwendigkeit, aufzupassen, achtzugeben.

(1924)

Verständigungen nah?

Sind uns nun die Verständigungen nah?
Ha ha ha ha ha ha ha!
Mit Errichtung von Frieden
geht's kaum so schnell hienieden.
Mit den schneegeschmückten Stirnen,
schauen die Gebirge, diese Dirnen,
die unabänderungsbewußten,
die immer diese kalte Haltung zeigen mußten,
euch, mich, uns alle ruhig, eisig
und groß und freundlich und voller Hoheit
an, und vor dem Vertrauen
zueinander schauen
wir gern in ein interessantes Spiel
hinein, es liegt ja doch unendlich viel
neben dem, was man gut nennt.
Macht keinen Menschen mehr schlecht, wenn ihr
                            das vermögt,
aber vielleicht gibt es Menschen, denen es
in der Schlechtigkeitserklärung behagt,
geht und fragt
die Sphinx um's unlösbare Rätsel.
Und den Schlechten gehorchen die Feinen,
die die Völker, die Seelen möchten vereinen.
Die Empfindlichen, das sind die Schuldigen.
Nur Starke können zufrieden sein,
die dies mit allem sind,
ob sie so oder so angeschaut werden.

(1925)

Der Friede

Die Ruhige
Die Leidenschaftliche
Die Gestalt des Friedens

DIE RUHIGE (*amtet ahnungslos, ist an ihrem Tisch beschäftigt*).

DIE LEIDENSCHAFTLICHE (*in der Unbemerktheit*): Ich kam her, Sie zu erwürgen, und seh' nun, daß ich's nicht vermag. Ich hielt sie für eine Verdorbene, Verderbliche, für eine kalte, freche Spielverderberin und eine Mutige und Mutlose, eine Schüchterne, und das setzt mir so zu, ich weiß nicht, was ich tun soll, und seh' mit entsetzlicher Gewißheit, was ich zu tun habe. Sie ist entzückend, und ich hasse mich selbst nun mit verwüstendem Hasse. Wie sie zierlich ist, wie ich mich an dem Anblick verbohre, der mir wohltun sollte. Ich fürchte mich, sie anzuschauen, und kann die Augen nicht von ihr abwenden, sie unterjocht mir sie. Meine Seele sagt mir, daß sie nur an ihn und keinen Augenblick an mich dachte, daß sie einzig nur ein bißchen glücklich zu sein suchte. Ja, ich seh' ihr an, sie ist es, ich les' es ihr von der Stirne, daß sie an ihn denkt, an den ich kein Recht mehr habe zu denken, weil ich ihn mir zum Greuel gemacht habe. Da kauere ich im Verborgenen und folge der dringenden Pflicht, die mir gebietet, mir zu sagen, daß sie verdient, daß er sie liebt, und daß er recht hat, ihr anzugehören, und daß ich richtig täte, mich zu entfernen, mein Heil auf anderem Weg zu suchen, aber es ist eine fürchterliche Stimme in mir, die mich verhöhnt und mir zuruft: Du vermagst das nicht. O, mein Heiland, was beginne ich? Hochauf wie ein Turm im alten Rom am Meergestade meines Entschlusses erhebt sich die Schwierigkeit, die Unmöglichkeit vor mir, mich an ihr zu rächen, die mir den Eindruck unvergleichlicher Behutsamkeit und Lieblichkeit macht. Ihre Unbenommenheit mutet mich wunderbar an. Sie singt, sie träumt, sie hält ihn für gut, und sie will ihn gar nicht besitzen, liebt ihn nur. Was für eine Teufelin ich bin, sagt mir ihr ruhendes Gesichtchen. Seht, seht, ihr Lebensgeister, ihr Engelsscharen, die ihr um unser Dasein kreist, wie sie lächelt. Sie ist in so hohem Maß unschuldig, wie mich die Verkehrtheit meines Denkens verleitet hat, sie für schuldig zu halten, und ich muß mir vorkommen wie ein aufgeschwollenes Krötengeknäuel, von Vergeltungsgedanken vergiftet und von der Unfähigkeit gelähmt, freundlich-ehrlich zu dulden. Wie friedlich sie ihre bescheidene Obliegenheit verrichtet, ihre Gestalt ist vom Rufe umglänzt, befriedigt zu sein, und mich umgähnt die Unzufriedenheit wie die Hölle, und wie zittert und wütet es in mir, mit mir abzurechnen, und ich fasse die Waffe an, um sie gegen mich selbst zu richten, da ich mich verurteilte. (*Sie spannt die Pistole, die sie aus der Tasche hervorzog.*) Ein Regen von Selbstverachtung schüttet über mich herab, welch eine Qual und welch eine Lust, sich tödlich mit der Verachtung zu verwunden. Welche grauenvolle Freude, sich zu verwünschen. Wer am Vergnügen anderer Anstoß nimmt, liefert sich der Mißgestimmtheit aus, die ihn zum Kadaver macht. (*Sie erschießt sich.*)

DIE RUHIGE (*hat nichts gehört*): Sie soll sehr bös auf mich sein. Er muß was davon halten, daß er sich für mich fürchtet, ich liebe aber das Leben nicht so sehr wie ihn. Sie tue, wessen sie fähig ist. (*Sie findet lustig, was sie spricht und lacht über ihre Äußerung.*)

DIE GESTALT DES FRIEDENS: Ich bin die Macht. Wer

sich mit mir entzweit, fällt von sich selbst ab. Meine Gesetze sind die härtesten. Wer sie befolgt, härtet sich, befestigt sich. Wen ich durchdringe, der siegt über niemand. Es soll niemand in meiner Reihe siegen. Jeder ist gebeten, daß er sich Mühe gibt.

(um 1924/25)

In der Geschichte der Bildung...

Der rote Faden

Durch die Weltgeschichte, die ich soeben zum Teil wieder einmal vornahm, zieht sich gleich einem roten Faden, und wenn auch auf den ersten Blick hin eigentümlich erschiene, was ich hier vorbringe, gleichsam das Losungswort: »Ich will«, das durch eine schöne Abenteurerin personifiziert werden könnte, die mit einem Federbusch im Haar und mit einer eleganten Reitgerte in der behandschuhten Hand über die Ebenen des Geschehens reitet. Die Geschichte selber und dieses ganz, wie ich gerne zugebe, zufällig oder schicksalhaft gesprochene, geflügelte Wort können nicht anderer als weiblicher Art sein. Nun nimmt ja anerkanntermaßen erstere ihren Anfang, zur sehr großen Bequemlichkeit des Schreibers dieser Zeilen, im Bewillkommenswürdigsten, weil Fröhlichsten, was es je gegeben haben mag, im Paradies, wo gewissermaßen die erste Frau zum ersten Mann gesagt haben soll:

»Sei vorhanden, um mir womöglich in jeder Hinsicht Genüge zu leisten.«

Hierauf wird der erste Mann, wie angenommen werden darf, auf paradiesisch-zarte Art gelächelt und problemhaft-feinsinnig erwidert haben:

»Gern will ich viel aus mir zu machen versuchen.«

Wie man sich das Paradies, woran zu glauben man sich durch nichts verhindert sieht, zu vergegenwärtigen, will sagen, wie dasselbe ungefähr ausgesehen habe, ist eine Frage, die befriedigend zu beantworten mit ziemlich viel Schwierigkeit verknüpft sein dürfte. Einwandfrei scheint festgestellt werden zu können, daß in diesen Garten, um seine Bäume geringelt, eine Schlange von nicht unbeträchtlichem Umfang vorkam, die durch ihre

Anwesenheit für Entfernung der beiden ersten Menschen aus dem Zustande der Glückseligkeit sorgte, indem sie sie dadurch in die weite Welt hinausjagte, daß sie ihnen die erforderliche Erkenntnis mit auf den offenbar beschwerlichen Weg gab, ein Geschenk, über dessen Bedeutung sich die damit Verliehenen in anscheinend gar nicht sehr hohem Grade freuten. Bitterlich seufzend sprachen sie zueinander: »Nun sind wir Proletarier, die sich vor die unerquickliche Aufgabe gestellt sehen, ihr tägliches Brot, das ihnen bis dahin in Form süßer Früchte aus dem gutherzigen Gezweig in den Schoß herabfiel, mit saurem Bemühen verdienen zu gehen.«

In der Tat beginnt mit dem Auszug des ersten Liebes- oder Freundespaares aus einer außerordentlichen Fülle von Annehmlichkeiten der eigentliche Gang der Weltgeschichte, die keineswegs als eine leicht zu beschreibende bezeichnet werden kann. Wird man behaupten können, daß mit dem Verlust des Paradieses das, was man Energie nennt, überhaupt seinen Anfang nahm, daß durch eine Preisgabe ein Gewinn, eine Eroberung entstanden ist, nämlich die ziemlich sogleich erfolgende Erwerbung des Willens zum Leben, d.h. die Kraft, einen Kampf mit allerlei Beschwerden, Nöten usw. erfolglos sowohl wie erfolgreich aufzunehmen und durchzuführen? Wie man hierüber immer gestimmt, gesinnt sein mag, so steht das eine auf alle Fälle fest, daß es sich von den ersten ernsthaften Schritten ins Kultur- oder Erwerbsleben hinaus bis etwa zur Erstaufführung des Mozartschen »Don Juan« um eine geradezu ins Ungeheure gehende menschheitliche Gemächerflucht handelt, in deren Reihefolge hineinzublicken etwas wie einen Schwindelanfall hervorzurufen geeignet sein kann, indem der Interessierte seine angespannte Aufmerksamkeit zu gleicher Zeit auf fünf Teile des bewohnten

Erdbodens zu verteilen hat. Meine Meinung ist, es sei für den Betrachtenden eines beinahe unüberblickbaren Vorganges gleichgültig, ob er dieser Angelegenheit ein Alter von achttausend oder von achthunderttausend zu geben für richtig hält, da mehr oder weniger Jahre nichts an der Vermutung ändern, der Mensch habe sich der Fortentwicklung anheimgestellt gesehen, die er mehr und mehr genötigt wurde, liebzugewinnen, ob hierzu sehr große Lust in seiner Brust vorhanden gewesen wäre oder nicht. Es wird so gewesen sein, daß er das Leben liebte, da das Leben durchaus von ihm verherrlicht sein wollte.

Indem er sich aus der Sklaverei usw. emporgearbeitet zu haben glaubte, richtete er, eine Leistung wie Christus zeitigend, Kirchen und Verwaltungsgebäude auf, Bestrebungen, die natürlich nur langsam, d. h. stückweise vor sich gehen konnten, da sie sich gleichsam unter anderm auf das Hereinbringen der enormen Tatsache der Sprengung des Heidentumsgesteines stützten. Abgesehen von der in hohem Maß erschreckenden und rührenden Gewißheit, daß es lange vor dem Entstandensein irgendwelchen menschlichen Wesens ein Erdenleben gab, dessen alleinige Lebendige die Erde selbst war, wo weiche, langstämmige Wälder ihre einsamen, kolossalen Symphonien anstimmten, die von keinem Musikverständigen vernommen worden sind, wo Steinblöcke ihren Sitz- oder Standort wechselten und höchstens im Lauf der Zeit hie und da ein Drache, oder wie es ihm sonst gepaßt hätte, genannt zu werden, seinen vorsintflutlichen Kopf aus einem der trägschlummernden Sümpfe hervorstreckte, muß es mir ein Vergnügen sein, meine Welttheaterzuschauer in eine Zeit schauen lassen zu dürfen, wo Volksstämme mit sozusagen unbegreiflicher Schnelligkeit wie aus dem Boden wuchsen, was heute eigenartigerweise nicht mehr der Fall zu sein scheint, und zwar vielleicht deshalb nicht, weil eine Entwicklungsstufe errungen worden ist, die die Völker, so verschiedenartig sie sein mögen, zu einstweiligem Stillstand veranlaßt, ihnen empfehlend, es sich verhältnismäßig auf der erreichten Station wohl sein zu lassen. Eine nicht zu leugnende Bedeutung erhält beim Verfolgen des Werdeganges eines so anziehenden Objektes, wie es der Mensch ist, dessen künstlerische oder Zivilisationslust oder, zusammenfassend gesagt, die Lust, sich von allerlei Hemmungen, Unartigkeiten oder Daseinsgenusseseinschränkungen zu befreien. So bedeutet beispielsweise für mich das allmähliche Zustandekommen der christlichen Kirche weiter nichts als ein Weiterschreiten auf dem Wege der Befreiung, von der ich mir zu sprechen erlaubt habe. Daß das zehnte oder elfte Jahrhundert zahlreiche Burgen samt Damen und Herren und ihren Bedienungsmannschaften in Erscheinung treten ließ, ändert am Gesagten nicht nur absolut nichts, sondern beweist es befestigungsmäßig, denn von nichts anderem als von Freiheitslust bewogen, wurden die fröhlich und eigenwillig in die Täler herunterblickenden, mit ihren Türmen und Zinnen lebenslustig lachenden Schlösser errichtet, denen man, was Herstellen von schönen, sittlichkeit- oder heiterkeitweckenden Wohnungen betrifft, keinen, auch den stärksten, langanhaltendsten Beifall nicht wird vorenthalten dürfen.

In der Geschichte der Bildung oder zunehmenden Erziehung des Menschen spielen, was man Höfe nennt, eine führende Rolle, und dies nicht nur in Europa, sondern ebensogut anderwärts, wie Entdeckungsreisen, die freilich nur mit Überwindung vieler Schwierigkeiten erfolgt sind, lichtvoll gezeigt, oder etwas prunkloser gesprochen, bewahrheitet haben. Zeitweise begann sich zu langwieriger Unannehmlichkeit auszuwachsen, was bisher ein einheitlichender Segen gewesen war, wobei ich von den Uneinigkeiten spreche, die einen Verband erschütterten, dessen Vorzüglichkeiten ich oben gebührend in Betracht zog. Fest scheint zu stehen, daß sich der Begriff Erobern mit der Vorstellung Freiheit annähernd deckt, indem ja auch die Entdeckungsreisen, die nach allen Himmelsrichtungen hin stattfanden, eigentlich nichts anderes als Fahrten und Reisen in irgendwelche Befreiung gewesen sein können. Bemühten sich nicht zeitweise die Europäer mit außerordentlicher Beharrlichkeit um die Befreiung der heiligen Grabesstätte? Auch aus mannigfaltiger sonstiger Bewegtheit, handle es sich um frühere oder spätere, könnte ich unmöglich etwas anderes als den roten Faden wiedererkennen, wovon ich mich sogleich leiten ließ, als mich das Motiv zu beschäftigen begann, dessen Anschauung mir gewiß in keiner Weise gestattet, nicht weiterzufahren, teilnehmend in die sogenannten Alltäglichkeiten zu blicken.

Ich sprach von lediglichem Streifen von sich weitausdehnenden Verhältnissen und muß mich beinahe über den Wagemut, mit dem ich diese ins Große gehenden Zeilen schrieb, wundern, wodurch sich eine schickliche Haltung, was meine Person betrifft, von selbst bildet.

(1927)

Freiheitsaufsatz

Daß man sich ziert, daß man zimperlich tut, den Empfindsamen spielt, daß man zögert, finettelt, Umstände macht, und daß man nachts häufig träumt, gehört mit zur Freiheit, die man meiner Meinung nach nicht vielfältig genug auffassen, spüren, bedenken und achten kann. Vor der Idee der Freiheit muß man sich in einem fort seelisch verneigen; der Respekt vor ihr darf nie aufhören, der mit einer Art von Furcht stets verwandt zu sein scheint. Eine Merkwürdigkeit scheint darin zu liegen, daß die Freiheit einzig sein will, keine andern Freiheiten neben sich duldet. Obwohl man dies alles gewiß viel genauer sagen kann, nehme ich gleichwohl schnell Anlaß, zu beteuern, daß ich einer bin, der die Neigung hat, sich immer eher schwächer vorzukommen, als er vielleicht in Wirklichkeit ist.

Beispielsweise lasse ich mich von der Freiheit geradezu beherrschen, sozusagen unterdrücken, auf alle erdenkliche Art und Weise zurechtweisen, und in einer mich amüsierenden Ununterbrochenheit lebt das ausgesprochenste Mißtrauen in mir gegenüber der zweifellos an sich Schätzenswerten, die ich mich beinahe scheue, überhaupt zu erwähnen. – Sie lächelt mich an, und was tu dagegen ich anderes, als daß ich zu mir selber spreche: »Sieh zu, daß du dich von diesem Lächeln nicht zu allerhand Unförderlichkeiten verführen lässest?«

Ich komme nun auf die Nachtträume zurück, die meiner Auffassung nach vorwiegend irgendwelche Einschüchterungszwecke haben. Die Träume machen den Freien auf die Fraglichkeiten, Grenzen oder Vorbehältlichkeiten der Freiheit, insbesondere darauf aufmerksam, daß sie ein schöner Wahn sei, der denkbar zarte

Behandlung erfordert. Vielleicht wissen sehr viele mit der Freiheit deshalb nicht richtig umzugehen, weil sie ihre Leichtverletzlichkeit in Betracht zu ziehen sich nicht angewöhnen wollen. Schnell zerflattert ein Wahn; leicht bringen wir es fertig, daß uns die Illusion gleichsam haßt, weil wir ihr Wesen nicht fassen. Die Freiheit will sowohl verstanden wie fortwährend unbegriffen sein; sie will gesehen sein und will wieder sein, als sei sie gar nicht da; sie ist zugleich wirklich und unwirklich, worüber sich allerlei hinzufügen ließe. Gestern träumte mir unter anderm von ganz merkwürdigen Avancen, die mir von einer Persönlichkeit zukamen, von der ich so etwas nie und nimmer erwartet hätte. Entzückend, wie sich Träume über Schlummernde zu mokieren vermögen, wie sie ihnen die Stirn mit Freiheiten umgaukeln, die beim Erwachen lächerlich zu sein scheinen.

Mit Erlaubnis des Lesers oder noch lieber der Leserin, die dem Schriftsteller stets als etwas Holdes vorkommt, mache ich mit einer Ergebenheit, die natürlich nicht gänzlich von schicklicher Ironie frei sein kann, auf die possierliche Möglichkeit aufmerksam, daß innerhalb der Freiheit Irritiertheiten denkbar sind. Eines Abends begebe ich mich auf den Nachhauseweg, und wie ich vor dem Haus, worin ich wohne, ankomme, sehe ich zwei Menschen, Mann und Frau, aus dem Fenster meiner Stube gucken. Die beiden unbekannten Menschen haben auffallend große Gesichter und verhalten sich unbeweglich, was ein Anblick ist, der den Freien im Nu in jeder Hinsicht unfrei zu machen geneigt sein kann. Er schaut die gleichsam nachlässig auf ihn Herunterschauenden seinerseits ziemlich lange an, vermag sich ihr Vorhandensein nicht zu erklären, geht hinauf, will die sich unerklärlicherweise in seinem Zimmer Befindenden so höflich wie möglich ersuchen, ihm über ihre Anwesenheit gütigst Auskunft zu geben, und ich trete herein, finde alles still, die Gestalten sind nicht zugegen. Ich spüre eine Zeitlang meine eigene Gestalt nicht, bestehe ganz aus Unabhängigkeit, die nicht in jeder Art und Weise ist, was sie eigentlich zu sein hätte, und frage mich, ob ich frei sei.

Kenne ich nicht eine schöne Frau, die mir allemal, wenn ich ihr begegne, zu merken gibt, ich sei ihr unangenehm, weil ich ihr einst angenehm gewesen bin, hierüber aber anscheinend nicht glücklich genug zu werden fähig war? Sie ist eine Freie und infolgedessen eine Feine, die jede Unfeinheit aufs feinste empfindet, mit anderen Worten, die jede Freiheit, die man sich ihr gegenüber herausnimmt, als etwas Unfeines betrachtet und ihre Unvoreingenommenheit, d. h. Freiheit teilweise einbüßt, die, wie ich hervorheben zu können geglaubt habe, viel Unbegriffenes, Nieerlebtes, Immerwiederüberraschendes, Wärmendes und Kältendes an sich hat, die ein Wesen ist, das dadurch gestört wird, daß man ihre Beschaffenheit nicht in Betracht zieht.

Möge man mir Glauben schenken, wenn ich mir zu behaupten erlaube, daß die Freiheit an sich schwierig ist und daher Schwierigkeiten macht, mit welchem Wort vielleicht meinem Mund eine Einsicht entsprang, wie sie nur einem Freiheitskenner und -feinschmecker zum Ausdruck zu bringen gelingen konnte, der sämtliche innerhalb der Freiheit existierenden Unfreiheiten feststellt und schätzt.

(1928)

Eine Sorte sehr gebildeter Menschen

Es gibt Leute, die einem übel nehmen, daß man die und die Dame liebt und nicht eine andere, eine nach ihrem Kopf, als wenn Amor in der Lage sei, ihre Meinungen, Politikastereien zu berücksichtigen. Die Liebe ist und bleibt doch immer das Kind, das Produkt des Zufalls, oder nicht, mein liebes gnädiges Mädchen? Darf ich Ihnen gestehen, daß ich es sehr nett, ja sogar riesig reizend von Ihnen finde, daß Sie meine Bücher lesen. Mir erklärte einmal ein Freund, »Fritz Kochers Aufsätze« seien vielleicht mein feinstes, bestes Buch. Ich hätte das Zeug zu einem Dostojewski, meinte er ferner, aber ich ließ mir das nicht allzu stark durch's Gemüt gehen. Solche Äußerungen begegnen in mir einer Stimme, die mir sagt, es sei durchaus nicht nötig oder wünschenswert, irgendeinem anderen Schriftsteller ähnlich zu sehen, ähnlich aufzutreten wie einer, der schon da war, sondern es sei hier das Gesündeste und Dringlichste, ruhig ich selbst zu sein. Unsere hastige, unruhige Zeit blickt ja viel zu sehr auf Vergangenes, und wir bilden uns alle viel zu stark und zu rasch ein, mit uns sei nicht mehr viel. So halte ich z. B. alle Salons für sentimental, d.h. für insofern kränklich, als sie da immer so zurückschauen auf die früheren Bedeutungen. Wer gewinnt etwas dabei? Verachten wir uns denn eigentlich alle? Warum glauben wir nicht mutig an die Zeit, in der wir leben? Alles dieses aus einstiger Schaffensgröße bewunderungsvoll Hervorgeholte, meine ich, schade uns. Und wenn nun unsere Epoche kleiner geworden wäre, täten wir nicht am besten, uns freundlich mit diesen Geringheiten abzufinden? Es scheint mir, daß wir so literarisch geworden sind, weil wir so ambitiös wurden. Ein unmittelbar ehrlich erlebter Ton, eine originelle Ausdrucksweise erschreckt uns. Wir sind geneigt, alle originellen Gebärden für verrückt zu erklären. Ist das nicht eine ganz bedenkliche Schwäche? Wie sollen Geistigkeit, gesellschaftliches Leben unter uns zum Blühen kommen, wenn wir unserem Talent, unseren Kräften, unserem Geschmack usw. eine solche Fülle von Mißtrauen entgegenhalten? Und hiebei spreche ich ganz allgemein, d. h. von uns allen. Da gibt es z. B. eine Sorte sehr gebildeter Menschen, die ihre Umwelt total verachten und es mit einer Ungezwungenheit aussprechen, die mir beinah als etwas Strafbares erscheint. Diese Menschen wohnen meistens in ausgesucht schönen, von hohen alten Bäumen umrahmten Wohnungen, z. B. in altertümlichen Landhäusern in der Stadtnähe. Sie besitzen eine gewisse Geschicklichkeit im Ausfindigmachen heiterer Wohnlichkeiten, und dann liegen sie auf ihren Sofas und verachten die Zeit und die Gesellschaft, denen sie angehören, und das zwar in einem Ton der vornehmsten Leisheit, mit den Gesten der tiefinnerlichsten Müdigkeiten. Eines Tages sagen sie zu einem Freund, Theaterdirektoren hätten heute nicht viel mehr Kultur als etwa Dienstmänner, was natürlich bloß ein Witz sein soll. Ich finde aber, daß sich solche Elemente mit solcherlei Witzigkeiten, was Unbefriedigtheit betrifft, auf's Naivste verraten. Jedesmal wenn mir nun ein Dienstmann begegnet, in einer Bahnhofhalle oder auf einem belebten Platze, muß ich unwillkürlich an solche kecken Anspielungen denken, und ich denke dann auch an all die vielen schönen Bücher, die die Menschen ihr eigen nennen, die sich solchen Spott elegant herausnehmen. In ihren Büchern lesen sie kaum noch, und man soll solche Leute von Zeit zu Zeit besuchen. Sie wünschen das, und warum wünschen sie's, um eine Abwechslung zu haben, d. h. um spotten und witzeln zu können, denn all diese bösen Verwirrungen, Verächtlichkeiten sind ihnen ein liebes, braves, glattes, seidenweiches und feines Bedürfnis geworden. Sie reißen in ihrem hübschen Zürnen so ziemlich alles, was um sie herum lebt, zart herunter, d.h. solchen Leuten fehlt der Takt hauptsächlich auch sich selbst gegenüber und ganz besonders gegenüber allen andern. Und da haben solche geistigen Aristokraten jeweilen eine sehr nette Frau, und dieser Frau Gemahlin gegenüber gilt es furchtbar brav und artig aufzutreten, obschon auch sie so eine sich gern beklagende Verwirrerin der Dinge ist. Eines möchte ich wissen, wofür sie sich verantwortlich fühlen, aber sie meinen wahrscheinlich, es genüge vollkommen, in ihren Jugendtagen Gedichte von Verlaine geschlürft, genossen, gelesen und nach ihrem ganzen Umfang hin verstanden zu haben. Da sitzen sie dann, trinken den Kaffee aus sehr hübschem, möglichst auf altertümliche Art bemaltem Geschirr und schlendern dann an den Schreibtisch, woran sie einen Essay schreiben, z.B. eine Vorrede, so eine Einführung in die Geheimnisse eines berühmten Autors, der längst tot ist und deshalb tausendmal viel besser dichtete als alle Heutigen zusammen. Unsere Tage haben also in viel zu hohem Grad immer mit früheren Tagen zu tun, und sie reisen dann etwa nach Griechenland und beschäftigen sich dort auf's Aufmerksamste, Eingehendste mit Erscheinungen, die bloß noch trümmerhaft vorhanden sind, also mit Zeugnissen von etwas längst Gestorbenem, worüber sie begeisterte Bücher schreiben. Schönere Begeisterungen, ich meine solche, die sich auf die Mitwelt beziehen, fehlen ihnen. Immer ist ihnen etwas Fernliegendes viel schöner, viel wertvoller als das Nahegelegene, d.h. als ihre Umgebung. Ihre Umgebung wagen sie nicht zu loben, aus Furcht, für ungebildet gehalten zu werden. Ungefähr so mag es sein, und Sie werden mir verzeihen, mein Fräulein, wenn ich Sie erinnere, daß es zum Respekthaben vor der allernächsten Umgebung der Kraft der Seele bedarf, aber Sie haben dann auch wirklich etwas, wenn Sie das tun. Allen diesen so außerordentlich belesenen Menschen fehlt völlig ein glückliches Verhältnis zum Alltag, sie sind fern, irgendwie leben sie in beständiger Verträumtheit, sprechen aus, was vielleicht sehr wahr, sehr richtig ist, was ihnen und anderen aber absolut nichts nützt, sondern was ihnen und diesen unseren Tagen wesentlich schadet, und weil etwas so Ohnmächtiges, Klägliches sich bei solchen Leuten schattenhaft aufhält, geh' ich nicht gern zu ihnen, sie wollen mein Geplauder hören und sich dann doch darüber erhaben dünken, sie wollen mein Gesicht sehen und sich an seiner Unbefangenheit weiden, »nicht wahr«, sagen sie dann, »er hat keine Ahnung«, aber sie ihrerseits haben erst recht keine Ahnung mehr, und sie sind beständig in einem heimlichen Krieg gegen das, was da lebt, und weil sie in diesem Kriege sind und öffentlich die Friedlichen, die Sanften, die Lieben und die Guten spielen, sind sie halbiert, zerrissen, zerschnitten, und sie hassen sich, weil sie einen fortwährenden Haß in sich hegen, aus dessen Unschönheiten es keine Erlösung für sie gibt, sie wagen weder tugendhaft noch lasterhaft zu sein, sind beides und keines von beidem, und vielleicht habe ich Ihnen, überaus Gnädigstes, mit diesen paar Zeilen ein Porträt von der Verfassung der Besseren unserer so unentschlossenen Zeit gegeben. Von was für Leuten ich sprach? Von denen, die meinen, es fehle uns ein Casanova und die doch zugleich über jedes bißchen Gemeinheit schier hinsinken, während sie genau wissen sollten, daß die Zeit Casanovas eben im Hinnehmen von allerlei Gemeinem gesund und stark und groß war. Ich rede von den Menschen, für die es unmöglich ist zu glauben, es könnte auch anderswo als nur in Paris ein Marcel Proust existieren, und ich rede von Leuten, die etwas Schönes nicht anzuschauen vermögen, ohne in den Ausruf zu fallen: »Wie entzückend!« und die sich nicht freuen können, wenn sie Ihnen davon nicht sogleich laut Mitteilung machen dürfen, von Leuten, die nur an die Berühmtheiten glauben, aber nicht an sich, die nur dann etwas für wertvoll halten, wenn es sich räumlich möglichst weit von ihnen aufhält, die sich für zu anständig halten, um sich selbst gegenüber duldsam und achtungsvoll zu sein, die einen Mozart verlachen würden, wenn er das Mißgeschick hätte, nicht schon längst ausgeatmet zu haben, die immer in alle Länder und in alle Zeiten schauen, und sich aus Sentimentalität vor jeder Sentimentalität fürchten, die vor lauter Geschmack schon beinah keinen mehr haben, die sich danach sehnen, ungezogen behandelt zu werden, die sich über ihre Kenntnisse ärgern, mit ihrer Überlegenheit nichts anzufangen wissen, um sich ihrer im Grunde zu schämen, die aufhören, nett mit Ihnen zu sein, sobald Sie es werden, und die mit ihren Eigenschaften, die völlig zerrieben sind, die große Welt, die sie zu bilden scheinen, in Wahrheit zu der denkbar kleinsten, furchtsamsten, uninteressantesten, hausbackensten gemacht haben.

(1925)

Bedenkliches

Wie doch die Menschen einander das Leben unklar und schwer machen. Wie sie einander herabsetzen, zu verdächtigen und zu verunehren bestrebt sind. Wie doch alles nur geschieht, um zu triumphieren. Was sie zu tun unterlassen, daran sind Äußerlichkeiten schuld, was sie verfehlen, das haben sie nie selbst verbrochen. Immer ist der Nebenmensch nur ein Stein im Weg, immer ist die eigene Person das Beste und Höchste. Wie man sich Mühe gibt, sich zu verschleiern, in der Absicht, weh zu tun. Wie sehnt man sich oft nach offenkundigen, ehrlichen Grobheiten. Das Herz tönt wenigstens in den Wutanfällen. Sonderbar ist, wie wenig ernst die Menschen einander nehmen, wie sie tändeln im Ton der Mißachtung mit dem Edelsten, Kostbarsten und Bedeutungsvollsten. Und wie sie nie ermüden, zu nörgeln, wie sie nie auf den einfachen Einfall kommen, zu hoffen, es gebe Großes, Gutes und Redliches auf der Erde. Daß die Erde das Ehrenwerte sei, will ihnen, so einleuchtend das auch ist, niemals einleuchten. Nur vor ihren eigenen Tändeleien empfinden sie den Respekt, der der Welt, dieser Kirche voller Majestät, gebührt. Wie sie ernst nehmen, was sie sündigen, wie sie noch nie, solange sie erwachsene Menschen sind, geglaubt haben, etwas Feineres und Beherzigenswerteres könne existieren, als sie selber. Wie sie das Unanbetenswerte immer und immer wieder anbeten, das uralte goldene Kalb, das ausdruckslose Scheusal, wie sie emsig glauben ans Unglaubwürdige. Die Sterne bedeuten ihnen nichts, sie meinen, das sei etwas für Kinder; doch sie, was sind sie anderes als unartige Kinder, versessen in das, was man nicht tun soll. Wie sie Angst um sich herum zu verbreiten wissen, im Bewußtsein, daß sie sich selber immer ängstigen vor irgendeinem dunklen, dummen und dumpfen Etwas. Wie sie sehnsüchtig wünschen, nie Dummheiten zu begehen, während doch gerade dieser unedelherzige Wunsch das Dümmste ist, was unter der Sonne empfunden werden kann. Sie wollen die Klügsten sein und sind die denkbar Elendesten. Der Dieb hat etwas begangen, er hat sich verleiten lassen, etwas Unerlaubtes und Schlechtes zu tun, sie aber haben nie etwas begangen, weder etwas Gemeines und Abscheuliches, noch etwas Gutes und Zartsinniges, und sie nehmen sich fest vor, nie etwas zu begehen, was Aufsehen erregen könnte. In der Tat, sie geben zu Bedenken Anlaß.

Wie sie sich verkennen in der engbegrenzten Überzeugung, mehr wert zu sein als der andere. Ganz naiv nennen sie sich gebildet, die hochgestülpte Nase rümpfend übereinander. Die Armen. Wenn sie wüßten, wie ungebildet und ungeschult der Hochmut ist, wie schlecht erzogen man ist, beherrscht von der Unfähigkeit, sich selbst zu beurteilen. »Komm, wir wollen zusammen Reue empfinden gehen, an einem Ort, wo es still ist, all des Anmaßenden und Lieblosen wegen, von dessen Herrschaft wir uns nicht losreißen können.« So würde der Mensch reden, wenn er einen Hauch Bildung spürte. »Willst du mitgehen? Ein Tempel wird dastehen, ein heiliger, unsichtbarer. Komm doch. Du wirst sehen, es wird dir Vergnügen machen und uns beiden wird es wohl ums Herz tun!« So oder ähnlich würde ein Mitmensch zum Mitmenschen reden. Was sind sie für Barbaren, die von Kultur reden, von all dem Vortrefflichen, von dem Schönen, das ihnen immer fremd bleiben wird, solange sie sich nicht entschließen können, es zu üben. Wie ist Übung und Bewegung ihnen fern. Immer reden, reden und reden sie, und sinken doch gerade dadurch immer tiefer in die Mitternacht der Unfeinheit hinunter, denn nur das Tun ist fein; das Gerede ist finster und unsauber wie die Hölle. Wie verlieren sie ihre Zeit und den goldig-leichten, flüssigen Wert ihres Daseins mit stundenlangem Zubringen an Orten, wo sie sich die Ohren und die Gemüter müde reden über Dinge, die der vernünftige, arbeitsame Mensch in der Eile bedenkt und beschließt. Sie wollen offenbar, indem sie reden, über gewisse Bedeutungen ins reine kommen, aber das werden sie nie. Nein, sie wollen das auch gar nicht, sie wissen ganz genau, daß sie sich einer Rede-Schlemmerei hingeben. Sie schlemmen eben. Schlemmen aber kann nichts anderes sein als eine Greulichkeit; Sünde, begangen an den Eltern und an den Kindern; Unrecht, begangen an jedem Mitlebenden; Greuel, begangen an sich selber. Die Nächte, die heiligen Tempel im Leben, wie unsagbar werden sie entwertet, entehrt und entheiligt durch Phrasen wie die: »Kommen Sie, wir gehen rasch noch da und da hin!« Der Gebildete, er muß immer rasch noch da und da hin gehen, warum, das weiß er wahrhaftig selbst nicht. Wie sind sie stets auf der Jagd nach Genüssen, die der Neger verachtet, nach Abwechslung, worüber das Kalmükkenweib voller unausdenkbarer Verachtung die Schulter zuckt. Wie empört stellen sie sich gegenüber der Zumutung, ein wenig gelassen dem Wandel der Wochen zuzuschauen, in der Stille sich eine Andacht vernünftiger, lieblicher Art zuzubereiten oder – ganz einfach – in die Kirche zu gehen. O bei Gott, dem Unüberwindlichen, die Kirche kann den Menschen das Furchtbare, das sie auf dem Gewissen hat, vergessen machen und ihn locken zur Unterwerfung. Es ist nachgerade genug all der Leerheiten, Widerlichkeiten, Seelen- und Herzlosigkeiten auf seiten dieser schwatzhaften Moderne.

Und wie leiden sie. Man muß unter ihnen gelebt haben, man muß die Torheiten, denen sie huldigen, und deren abgerupfte Reize weder den Geist noch die Sinne beleben können, mitgemacht haben, um zu verstehen, wie sie leiden. Ihr Trost ist, daß sie den Ton in der Welt angeben. Welch ein Trost. Ihr Stolz ist, in der Presse genannt zu werden. Welch ein Stolz. Ihr Triumph ist, an der Spitze dessen zu stehen, was man Fortschritt zu nennen liebt. Welch eine Errungenschaft. Und daneben sieht man diese ermüdeten, welken, halblebendigen Männer, diese seelenvollen Frauen, deren ganze Seele zerfressen und zerstört ist von wütenden, hoffnungslosen, halb irrsinnigen Unzufriedenheiten. Arme an der Spitze der Bildung stehende und tändelnde Frauen, unbeneidenswerte Männer, verarmte Menschen. Und halb geben sie es zu, daß sie verarmt sind. Aber wodurch sind sie so arm? Es sind liebe Menschen. Ja wahrhaftig. Aber warum sind gerade sie so unzuverlässig, so verstimmt, verwelkt und verdrossen? Auch dies gibt zu Bedenken Anlaß.

Geister und Götter reden nicht mehr zu ihnen. Auf lauter Sinnenlust und -kram fußt ihr Leben, das sich auf Vernunft und festen Gedanken an ein Höheres gründen sollte. Auf Emporkommen will es sich gründen, aber dieses leere Steigen von Stufe zu Stufe ist kein gerechter, ehrenwerter Grund und Boden. Mit dem Emporkommen müßte wackeres edles Wesen fortschrittlich verbunden sein, aber das ist durchaus nicht der Fall, das Gegenteil ist der Fall: die Zerklüftung, Zerflatterung und Zerfaserung. Da hoch oben, da ist nichts mehr. Den oberen Regionen ist sonderbarerweise die Entfaltung untersagt. Man kommt nicht weiter, und daher heißt es zurückgehen – auch das gibt zu Bedenken Anlaß.
(1910)

Phantasieren

Sonntag

Während ich neulich Sonntagvormittag auf steilem, wunderlichem Weg oder Fußpfad, dicht am Absturz vorbei, durch verworrenes Gebüsch, zu einem in der Wildnis verborgenen Felsenplätzchen emporkletterte, das ich kürzlich beim Umherstreifen entdeckt hatte, fielen mir die Worte wieder ein, die zu gewisser Stunde und bei bestimmter Gelegenheit ein Mensch seinem Mitmenschen sagte:

»Nicht verzagen darfst du. Nicht in die Meinung darfst du fallen, daß alles böse sei. Der Umgang mit dir und die Zärtlichkeit, die ich für dich empfinde, sollen dich auf schönere, höhere Gedanken bringen.«

Als ich, höher und höher klimmend, oben anlangte, wo ich mich auf einen wie von der Natur selber zum behaglichen Stillsitzen geschaffenen Steinblock setzte, in die freundlich blitzende, aussichtsreiche Tiefe hinunterblickte, am Anblick des Sees mich weidete, in dessen glänzendem Spiegel sich Uferhäuser und Bäume lieblich abzeichneten, einige ruhige Leute unten auf der hellen Straße in den säuselnden Sonntagvormittag hinauslustwandeln sah, über die Bedeutung des Sonntags nachdachte, alles rund im Raum, an Himmel und Erde, friedlich und still schien, unendlich gutherzig, sanft und freundlich, und ich nun nebenbei an alles Unruhige und Leidenschaftliche dachte, das unser Leben unbegreiflich stürmisch und unbegreiflich traurig machen kann, flog mit einemmal, beflügeltem Überbringer froher Botschaft, holdem Gesandten ähnlich, der den Auftrag übernommen hat, Fröhlichkeit und Freude auf der Erde zu verbreiten und Frieden unter den Menschen aufzurichten, der Klang der Sonntagsglocken von nahegelegener Stadt durch das zarte Geäste der Bäume an die Felsenburg heran.

Indem ich den Sonntag und sein liebes Freudengeläute, dieses wie vom Himmel herabströmende Tönen, feierliches Auf- und Niedergleiten auf mich einwirken, in mich eindringen ließ, im Genusse badete, den ich mir durch aufmerksames Lauschen auf den immer grünen, ewig schönen Klang bereitete, still dasaß und den Feuerton trank, mich in den Glockenton hineinlebte, sein Seelenleben mitlebte, von seinem Schallen, seiner fröhlichen Verkündigung mich in die Gegenden des unumstrittenen Gedankendaseins fortziehen ließ, wo eine heilige Ordnung regiert, die sich auf die Säulen der reinen Vernunft stützt, was ebenso schön wie einfach, ebenso gut wie wahr ist und sein wird, schaute ich ungehindert da- und dorthin, im offenen, reichen Umkreis, in die Ferne, wo sich im leichten Morgensonnendunst, von weißlich zitterndem Licht umschwommen, hauch- und traumartig, phantasiehaft, die Umrisse der

ROUSSEAU-INSEL

abhoben: Erscheinung, die ich willkommen hieß.

Unwillkürlich kam ich vom Gedanken an den Sonntag auf den Gedanken an Frieden und Freiheit, und ich fragte mich, ob Frieden und Freiheit möglich seien.

»Scheinfrieden und Scheinfreiheit«, sprach ich zu mir, »sind leicht zu erreichen. Werden aber wahrer Frieden und echte Freiheit je zu erreichen sein?«

Nicht äußerlich, sondern innerlich sind diese Dinge, und nur gutwillige Menschen können in der Tat frei und zufrieden sein.

Ob vielleicht der gute Wille einmal gegen den bösen ins Feld zieht? Dann wäre dies aber keine äußere, sondern eine innere Schlacht, denn der Feind ist in jedermanns Wesen.

Bildung allein, harte, mühsame Arbeit am eigenen

Wesen und Kampf eines jeden gegen sich selbst werden in den Feldzügen der Menschheit nach langer Zeit vielleicht den Sieg erringen.

Frieden und Freiheit können nur dann unter uns sein, wenn jeder jeden zufrieden und frei läßt.

Erst müssen Frieden und Freiheit in uns allen selbst sein, ehe sie existieren können.«

(1917)

Notizen

Es gab einmal eine Welt, wo alles ganz langsam zuging. Eine angenehme, und ich möchte sagen, gesunde Trägheit beherrschte das Menschenleben. Die Menschen gingen gewissermaßen müßig. Was sie taten, das taten sie nachdenklich und langsam. Sie taten nicht so unmenschlich viel, fühlten sich auf keine Weise bewogen oder verpflichtet, sich aufzureiben und abzuarbeiten. Hast und Unruhe oder übermäßige Eilfertigkeit gab es unter diesen Menschen keine. Niemand strengte sich sonderlich an, und eben darum war das Leben so freundlich. Wer hart arbeiten muß oder überhaupt in einem hohen Grad tätig ist, der ist für die Freude verdorben, der macht ein mürrisches Gesicht, und alles, was er denkt, ist einfach und traurig. Müßiggang sei aller Laster Anfang, sagt ein altes abgegriffenes Sprichwort. Die Menschen, von denen hier die Rede ist, machten den Sinn dieses etwas vorlauten Sprichwortes in keiner Hinsicht wahr, im Gegenteil, sie widerlegten es und entkleideten es jeglicher Bedeutung. Indem sie es sich wohl sein ließen auf einer harmlosen und zutraulichen Erde, genossen sie still ihr Sein in traumhaft schöner Ruhe und dem Laster blieben sie insoweit gänzlich fern, als ihnen gar kein Gedanke darnach kam. – Sie blieben gute Menschen, weil sie keine Zerstreuungssucht kannten, sie aßen und tranken wenig; sie hatten nicht das Bedürfnis zu schlemmen. Langeweile, d.h. das, was man so darunter versteht, war ihnen völlig unbekannt. Ernst und zugleich heiter, mit allerlei vernünftigen Erwägungen beschäftigt, lebten sie dahin. Sie hatten nicht Werk- und Sonntage; jeder Tag war gleich. Das Leben floß wie ein ruhiger Fluß dahin, und niemandem fiel es ein, sich über Mangel an Reiz und Aufmunterung zu beklagen. Diese Menschen lebten ein ebenso einfaches wie glückliches Leben. Ihr Dasein war süß, sanft und sonnig. Fern von Ruhmgier und Ehrfurcht, Eitelkeit waren sie vor drei fürchterlichen Krankheiten behütet, und fern von der Lieblosigkeit wußten sie nichts von einer Seuche, die das Menschenleben verpestet. Sie lebten und welkten wie Blumen. Keine Pläne unruhvoller und aufregender Art störten und belästigten die Köpfe, wodurch ihnen unermeßliches Leid ewig fremd und unbekannt blieb. Auf den Tod waren sie still gefaßt. Sie beweinten weder die Toten noch sich der Gestorbenen wegen. Da sie alle einander liebten, so waren die Einzelnen nicht so übertrieben geliebt, und der Schmerz beim Abschied war nicht so groß. Wilde Liebe steht immer bei wildem Haß, wilde Lust bei ebensolcher Trauer. Wo Vernunft ist, da ist alles gebändigt, und alles ist sanft und verständig.

(1915)

Phantasieren

Freundlich sind dort die Menschen. Sie haben das schöne Bedürfnis, einander zu fragen, ob sie einander unterstützen können. Sie gehen nicht gleichgültig aneinander vorbei, aber ebensowenig belästigen sie einander. Liebevoll sind sie, aber sie sind nicht neugierig. Sie nähern sich einander, aber sie quälen einander nicht. Wer dort unglücklich ist, ist es nicht lange, und wer sich dort wohl fühlt, ist nicht dafür übermütig. Die Menschen, die dort wohnen, wo die Gedanken wohnen, sind weit davon entfernt, eine Lust in irgend jemand anderes Unlust zu finden und eine abscheuliche Freude zu fühlen, wo ein anderer sich in Verlegenheit befindet. Sie schämen sich dort jeglicher Schadenfreude; lieber sind sie selber beschädigt, als daß sie gerne sähen, wie ein anderer Schaden nimmt. Diese Menschen haben insofern ein Bedürfnis nach Schönheit, als sie nicht gerne ihres Mitmenschen Schaden sehen. Alle Leute wünschen dort allen nur das Beste. Keiner lebt dort, der nur sich selber Gutes wünschte und nur seine Frau und seine Kinder wohl aufgehoben wissen will. Er will, daß auch des andern Frau und des andern Kinder sich glücklich fühlen. Wenn ein Mensch dort irgendeinen Unglücklichen sieht, ist sein eigenes Glück auch bereits zerstört, denn dort, wo die Nächstenliebe wohnt, ist die Menschheit eine Familie, und es kann dort niemand glücklich sein, wenn nicht jedermann es ist. Neid und Mißgunst sind dort unbekannt, und die Rache ist ein Ding der Unmöglichkeit. Kein Mensch ist dort dem andern im Weg, es triumphiert keiner über den andern. Wo einer Schwächen an den Tag legt, findet sich niemand, der sie sich alsogleich zu Nutzen macht, denn es nehmen alle eine schöne Rücksicht aufeinander. Der Starke und Mächtige kann dort nicht Bewunderung ernten, denn alle besitzen eine ähnliche Kraft und üben eine gleichmäßige Macht aus. Die Menschen geben und nehmen in anmutigem, Vernunft und Verstand nicht verletzendem Wechsel. Liebe ist dort das bedeutendste Gesetz; Freundschaft die vorderste Regel. Arm und reich gibt es nicht. Keine Könige und keine Kaiser hat es dort, wo der gesunde Mensch wohnt, je gegeben. Die Frau herrscht dort nicht über den Mann, der Mann aber ebensowenig über die Frau. Es herrscht niemand, außer jedermann über sich selber. Alles dient dort allem, und der Sinn der Welt geht deutlich dahin, den Schmerz zu beseitigen. Niemand will genießen; die Folge ist, daß alle es tun. Alle wollen arm sein; hieraus folgt, daß niemand arm ist. Dort, dort ist es schön, dort möchte ich leben. Unter Menschen, die sich frei fühlen, weil sie sich beschränken, möchte ich leben. Unter Menschen, die einander achten, möchte ich leben. Unter Menschen, die keine Angst kennen, möchte ich leben. Ich sehe wohl ein, daß ich phantasiere.

(1915)

Nachwort

> »Unsere Heimat ist uns eine unbekannte Bekanntheit, ein bewußtes Unbewußtes.«
> Robert Walser, *Die Ruine*

Man schreibt den Beginn des 20. Jahrhunderts. Simon Tanner, der Held von Robert Walsers erstem Roman, arbeitet in einem Zürcher Bankhaus, »einem großen Handelsinstitut von weltbedeutendem Umfang«. Da gibt es das gemeine »Rechnervolk«, meist ältere Leute, »die sich an ihre Posten und Pöstlein wie an Balken und Pflöcken festhielten«. Dann sind da die vielen jungen Angestellten, die vielfach vom Land kommen und bemüht scheinen, »städtisch-feines Wesen anzunehmen«, was ihnen jedoch meist nur halb gelingt. Und schließlich sind da »etliche junge elegante Korrespondenten, die vier bis sieben Sprachen schreiben und sprechen konnten. Sie waren schon auf Meerschiffen gefahren, kannten die Theater in Paris und New York, hatten in Yokohama die Teehäuser besucht und wußten, wie man sich in Kairo vergnügte. Nun besorgten sie hier die Korrespondenz und warteten auf Gehaltserhöhung, während sie spöttisch von der Heimat sprachen, die ihnen ganz klein und lausig vorkam.« (SW 9, S. 34 f.)

Die kleine Schweiz, die lausige Heimat. Für jemanden, der etwas auf sich hielt, gehörte und gehört dergleichen Geringschätzung zum guten Ton. Doch da tritt ein neuer Held auf, ein Knabe, Schüler der zweiten A-Klasse, und ruft mit heller Stimme aus: »Unsere Staatsform ist die Republik. Wir dürfen machen, was wir wollen.« Und nach ein paar altklugen Sätzen läßt der »glühende Republikaner« gar verlauten: »Die Untertanen anderer Länder sehen oft Haustieren ähnlich.« Ganz

»heilig ernst« ist ihm dabei zumute, und er bekennt: »Ich schreibe diesen Aufsatz mit bebenden Fingern.« (S. 9)

Man lacht und spürt in der Belustigung, daß Phrasen wohl nie so rasch zerfallen, wie wenn man sie mit unschuldigem Augenaufschlag und kindlich-gläubiger Emphase zum besten gibt. In scheinbarer Naivität einmal zum Nennwert genommen, bleibt fast nichts mehr von ihnen übrig.

Ein kleiner, schwer definierbarer Rest aber behauptet sich trotz allem: zum einen natürlich eine beträchtliche Portion Vergnügen. Zum anderen aber noch mehr: Entlarvt ist zunächst ja nur die platte Selbstüberhebung der Phrase, das Großsprecherische ironiefreier Selbsteinschätzungen. Und während man noch lacht, mag man sich zugleich leise fragen, ob die Republik möglicherweise nicht tatsächlich die Staatsform sein *könnte*, in der die Menschen sich selbst bestimmen. Und man erinnert sich vielleicht von ferne, daß die Schweiz zu jener Zeit am Anfang des 20. Jahrhunderts die einzige Demokratie auf dem Kontinent war – zumindest was den männlichen Teil ihrer Bevölkerung betraf. Und es war keine repräsentative, sondern eine direkte Demokratie, in der das Volk nicht nur periodisch irgendwelche Köpfe wählen durfte, sondern in Sachentscheidungen das letzte Wort hatte, wenn es denn wollte. Die Meinung war frei, Zensur gab es (zumindest in Friedenszeiten) keine – Errungenschaften, welche die Emigranten aus den umliegenden Ländern vielleicht sogar mehr zu schätzen wußten als die Schweizer selber.

Walser hatte von all dem allerdings einen genauen Begriff. Doch außer im Gewande der Ironie mochte er darauf nicht zu sprechen kommen, und zwar aus einer Ahnung heraus, die er später mit den Worten formulierte: »Mir fiel heute früh ein, mir zu sagen, niemand, wer er sei, dürfe sich herausnehmen, den Staat an die Wand zu malen, ein Gebilde seines Vaterlandes zu zeichnen, seine Heimat zu lobpreisen, weil hinter solchem unpassenden, unangemessenen Lob der Teufel lauere.« (SW 19, S. 100) Neben der Macht ist nichts so leicht zu mißbrauchen wie das Wort, und der Freiheit ist durch ihre Geringschätzung oder hemdsärmlige Vereinnahmung schneller geschadet, als man denken mag: »Vielleicht wissen sehr viele mit der Freiheit deshalb nicht richtig umzugehen, weil sie ihre Leichtverletzlichkeit in Betracht zu ziehen sich nicht angewöhnen wollen.« (S. 317)

So kommt Walser – gerade weil er ein zutiefst bejahendes Verhältnis zu seinem Heimatland hat – nur sporadisch und beiläufig auf die Schweiz und ihre politischen Verhältnisse zu sprechen. Statt dessen bleibt er mit Vorliebe beim Konkreten: beim einfachen Alltag, bei der Landschaft und den Städten, die er bewohnt und durchwandert. Nach seiner Rückkehr aus Berlin im Jahr 1913 scheint ihm dieser Wert ganz neu bewußt geworden zu sein. Wieder und wieder beschreibt er seine ausgedehnten Spaziergänge und was ihm beim Herumstreunen an Eindrücken und Schönheiten begegnet. Es sind Texte, die von einem tiefen Glück zeugen, ohne daß einem je der penetrante Geruch von Heimatkunst in die Nase stiege. Da werden nicht etwa irgendwelche urwüchsigen Bergbauern- und Dorfgeschichten erzählt, ein Metier, dem Walser ausgesprochen distanziert gegenüberstand (vgl. S. 244ff.); da ist nichts Folkloristisches oder sonstwie ›Volkstümliches‹; und wenn von Landschaften die Rede ist, so läßt sich bei Walser kein bißchen des beliebten Glaubens verspüren, ihre Schönheit könnte so etwas wie das moralische Verdienst der Schweizer sein. Wenn er von den Schönheiten der Städte und Landschaften schreibt, abstrahiert er völlig von allem Nationalen. Auch baut er gegen rhetorische Vereinnahmung in die Texte Sicherungen ein, die auf den ersten Blick kaum sichtbar sind. So verliert sich der *Brief aus Biel* irgendwann unmerklich in eine bloße Aufzählung geographischer Banalitäten (vgl. S. 144), die jeden Lokalpolitiker, der den Text als vollmundiges Heimatlob von einem Podium herab zitieren wollte, unversehens der Lächerlichkeit preisgäbe. Oder man stelle sich vor, ein Offizier würde sich unterfangen, Walsers scheinbar so affirmatives Prosastück *Beim Militär* vor angetretener Truppe markig zum besten zu geben. Das Gelächter wäre schon nach fünf Zeilen nicht mehr zu bändigen und die Autorität des Kommandanten sicher auf immer untergraben.

So sehr Walser seine Heimat liebt, so unerläßlich scheinen ihm Einsprengsel subversiver Ironie. Andernfalls wären seine Texte brauchbar zu patriotischem Eigenlob, d.h. zu Ideologisierung und Mißbrauch. Heimatliteratur war seine Sache jedenfalls nicht, und drohte einmal die Gefahr eines solche Mißverständnisses, dann erklärte er sich unmißverständlich. Als er das Manuskript des Prosabandes *Seeland* an den Rascher Verlag sandte, betonte er im Begleitbrief: »Seeland kann in der Schweiz oder überall sein, in Australien, in Holland oder anderswo.« (Briefe, S. 126) Natürlich waren alle Texte jenes Buches in Walsers Heimatstadt Biel und ihrer Umgebung angesiedelt, doch sollte gerade dies nicht wesentlich sein. Walser geht es vielmehr um eine Verinnerlichung und Vertiefung des Gesehenen und Beschriebenen, um eine geistige Durchdringung der Eindrücke, so daß ihre Orts- und Zeitgebundenheit zurücktritt und ein tiefes Daseinsgefühl und Lebensbewußtsein zum Ausdruck kommt. Aus diesem Grund wünschte er auch, daß *Seeland* in der Reihe »Europäische Bücher« (und nicht etwa in den »Schriften zur

Schweizer Art und Kunst«) des Rascher Verlags erscheinen sollte, doch diesbezüglich verstand man ihn nicht.

Überhaupt kam es zwischen Walser und den intellektuellen Exponenten seines Landes je länger je mehr zu Differenzen und Konflikten. War man in der Zeit des Ersten Weltkriegs noch ›einträchtig zusammengestanden‹ und hatte unter dem Eindruck der äußeren Bedrohung keine gegenseitige Kritik geübt, so veränderte sich dies in den zwanziger Jahren gründlich. Nach und nach begann man Walser das Ausbleiben neuer größerer Werke vorzuhalten (ohne zu berücksichtigen, daß es vielleicht nicht seine Schuld war, wenn die Romane *Tobold* und *Theodor* ungedruckt blieben). Er bedeute dem Vaterland nicht mehr viel, wurde ihm vorgehalten (vgl. S. 241). Den einen war er zu wenig repräsentativ, den anderen zu wenig kritisch.

Walser wollte aber weder das eine noch das andere sein. Ebenso wenig wie es ihm rätlich erschien, irgendeinem Schriftsteller zu ähneln oder zu gleichen (vgl. S. 319), so wollte er auch nicht mit den politischen oder patriotischen Standpunkten einer Klasse, Partei oder intellektuellen Strömung identifiziert werden. Gegenüber seiner langjährigen Freundin Frieda Mermet ließ er zwar vertraulich durchblicken, daß ihm Sozialismus und Sozialdemokratie als eine »erledigte politische Romantik« vorkämen (Briefe, S. 290); auch bekannte er ihr gegenüber, daß seine »Gesinnungsart« ihn berechtigen könnte, in der bürgerlichen *Neuen Zürcher Zeitung* einmal als Leitartikler aufzutreten (Briefe, S. 305), doch apostrophiert er eben diese Zeitung im gleichen Atemzug als »Käsblatt«, dessen autoritäre Oberlehrerhaftigkeit und einseitige Klientelpolitik für die besitzenden Klassen ihm zutiefst widerstrebe. Fertige, leicht einzuordnende Meinungen wollte Walser jedenfalls nicht verbreiten, allenfalls Überlegungen anstoßen.

Die meisten seiner Texte, die politische Fragen thematisieren, sind allerdings private Überlegungen geblieben, die das Bleistiftgebiet, den unbelangbaren Bereich des Brouillons, nie verließen. Es scheint, als wollte Walser die allgemeine Meinungswirrnis der politischen Debatten nicht noch von sich aus vergrößern: »Was ergibt das für ein Meinungslabyrinth, in welchem alle, alle herumirren, das Recht und das Unrecht, und das Lachen und das Seufzen und die Freiheiten, die manchmal die ärgsten Gefangenschaften sind, und die Armütigkeit, die still hinter den Gardinen verborgenen scheinbaren Reichtümlichkeiten?« fragte er sich in einem Bleistifttext (Bleistiftgebiet 1, S. 252), ohne eine Antwort zu wissen.

Walser schließt sich in diesem Zitat ausdrücklich ein: Auch er selbst sah sich im Labyrinth politischer Meinungen umherirren. Daß elementare Menschlichkeit und Gerechtigkeit sein innerstes Anliegen war, steht außer Frage: »Zuletzt ist tiefer, menschlicher Anstand unsere Religion geworden«, heißt es schon in den *Geschwister Tanner* (SW 9, S. 264). Doch ob es überhaupt einen *politischen* Weg zur Etablierung dieses Anstandes gebe, erschien ihm keineswegs ausgemacht, ja sogar sehr fragwürdig. Seiner Beobachtung nach leistete eine direkte Verquickung der Politik mit moralischen Ansprüchen eher der Verlogenheit Vorschub. Walsers besonderes Mißtrauen galt dabei den humanitär daherkommenden »Gewohnheitsphrasen«, denen unweigerlich der Beigeschmack anhaftete, daß da jemand seinen guten Willen affichierte, mit dem Ergebnis, daß solch kaum verhohlene Selbstgerechtigkeit der Gegenseite womöglich mehr in die Hand spielte als schadete. Die praktische Unverbindlichkeit solcher Phrasen, ihr moralischer Dünkel provozierten Walser ein ums andere Mal, so daß er in seinen Bleistiftaufzeichnungen bisweilen als ein Verfechter extremer Real- und Machtpolitik auftritt, was bis zur erwägungsweisen Bejahung der Notwendigkeit von Kolonialkriegen reichen konnte. Auch dieser Text verblieb natürlich ungedruckt im Bleistiftgebiet, was andeuten mag, daß Walser die entsprechenden Probleme und seine diesbezüglichen Überlegungen als aporetisch empfand.

Ihren Ausdruck fand diese Aporie dann in einem knappen Satz: »Ich glaube an die Grausamkeit und an die Schönheit.« (S. 303f.) An die Grausamkeit glaubt er nicht etwa, weil er sie bejaht oder gar befürwortet, sondern weil er sie für ein Naturgeschehen hält – für etwas sinnlich Faszinierendes ebenso wie für etwas, das durch seine fast mechanische, »puppenhafte« Simplizität (vgl. S. 294) dem tiefen Wunsch nach Komplexitätsreduktion entgegenkommt: dem Wunsch, die quälenden labyrinthischen Zwiespältigkeiten des Denkens zu beseitigen und keinen Grund zur Angst mehr haben zu müssen. Walser weiß natürlich, daß es eine Illusion ist, mit Gewalt dergleichen erreichen zu wollen, doch ist dies kein Grund, die Macht von Illusionen zu unterschätzen, im Gegenteil.

So bleibt ihm am Ende nur die Überzeugung, daß es vielleicht nicht schaden kann, Aporien auf eine Weise zu formulieren, die sowohl das Denken, wie bisweilen auch das Lachen darüber anregt. Und im übrigen fügt er dem Satz, der vom Glauben an die Grausamkeit und die Schönheit spricht, noch ein Drittes, Letztes und offenbar Wichtigstes hinzu: »die sehr angenehme Notwendigkeit, aufzupassen, achtzugeben.« (S. 304)

Aufpassen, achtgeben – das heißt: im Konfliktfall nicht handeln, neutral bleiben – wie das friedlich gebliebene Land, aus dem Walser stammt. Wer glaubt, dies sei eine reichlich bequeme Haltung, der mag sich darin täuschen. Neutralität bedeutet nichts Geringeres, als Aporien auszuhalten; sie ist und bleibt ein fortwährendes Problem, und die Schweiz mitsamt ihren Bewohnern »leidet wohl mitunter auch darunter« (S. 239). Aufpassen, achtgeben, beiseite treten, unschlüssig zuschauen, wenn andere, von starken Emotionen oder gar hohen Idealen getrieben, auf der dramatischen Bühne der großen Politik Geschichte machen – eine solche Enthaltsamkeit erfordert andauernde Zurückhaltung, was indes auch mürrisch machen kann.

Und so lassen sie sich noch heute beobachten: die eleganten jungen Leute in den weltbedeutenden Bankinstituten, die vier bis sieben Sprachen sprechen, alle Kontinente schon bereist haben und mit wegwerfender Geringschätzung von der kleinen Schweiz sprechen, der lausigen Heimat.

Dabei dürften sie doch eigentlich machen, was sie wollen.

Inhalt

Das Schweizerland, wie kühn und klein steht es da...

Das Vaterland *(aus »Fritz Kochers Aufsätze«)*	9
Felix, Die Mutter, Der Pfarrer *(aus »Felix«-Szenen)*	11
Allerlei *(Auszug)*	15
Die Schweiz	16

Etwas Sagenhaftes

Vor zirka zweihunderttausend Jahren *(aus den Bleistiftentwürfen)*	19
Tell in Prosa	21
Tell	23
Wilhelm Tell	28
Die Schlacht bei Sempach	30
Der Bürgermeister	41
Der Geistesheld	45
Etwas Sagenhaftes	47
Pestalozzi *(aus den Bleistiftentwürfen)*	51
Kleist in Thun	53

Die literarische Schweiz

Die literarische Schweiz	67
Die Zofe	71
Hier wird dies und das gesprochen *(Auszug)*	74
Gottfried Keller *(aus den Bleistiftentwürfen)*	76
Gottfried Keller-Gestalten	82

Das Ankeralbum 87
Szene aus dem Leben des Malers
   Karl Stauffer-Bern 95
Stück ohne Titel 101
Widmann 105

*Mich hier gleichsam ein wenig als
Fremdenführer gebärdend...*

Schweizeressay 111
Der Greifensee 114
Festzug 119
Was aus mir wurde 122
Heimkehr 124
Die Stadt 127
Das Gebirge 131
Das Gasthaus 135
An den Bruder 138
Am See 140
Brief aus Biel 143
Büren 147
Die Einsiedelei 159
Eindruck einer Stadt 163
Ein Nachmittag 167
So ein Dörfchen *(aus den Bleistiftentwürfen)* 169
Der See 171
Die Insel 175
Bern *(aus den Bleistiftentwürfen)* 177
Zwiebelmarktvergnügen *(aus den Bleistiftentwürfen)* . 183
Bärengrabenaufsatz *(aus den Bleistiftentwürfen)* 191
Der alte Bernermarsch *(aus den Bleistiftentwürfen)* . . . 194
Reise ins Emmental 197
Ostermundingen 201
Freiburg 203

Genf 208
Reise in eine Kleinstadt 213
Wohnungswechsel 219
Die märchenhafte Stadt 225

*Hoch über der Frage, was taktvoll
oder taktlos sei...*

Bericht vom Ersten August *(aus den Bleistiftentwürfen)* 229
Die schönen Augen 235
Kaffeehausauftritt 241
Plauderei 244
Ich soll arbeiten 247
Ein Brief *(aus den Bleistiftentwürfen)* 252
Klassenkampf und Frühlingstraum 259
Dies unser Zeitalter *(aus den Bleistiftentwürfen)* 261
Basta 264
Beim Militär 268
Der Proletarier 270
Eine alte Landmagd *(aus den Bleistiftentwürfen)* 273
So viel wie möglich sein *(aus den Bleistiftentwürfen)* . . 276

Über die Zukunft der Nationen...

Das Parlament 279
Exposé 284
Tagebuchblatt 287
Minotauros 291
Grausame Bräuche, Sitten, Gewohnheiten usw.
  (aus den Bleistiftentwürfen) 294
Schwarzblitzende Fragen *(aus den Bleistiftentwürfen)* . 298
»Waffen nieder!« und anderes
  (aus den Bleistiftentwürfen) 303

Verständigungen nah? *(aus den Bleistiftentwürfen)* ... 305
Der Friede *(aus den Bleistiftentwürfen)* 306

In der Geschichte der Bildung...

Der rote Faden 311
Freiheitsaufsatz......................... 316
Eine Sorte sehr gebildeter Menschen
   (aus den Bleistiftentwürfen) 319
Bedenkliches 324

Phantasieren

Sonntag................................. 331
Notizen *(Auszug)*......................... 334
Phantasieren 336

Nachwort 339